Sebastian Kleinschmidt
SPIEGELUNGEN

Sebastian Kleinschmidt
SPIEGELUNGEN

Matthes & Seitz Berlin

SAAL I: BILDENDE KUNST

Pittura metafisica norddeutsch
Kleine Hamer-Galerie

9

Zuflucht an der Ostsee
Gerhard Marcks' mecklenburgische Jahre

24

Vor und hinter den Dingen
Bleistiftzeichnungen von Ingo Arnold

27

Das Blau der nächtlichen Stille
Über Leben und Werk des Malers Gerhard Moll

35

Meeresnahe Fotowelten
Über Inge Zimmermann

43

Wasserstadt – aus der Luft betrachtet
*Reimer Wulfs Ansichten von Schwerin aus
der Vogelperspektive*

49

SAAL II: THEOLOGIE

Gottesfurcht und Menschenliebe
*Ahrenshooper Kanzelrede zum 13. Kapitel
des 1. Korintherbriefes*

57

Russells Religionskritik
und die Theologie des Als-ob

69

Was heißt es, theologische Fragen
an die Geschichte zu stellen?

79

Schmerz als Erlebnis und Erfahrung
Deutungen bei Ernst Jünger und
Viktor von Weizsäcker
87

SAAL III: POETIK

Iris Offene
Musikalität und Sakralität in
den Gedichten Christian Lehnerts
105
Bote des Lichts. Zeuge der Dunkelheit
Laudatio zum Eichendorff-Preis 2013
auf Ulrich Schacht
113
Sich selbst einen Platz auf der Welt schaffen
Erwin Strittmatters Tagebücher
125
Vom Unheil des Erkennens
Hartmut Langes erster Novellenband
136
Der Pfeil des Lebens und der Pfeil der Werke
Laudatio zum Günter-Eich-Preis für Hörspiel
auf Jürgen Becker
150
Im Osten der Länder
Laudatio zum Uwe-Johnson-Preis auf Lutz Seiler
162
Das Vermögen, die Befleckung zu betrachten
Wolfgang Hilbigs fluchbeladene Welt
174
Pythagoreischer Zauber
Angela Krauß – Dichterin des Enthusiasmus
180

Der Zirkelschlag des Gedichts
Laudatio zum Heinrich-Mann-Preis
auf Adam Zagajewski
186

Gedankenabenteuer
Botho Strauß als poetischer Enzyklopädist
202

Im Anfang war das Wort
Sprachtheologische Possen in Thomas Hürlimanns
Novelle Fräulein Stark
212

Weitverzweigte Wissenslust
Friedrich Dieckmann und der Geist
des Geltenlassens
225

Sichtbarkeit des Wunderbaren
Zu einem Gedicht von Czesław Miłosz
231

Poetische Resonanzen
Zu einem Gedicht von Adam Zagajewski
234

Verwirrende Macht der Schönheit
Zu einem Gedicht von Wisława Szymborska
237

Ausbleibende Zuversicht
Zu einem Gedicht von Ulrich Schacht
240

Straßenkehrer der Natur
Zu einem Gedicht von Richard Pietraß
243

Geheimnisvolles Innehalten
Zu einem Gedicht von Christian Lehnert
246

AUTOBIOGRAFISCHES

Der Essay als Raum freien Denkens
*Basil Kerski im Gespräch mit Sebastian Kleinschmidt
und Adam Zagajewski*
251

Glauben und Unglauben
*Matthias Bormuth im Gespräch mit
Sebastian Kleinschmidt*
266

Jugendjahre in der DDR
Inga Wolfram befragt Sebastian Kleinschmidt
284

Abschied von Sinn und Form
*Alexander Cammann im Gespräch
mit Sebastian Kleinschmidt*
307

Nachweise
314

Verzeichnis der Abbildungen
317

SAAL 1: BILDENDE KUNST

Pittura metafisica norddeutsch
Kleine Hamer-Galerie

Meine (und auch seine) Geburtsstadt Schwerin hat Hartwig Hamer oft gezeichnet. Doch andere Städte auch: Rostock, Stralsund, Kiel, Berlin, Hamburg, Lübeck, Brügge, Antwerpen, London. Was sie alle mit Schwerin verbindet? Dass sie Wasserstädte sind. Wasser weitet den Raum, ist wie ein zweiter Himmel, das Steinerne und Feste wird vom Flüssigen und Luftigen in die Mitte genommen, bekommt etwas Leichtes und Schwebendes. Und etwas Träumerisches auch. Gute Voraussetzungen, um zum Motiv der Zeichenkunst zu taugen.

Über meinem Schreibtisch hängt eine Radierung von 1999. Sie zeigt die hanseatische Stadtsilhouette Stralsunds, von der Insel Rügen aus gesehen. [Abb. 1] Die dunklen Dome muten wie Schattenrisse an. Der Himmel ist düster, aber nicht drückend, das Wasser schwarz, aber nicht bedrohlich. Doch geht ein Sog von ihm aus, als könne das Ganze in die Tiefe gerissen werden.

Eine Grafik von 1986 zeigt eine Zeile alter Häuser am Schweriner Pfaffenteich, in vorwinterlicher Stimmung. [Abb. 2] Keine Autos, keine Menschen. Die Bäume sind kahl, das Wasser glänzt abgründig. Der Mensch, hat Cézanne von seinen Bildern gesagt, soll abwesend sein, aber ganz eingehen in die Landschaft. Eine Maxime, die bei Hamer auch für Stadtansichten gilt. Ob Hauseingänge oder Straßenzüge, ob Mauern oder Fassaden, ob Nahwelt oder Fernwelt, stets haben die Dinge eine Art Hintergrundstrahlung. Sie ist geradezu ein Markenzeichen seiner Kunst, einer ganz eigenen Form norddeutscher Pittura metafisica im Sinne Morandis. Das in zartesten Strichen gezeichnete Pfaffenteichbild hängt bei mir über dem Klavier, unten im Rahmen steckt ein Zettel mit der Notiz Anna Achmatowas: »Als ich jung war, liebte ich Architektur und Wasser, jetzt liebe ich Musik und Erde.« Zunächst eine Auskunft über ihre Vorlieben, genauer bedacht zwei grundlegende Berührungen von Geist und Natur, von Künstlerischem und Elementaren.

Abb. 1

Abb. 2

Das Blatt »Jüdischer Friedhof in Berlin« (2000) [Abb. 3] führt den Blick aus der Vogelperspektive auf ein lichtes und luftiges Stück Stadtwald. Wir sehen schlanke, hoch aufragende, efeuumrankte Stämme, dicht an dicht stehend wie Säulen im Portikus. Am Boden ein Meer von Grabsteinen, weit oben überdacht von einem Astwerk sich gabelnder Baumkronen. Es gibt ein Gedicht von Elisabeth Borchers, das dazu passt.

Alter jüdischer Friedhof im Mai

Wer lebt hier
Ich höre vereinzelt Gesang
Und den Sprung des Eichhorns hinab.

Wer ist hier der Herr
Aufrecht horchen die Steine.

Wer wirft das Kleid
Es fällt der Schatten von Bäumen
Es fällt das Licht aus der Hand.

Wer geht durch das Gras
Sieh doch. Die Stille.

Schönheit und Vergänglichkeit sind ein wiederkehrendes Motiv in der Bildwelt Hartwig Hamers. Er veranschaulicht sie nicht nur an den Fassaden verfallender Häuser, sondern auch an der machtvollen Erscheinung großer alter Bäume. Nehmen wir die Zeichnung »Feldeiche« von 2006. [Abb. 4] Selten sah man ein so massiges, so knorriges und zugleich so fragiles Wesen von Baum, als trüge der müde, erschöpfte, von seinem Gewicht alt gewordene Stamm ein ewig junges, atmendes, in die Luft getriebenes Gezweig von allerfeinsten Geistantennen. Es ist ein geradezu physisch wirkender Anblick, filigrane Raumberührung und kolossale Erdbindung in einem, bewegte Unbewegtheit,

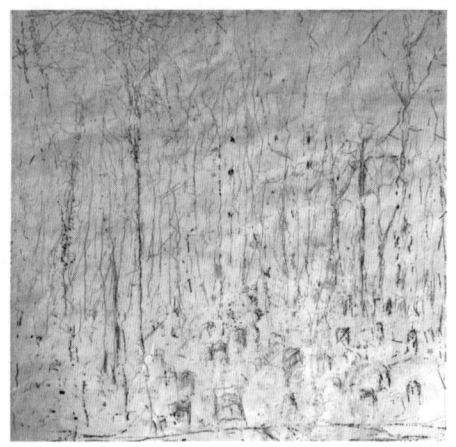

Abb. 3

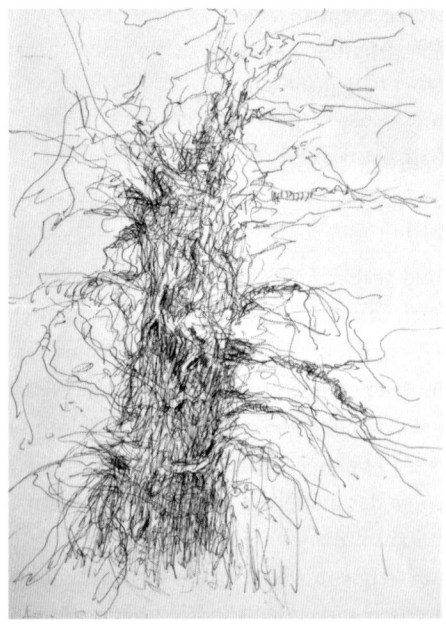

Abb. 4

Todesfühlung und Lebenswille, ein dunkler, ein heller Akkord. Der schwere Baum scheint förmlich zu vibrieren vor mythischer Musik, als wären Dirigent und Orchester eine Person in ihm. Und alles das mit nichts als Strichen aufs Papier gebracht!

Der englische Schriftsteller und Maler John Berger, der lange Zeit in einem Bergdorf in der Haute-Savoie in Frankreich lebte, hat einmal drei Grundtypen von Zeichenkunst unterschieden: die, die sich an das Sichtbare hält; die, die dem Gedanklichen frönt; und schließlich die, die Erinnerung anruft. »Bei der ersten Art von Zeichnung sind die Linien auf dem Papier Spuren, die der Blick des Künstlers hinterlässt, der unablässig fortgeht, hinausgeht und die Fremdheit, das Rätsel dessen befragt, was er vor Augen hat, wie gewöhnlich und alltäglich es auch immer sein mag. Die Endsumme der Linien auf dem Papier erzählt von einer Art optischer Emigration, bei der sich der Künstler, indem er dem eigenen Blick folgt, auf der Person oder dem Baum oder dem Tier oder dem Berg niederlässt – was immer er jeweils zeichnet. Und wenn die Zeichnung gelingt, bleibt er dort auf ewig.«

Hartwig Hamer gehört zu dieser Art optischer Emigranten im eigenen Bild. Seine Kunst ist ganz dem Sichtbaren verpflichtet, der Gegenwärtigkeit des Augenblicks, dem unmittelbar Begegnenden. Alles, was er zeichnet, hat er gesehen, hat er skizziert, auf allem ruhte ein geduldiger, inniglicher, ahnungsvoller Blick. Das ganze Geheimnis seines Könnens steckt in diesem Blick. Einem Blick, der mehr erschließt, als das Auge sieht.

Man beobachte nur, mit welcher Hingabe er vor seinen Motiven steht. In der Linken das Skizzenbuch, in der Rechten den Stift, mit den Spitzen von Daumen, Zeige- und Mittelfinger am äußersten Ende gefasst. Das Auge scheint die Linien des Motivs wie eine Schrift zu lesen. Aber das ist eine nicht jedermann sichtbare Schrift. Ich habe Hartwig gelegentlich sagen hören, dass er, um überhaupt skizzieren zu können, sich erst einmal »in Stimmung« bringen muss, in jenen Schwebezustand, der Resonanzen erst ermöglicht. Sehen für einen Maler bedeutet mehr sehen, als man gewöhnlich sieht. Denn was es eigentlich zu sehen gilt, liegt nicht zutage, jedenfalls nicht dem Auge. Für einen Zeichner ist auch die Hand ein Organ der Wahrnehmung. Man könnte fast sagen: Nicht was das Auge sieht, zeichnet die Hand, sondern was die Hand zeichnet, sieht das Auge. Es handelt sich um eine Art Selbstentzündung des Sehens während des Zeichnens. Die Hand ist mehr als nur das Instrument des Auges, mit ihr wird das Gesehene gleichsam ertastet, sie ist eine Antenne des Leibes, ein taktiles Gehör.

Ein gutes Bild bietet daher mehr als nur ein visuelles Erfassen seines Gegenstands, es ist stets auch ein Widerhall der inneren Verfassung des Künstlers, ein Echo seiner leiblichen Disposition. Der Maler, sagt Paul Valéry, bringt seinen Körper ein. Das Alphabet der Leiblichkeit, wer kennt es nicht: Angst, Schmerz, Beklemmung, Leichtigkeit, Schwere, Ekel, Schrecken, Müdigkeit, Ruhe, Unruhe, Frische, Behagen, Traurigkeit, Freude, Erschöpfung, Hitzewellen, Kältewellen usw. usw. Das alles und jedes auf seine Weise verschmilzt im Werk eines Malers mit der gesehenen Sache, mit deren Farb-, Raum-, Flächen- und Liniengestalt und der jeweils davon ausgehenden Bewegungsanmutung. Wo das der Fall ist, lebt ein Bild. So auch die alte Eiche, die Hartwig einst in der mecklenburgischen Schweiz skizziert hat. In ihrer aus Augenschein und Einfühlung, aus Sehen und Einsehen geborenen und durch Zeichnen geborgenen Gestalt erfährt der Baum neuen Atem und neue Wirklichkeit.

Das *Einsehen* zählt zu den subtilsten und zugleich abenteuerlichsten Momenten des künstlerischen Weltzugangs. Was damit gemeint ist, hat niemand besser erfasst als Rilke, jener Dichter, der die Maler genauer verstand, als sie sich selber verstehen. In einem Brief an die Pianistin Magda von Hattingberg vom 17. Februar 1914 schreibt er:

»Ich liebe das Einsehn. Kannst Du's mit mir denken, was es herrlich ist, z. B. einen Hund, im Vorübergehn, einzusehen, *einsehn* (ich meine nicht durchschauen, was doch nur so eine Art menschlicher Gymnastik ist und wo man auch gleich wieder auf der anderen Seite herauskommt aus dem Hund, ihn gleichsam nur als ein Fenster betrachtend in das hinter ihm liegende Menschliche, nicht dies –)– sondern sich einlassen in den Hund genau in seine Mitte, dorthin, von wo aus er Hund ist, an die Stelle in ihm, wo Gott sich gewissermaßen einen Moment hingesetzt hätte, da der Hund fertig war, um ihm bei seinen ersten Verlegenheiten und Einfällen zuzusehn und zu nicken, dass es gut sei, dass nichts fehle, dass man ihn nicht besser machen könne. Eine Weile hält man's aus, mitten im Hund zu sein, man muss nur aufpassen und noch rechtzeitig herausspringen, eh seine Umwelt sich ganz um einen schließt, denn sonst bliebe man eben der Hund im Hund und für alles übrige verloren.«

Was für Rilkes Hund gilt, gilt auch für Hamers Feldeiche. Den Baum einsehen. Sich in ihn einspiegeln, einhören, eintasten. Selbst zum Baum im Baum werden. Hier ist sie, die berühmte Einfühlung des Künstlers, sein osmotisches Weltverhältnis, seine leiblich-seelische Resonanz mit den Dingen. Im Letzten ist es Einverständnis, Verwandlung, Suspension der Ich-Zentrierung. Sie ist die Grundlage des mimetischen Vermögens und der Kern gelingender Darstellung. Nicht nur die Bäume, auch die anderen Motive im Werk Hartwig Hamers sind Früchte des Einsehens.

Eine Radierung von 1996 heißt »Wald in der Lewitz«. [Abb. 5] In seiner geisterhaften Hell-Dunkel-Dramatik hat das Blatt ganz und gar nichts Beschauliches. Links ein windgeschüttelter einsamer Baum, rechts ein sich unter unheilvollen Wolken gleichsam duckender Wald. Ein Unwetterbild, virtuos schraffiert und temperamentvoll in Szene gesetzt. Als flögen Gesteinsbrocken durch die Luft, als fege der Sturm die Finsternis aus dem Gehölz. Ein Anblick, der die Rückseite der Welt und auch das Rätsel des Ichs erahnen lässt. Im Falle Hamer eines Ichs, das unsichtbar bleibt und optisch gänzlich ins Motiv emigriert. Ich kenne keine Selbstbildnisse von ihm. Gleichwohl gilt von all seinen Bildern der Vers des Dichters Fernando Pessoa: »Ich, die Landschaft dahinter«.

Hamers Porträtzeichnungen [Abb. 6] stehen, thematisch gesehen, zwischen Stadt- und Naturbild. Wie bei allen seinen Sujets scheint auch hier, in der Physiognomie des Menschen, ein beinahe metaphysisches Schweigen zu herrschen. Es ist nicht nach innen, sondern ganz nach außen gerichtet, als würde es wachen. Als würde es etwas beobachten. Die Porträts, meist mit Bleistift oder Kugelschreiber gezeichnet, zeigen das Gesicht in halb offenem Bezug zum Gegenüber. Jedes hat sein Geheimnis und ist zugleich eine Art stumme Selbstauslegung. Die guten und die bösen Tage, die vielen Leben, die in einem Menschenantlitz auf- und untergehen, sind Schichten desselben, keineswegs Masken. Der Künstler sieht sie zur Einheit. Das gute Porträt zeigt das Leben, das schon vergangen ist, zusammen mit dem, das noch bevorsteht. Bei Hamer wird die Porträtkunst für den Porträtierten zu einer ernsten, doch nie zu einer heiklen Angelegenheit. Nichts ist auf den negativen Ton gestimmt. Keinerlei Zug zur Karikatur. Hamer ist auch hier auf Resonanz und Bejahung bedacht. Wie im »Helian«-Gedicht von Trakl: »Doch die Seele erfreut gerechtes Anschaun.«

»Landschaft bei Güstrow« [Abb. 7] ist eines der frühen Bilder des norddeutschen Zeichners. Es stammt aus dem Jahr 1967. Vom Maltechnischen her ist es das, was man ein Schwarzaquarell nennt. Hamer hat die Methode des monochromen Tuschens mit Feder und Pinsel bei seinem Lehrer Hans Theo Richter gelernt. Aus nur einer einzigen Farbe, nämlich dem Schwarz der Lithotusche, lässt sich durch entsprechendes Verdünnen mit Wasser ein unendlicher Reichtum an Grautönen erzeugen. Besonders bei Sujets en plein air kann man damit große Effekte erzielen. Die virtuos in Szene gesetzte »Landschaft bei Güstrow« ist ein eindrucksvolles Beispiel dafür. Sie zeigt einen von sturmbewegten Wolken dunkel gefleckten Himmel, darunter zwei, drei hohe Bäume, die mit kahlem Geäst angstvoll im Luftwirbel stehen, rechts die grauen Tücher des Regens, links am Koppelzaun die Spiegelblitze heller Wasserlachen, in der Mitte ein zerwühlter, gottverlassener Landweg,

Abb. 5

Abb. 6

Abb. 7

Abb. 8

dessen Fluchtlinien ins weißbleiche Zentrum der Panik führen. Ein Unwetter zieht herauf oder ist schon im Gange. Wer das Bild betrachtet, ist heilfroh, jetzt nicht im Aufruhr der Natur zu sein. Doch der Anblick verweist nicht nur aufs Draußen. Er spiegelt auch ein Drinnen, eine Stimmung des Bewusstseins.

Es gibt noch ein zweites Bild in dieser Technik. Es ist das genaue Gegenstück zum vorigen. Das beinahe quadratische Blatt heißt »Gläserner Tag« und ist von 1982. [Abb. 8] Eine Landschaft in Mecklenburg, vielleicht bei Güstrow, vielleicht bei Plau, wie man sie sich traumverlorener nicht denken kann. In der Mitte ein friedvoll vor sich hin sinnender See. Der Himmel darüber durchsichtig und leicht. Ein Bild der Stille und des Einsseins der Natur, ein Wunderwerk an heiterem, lichtreichem Grau. Wann je hat diese Schattenfarbe, das blasse Kind der Koloristik, einen so strahlend schönen Auftritt gehabt!

Eine Seltenheit im grafischen Werk Hamers ist die Radierung »Schwerin« von 2006. Hier sind alle drei großen Kirchen der Stadt zusammen in *ein* Bild gebracht. [Abb. 9] Dazu musste Hartwig bis zur Weststadt fahren und ein Hochhaus besteigen, denn nur von dort zeigen sich Dom, Paulskirche und Schelfkirche auf einen Blick.

Wenn man die Häuser und die Kirchen auf seinen Bildern unter dem Gesichtspunkt von Alter und Endlichkeit vergleicht, ein Motiv, das Hamer schon als junger Mann beschäftigt hat, sieht man, dass die Melancholie der Zeit über die Kirchen keine Macht hat, während sie an den Häusern das Entscheidende ist. Imponierend tritt sie an den verfallenden Fronten in Erscheinung. Vor allem Berlin hat es ihm in dieser Hinsicht angetan. Wir sehen kahle, steil aufragende Brandmauern, bröckelnde Fassaden, verwitterte Eingänge. Wir sehen gespenstische Fensterhöhlen und geisterhaftes Licht. Besonders gut kommt das an den farbigen Wachskreiden eines Hinterhofs im Prenzlauer Berg zur Geltung. [Abb. 10] Sie sind 1997 entstanden und zeigen Hartwig endlich auch einmal außerhalb des Aquarells als großen Koloristen.

Bei all ihrer leuchtenden Magie künden diese Anblicke doch immer auch von Einsamkeit und Tod, von der Abgründigkeit der menschlichen Existenz. Das Schöne hat hier etwas Dämonisches, als diene es sowohl dem Ausdruck als auch der Bändigung von Angst. Nicht so bei den Kirchen und den Kathedralen, wie sie uns auf den Bildern von Hamburg und Lübeck, Brügge und Antwerpen, Stralsund, Rostock und Schwerin begegnen. Sie stehen senkrecht in der Zeit und fließen nicht mit in deren Fluss. Sie sind ein Haltepunkt zwischen Erde und Himmel, eine Herberge, in der Schwerkraft und Gnade Unterkunft finden.

In den von geradezu zeitlosem Glanz erfüllten Landschaftsbildern, den großen, erlösenden Naturfeiern, liegen die Dinge ähnlich. Hier erfahren wir die helle Resonanz einer fast schon transzendenten Seligkeit, die allem Endlichen zu trotzen scheint.

Ein Aquarell auf Japanpapier von 1993, das ich besonders liebe, gehört in diese Reihe. Es heißt »Große Regenlandschaft« [Abb. 11] und zeigt die von Hamer bei jedem Wetter und zu allen Jahreszeiten aufgesuchte Lewitz, einen Ort, zu dem er sich wie zu keinem anderen der Welt hingezogen fühlt.

Die Lewitz, eine gut 16.000 Hektar große, unter Landschaftsschutz stehende Niederung südlich von Schwerin, war ursprünglich ein See. Das weitgehend unbewohnte Moränental ist seit langem durch Kanäle entwässert und besteht heute teils aus Wiesen und Feldern, teils aus Sumpf, Moor, Bruch und Wald. Zwei kleine Flüsse, die Stör und die Elde, durchfließen es. Nirgendwo in Mecklenburg ist der Himmel so farbenreich und das Licht so von weit her wie hier. In der Lewitz kann jeder sehen: Die wahre Heimstatt der Weite ist die Ebene. Natürlich gibt es auch Weite über den Bergen, Caspar David Friedrichs »Morgen im Riesengebirge« von 1810 zeigt sie, doch das ist nicht jene Unermesslichkeit des Raums, wo Luft und Erde zusammenfließen und am Horizont die Plätze tauschen. Adam Müller, der Zeitgenosse Friedrichs, der Freund Kleists, schreibt in seiner Studie über Landschaftsmalerei: »In den Wolken scheint die Erde auf die Seite des Himmels herüberzutreten,

Abb. 9

Abb. 10

in den Seen und Flüssen der Himmel auf die Seite der Erde – und in der weitesten Weite verlieren sich die Grenzen, bleichen die Farben ineinander, was dem Himmel, was der Erde angehöre, lässt sich nicht mehr sagen.« Auch wir können, wenn wir vor Hamers Regenlandschaft stehen, dieses Schauspiel erleben.

Es ist ein typischer Hamer, Himmel und Erde im Verhältnis 6:1, der weiterabgezogene Horizont von einem blassen Blau umspült, die in den Dunst der Ferne hingetupften Bäume wie auf eine Perlenschnur gezogen, das Licht gedämpft von dunklen Wolken und vom Schleier des fallenden Regens.

Es gibt einen Stummfilm von Joris Ivens aus dem Jahr 1929, der vom Regen handelt und der auch »Regen« heißt. Er spielt auf den von Ulmen gesäumten Straßen und Grachten Amsterdams. Hanns Eisler hat 1941 eine Musik dazu komponiert. Ihr Titel: *Vierzehn Arten den Regen zu beschreiben.*

Wenn ich Hamers Aquarell betrachte, will ich glauben: Das hier ist die fünfzehnte und schönste Art, den Regen zu beschreiben. Auch der Himmel hier ist eindrucksvoller als der über Amsterdam. Kein anderer setzt ihn so suggestiv, so transparent, so musikalisch ins Bild wie dieser norddeutsche Meister aus Schwerin. In den Städten gibt es ihn ja kaum, den Himmel, denn der Horizont ist verstellt von Häusern und Menschen, von Autos und Fabriken.

Hamers Himmel über der Lewitz, ein Anblick, der das Geräusch des Regens gleichsam hörbar macht, ist ein Wunder an Gestimmtheit, grandios in seiner Weite, seiner Vertikalität, seiner bläulich schimmernden Nässe, seiner Hingegebenheit an die scheue Erde. Als führten in der Unaufhörlichkeit des Regens der Himmel droben und die Erde drunten ein philosophisches Gespräch. Doch worüber? Vielleicht darüber, wonach man nicht fragen und worauf man nicht antworten kann. Vielleicht über das Schweigen und den Gesang der Stille. Wie nannte doch Tisa von der Schulenburg den Maler Hartwig Hamer? Einen »Meister der Stille«. Und wie nannte ihn Gerhard Marcks? Den »Sänger der Tiefebene«. Ja, das ist er, ja, das trifft es.

Abb. 11

Zuflucht an der Ostsee
Gerhard Marcks' mecklenburgische Jahre

Nicht dass Marcks, dieser charaktervolle Unmoderne, dieser begnadete Bildhauer, Holzschneider und Lithograf, vergessen wäre, der Mann, der sich die Freiheit nahm, zu sagen, auch im Westen werde die Muse angekettet an die Meinungen der Ideologen. An Marcks zu erinnern, gibt es immer guten Grund. Er war einer der wenigen des vorigen Jahrhunderts, des Jahrhunderts der Abbrüche und Ausbrüche, die sich von Markt und Mode unbeeindruckt zeigten, die auf Schwindel nicht hereinfielen, die sich dem hohen alteuropäischen, fast möchte man sagen apollinischen Begriff der Kunst verbunden fühlten. Marcks wusste um das Geheimnis der Ausstrahlung, um die Bedeutung der geschlossenen Form, er wusste, dass durch die innere Ordnung des Werks die hin und her wogenden Kräfte des Seins zur Ruhe kommen. Immer ging es ihm um archetypische Darstellung, um philosophische Durchdringung, um Intensität der Figur in Haltung und Gebärde. Kunst sei, hat er einmal gesagt, geistiges Sehen, Ethos der Form, Religion der Sinne, in ihr gelte nur der Fortschritt in die Tiefe. Seine Gesinnung ruhte auf zwei Säulen: von den großen Alten lernen und sich immer an die Natur halten.

Marcks war gebürtiger Berliner, Großstädter, aber es zog ihn stets in die Nähe weiter, offener Landschaften. Reine Stadtmenschen, pflegte er zu sagen, seien nur halbe Menschen. Im Sommer 1914, kurz vor Ausbruch des Krieges, sah er Ahrenshoop zum ersten Mal, und als er es 1946 auf Nimmerwiedersehen verließ – er ging nach Hamburg, später nach Köln –, schrieb er seinem zurückgelassenen Freund Fritz Koch-Gotha: »Ich träume immer vom Fischland, von eiszeitlichen Weiten, rufenden Kranichen, ziehenden Schwänen, Adlern«.

Von Uwe Johnson stammt der Satz: »Das Fischland ist das schönste Land der Welt.« Marcks hätte dem wohl beigepflichtet, trotz seiner erklärten Liebe zu den sanften Hügeln Thüringens und der Eifel. Denn im Grunde sah er sich als »norddeutscher Ebenenmensch«.

Detlef Hamers Buch über Marcks' mecklenburgische Zeit umfasst die Jahre 1930 bis 1946. Es ist mehr als nur ein bislang fehlendes Stück Künstlerbiografie, es ist eine anhand der konkreten Lebensumstände erzählte Werk-, Haus- und Familiengeschichte und darüber hinaus ein dörfliches Nahbild der NS-Diktatur. Gerade Letzteres ist von besonderem Interesse. Schreckensregime wirken auf dem Lande ganz anders als im Lärm der großen Städte. Massenhysterie, Propagandageschrei, Fahnenmeere, Militärparaden – das alles findet sich fernab der Kommandozentren vergleichsweise selten. Hier bleibt die Natur das Entscheidende, und hier ist sie plötzlich wie ein Korrektiv, wie ein stummes Mahnmal.

Seit Marcks 1933 von den nationalsozialistischen Machthabern aus dem Lehramt an der Kunstgewerbeschule Burg Giebichenstein entlassen worden war und mit Frau und fünf Kindern Zuflucht in Niehagen, einem Ortsteil Ahrenshoops, gefunden hatte, wird er die Weite des Fischlands zwischen Bodden und Meer noch stärker empfunden haben als vorher. Wenn alles um einen herum eng wird und laut, wenn man sich der kollektiven Unerbittlichkeit verblendeter Zeitgenossen gegenüber sieht, die, wie Emil Cioran einmal sagte, »wie ein fanatisierter Wald« sind, dann trösten den ins Abseits gestellten Einzelnen Stille und Weite mehr denn je. Rundum Krieg, Tyrannei, Denunziation und Lüge – und dann der Kontrast: der hohe Himmel, der große Saal der Ebene, geduldige Pflanzen, redliche Tiere, das betörende Licht bei Tage, das erhabene Licht bei Nacht. Landschaft ohne Verrat.

Marcks wusste, dass man dem Phänomen der Landschaft mit den Mitteln der Plastik nicht beikommt. Also griff er zu Bleistift und Skizzenblock. Was in den sechzehn Niehagener Jahren zeichnerisch entstand, Holzschnitte inbegriffen, füllt mehr als fünfzig Seiten des Hamerschen Buches. Die Skizzenblätter vom Fischland, von Rostock, Wismar, Stralsund, Ribnitz und Wustrow gehören zum Schönsten, was dieser Band dem Auge zu bieten hat. Alles ist poetisch, hat Atmosphäre, Frische, atmet lebendiges Gefühl.

Natur und Landschaft sind ein großer Trost in finsteren Zeiten, mehr noch sind es treue Freunde. Fritz Koch-Gotha, Alfred Partikel, Peter E. Erichson, Wilhelm Löber – sie alle halfen Marcks über die schweren Jahre hinweg. Detlef Hamer hat eindringlich davon erzählt.

Vor und hinter den Dingen
Bleistiftzeichnungen von Ingo Arnold

Ich habe in meinem Leben schon viele Ausstellungen von Ingo Arnold gesehen, doch keine war so stimmig, stilistisch so homogen, motivisch so überzeugend und als Ganzes so wunderbar komponiert wie diese hier im Kulturhaus Karlshorst. Das liegt zum einen natürlich am Kurator Knut Becker, zum anderen aber auch an dem offenen Raum und den unverwinkelten Wänden, sodass man alles mit einem Blick erfassen kann. Und was uns da vor Augen liegt, diese schöne monochrome Elegie – ein Meer aus feinsten Grautönen, aus hellem und dunklem Grafit –, macht sprachlos vor Staunen. Doch den Luxus der Sprachlosigkeit kann ich mir nicht leisten, ich bin der Redner und habe zu reden. Am Ende zu reden auch über die Stille, die physische und die metaphysische Stille, die aus all diesen Bildern spricht.

Es ist eine Stille, die daher rührt, dass fast alles, was wir sehen, Kisten, Schränke, Hebel, Türen, Tore, aus dem ursprünglichen Zusammenhang herausgerissen ist. Die lebendige Funktion ist erloschen, die Fabriken, zu denen diese Dinge gehörten, haben zugemacht, die Arbeiter, die einst damit hantierten, sind entlassen. Doch bis auf die Maschinen, die demontiert wurden, ist alles an seinem Platz geblieben, verlassen und dennoch treu, treu und dennoch verlassen, wie auf einem untergegangenen Schiff.

Am großartigsten zeigt sich das an dem Ballett der Fensterhebel, den dreimal fünf neben- bzw. übereinander gehängten Hochformaten auf der Stirnseite. [Abb. 12] Das ist weit mehr als nur sichtbar gemachte Lüftungsmechanik. Und mehr auch als nur das Sukzessive einer Serie, das Narrative einer Bilderfolge. Das ist wie *ein* Wurf aus fünfzehn Händen. Ein rhythmisches Wunderwerk, ein Tanz der Gleichzeitigkeit. Als flöge eine Schar Handgriffe auf wie ein Vogelschwarm. Als verwandelten sich Metallstäbe in Taktstöcke. Stumme Musik der Geometrie. Ein bizarrer Choral der Erlösung. Ein kollektiver Akt von

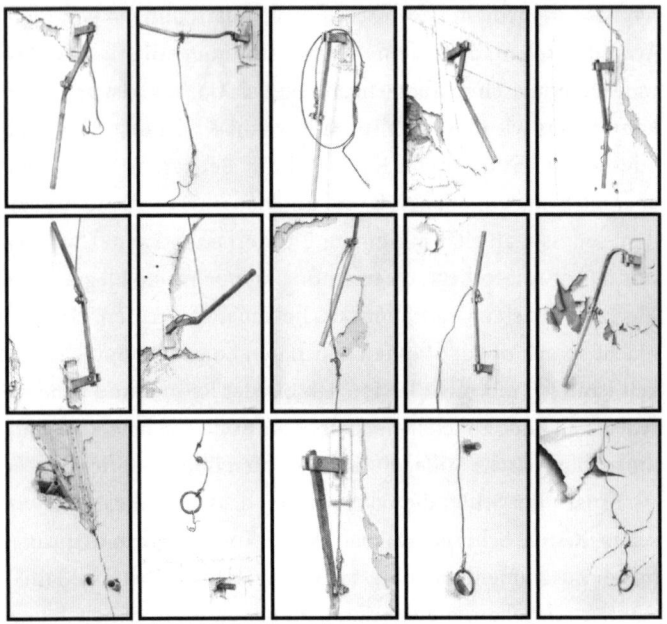

Abb. 12

Loslassung. Und kein neues Festhalten in Sicht. O dass man aus hinfälligem Gestänge, traurigen Ösen, ausgedientem Drahtseil, rissigem Putz einen solchen Zauber wirken kann! Wie heißt es doch bei Eichendorff so schön?

> Schläft ein Lied in allen Dingen
> die da träumen fort und fort,
> und die Welt fängt an zu singen,
> triffst du nur das Zauberwort.

Der Zeichner Ingo Arnold hat das Zauberwort getroffen – mit nichts als einem Bleistift und der Langmut seiner rechten Hand. Als er 1994 die leeren Hallen im Transformatorenwerk Oberspree mit der Kamera durchstreifte, hat er den verborgenen Sinn des toten Inventars geahnt. Und in der zwanzig Jahre danach in Angriff genommenen zeichnerischen Übertragung lebendig zutage gebracht.

Sämtlichen Grafitbildern, wie sie hier ausgestellt sind, liegen Schwarz-Weiß-Fotografien zugrunde. Ein jedes Motiv – ob Granitkugel, Schneespur, Bretterverschlag oder Scheinwerfer – ist der Realität entnommen. Gegenstand und Perspektive hat der Künstler in Hinblick auf die spätere Zeichnung gewählt und als Foto fixiert. Was anderen der Skizzenblock, ist ihm die Kamera. Die eigentliche Arbeit besteht in der Transformation der etwa 20 × 15 cm kleinen Fotografien in die überwiegend 100 × 70 cm großen Zeichnungen. Das ist sehr aufwendig. Da ist zum einen die minutiöse Übertragung von Fläche und Raum, von Punkten, Flecken und Linien, geraden, eckigen und gekrümmten, von Kontur, Struktur und Schattierung. Das ist kein Faksimile, keine Eins-zu-eins-Kopie, sondern eine kunstgerechte Übersetzung, die nichts hinzufügt, aber vieles weglässt, die vergrößert, abstrahiert und verdichtet. Alles geschieht von Hand. Benutzt werden Fallstifte verschiedener Härte- und Helligkeitsstufen. Über das Foto wird ein Raster, ein Netz von Quadraten, gezogen, und analog über den weißen Zeichenkarton, nur in anderer Größe. Die beiden Gitter erlauben es, das fotografische Bild, Quadrat für Quadrat, in den Raster des neuen Formats zu übertragen.

Was sich durch die Übertragung ändert, sind der Sinn und die Stimmung der Bilder. In die Zeichnungen geht etwas ein, was in den Fotografien nicht war und nicht ist, nämlich Zeit, handwerklich verausgabte, psychisch erlebte, philosophisch reflektierte Zeit. Als würden die Zeichnungen das Geheimnis der Vergänglichkeit signieren. Lebenszeit, Erfahrungszeit, böse Zeit und gute Zeit verwandeln sich in Fläche, Raum und Fluidum, in einen beseelten Widerschein der Dinge. Das dargestellte Motiv gewährt der Zeitlichkeit ein gleichsam zeitloses Asyl. Das Foto bleibt ein Abbild, die Zeichnung wird zum Gleichnis. Das eine zeigt ein bestimmtes physisches Konkretum, das andere eine unbestimmte metaphysische Rekonkretion. Das eine stützt das Gedächtnis, das andere bewegt die Vorstellungskraft.

Dass Fragen der Endlichkeit einen Künstler beschäftigen, ist nicht verwunderlich, früher oder später bewegen sie jeden von uns. Ingo Arnold wurde vor kurzem fünfundachtzig. Sein Schaffen ist in die Phase des hohen Alters eingetreten. Béla Hamvas, der ungarische Gegenspieler zu Georg Lukács, sprach einmal von der Melancholie der Spätwerke, von den Alterslandschaften in Musik, Dichtung, Malerei, diesen beinah leeren Räumen mit wenig Bäumen, wenig Schatten und einer schmerzhaft tiefen Weitsicht. Das Erstaunliche ist, dass Ingo Arnolds Bilder, sobald sie Weltausgang und Lebensende in den Blick nehmen, nicht in der Moll-Tonart verbleiben. Es ist etwas sehr Gefasstes, Klares in ihnen. Vielleicht liegt das daran, dass hier einer am Werk ist, der auf ein erfülltes Leben zurückblickt.

Was man von den Dingen auf den Bildern nicht immer sagen kann. Nehmen wir nur die »Plastikfolie« [Abb. 13], wie sie kalt und steif und einsam auf dem verschneiten Boden liegt, als wäre sie selber obdachlos. Oder die beiden »Mülltonnen«. [Abb. 14] Sie scheinen leer und stehen wie verloren. Sie warten nicht einmal mehr auf die Müllabfuhr. Zwei Blechsäulen im

Abb. 13

Abb. 14

Nichts, die sich im Wasser spiegeln, in der Regenpfütze eines trüben Tags. Ein eiserner Torflügel begrenzt ihre verfallende Welt. Man denkt an Becketts *Endspiel*.

Doch nicht in allen Bildern ist das Endspiel trostlos. Besonders nicht in »Ausgang. Übergang« [Abb. 15], dem vertikalen Diptychon mit alten Tempelsteinen. Zweimal eine Ansammlung von schweren Quadern, archaischen Blöcken links und rechts übereinandergeschichtet, und zweimal ein Ausgang durch die Mitte, der untere noch ein wenig versperrt, der obere schon gänzlich offen. Beide führen sie ins Nirgendwo; luzide weisen sie den Weg heraus aus unsrer Welt. Ohne Hoffnung, ohne Verzweiflung. Der Himmel kaum sichtbar und darum so leicht. Die Erde kaum fühlbar und darum so frei. Ein Doppelbild vom Ende, voller Licht, fast eine Heiterkeit des Todes.

Und noch einmal anders das Ganze in einem der schönsten, eindringlichsten Bilder der Ausstellung. Es heißt »Ausfahrt, Abschied« [Abb. 16] und zeigt sechs in den Seegrund gerammte Holzpfähle, allesamt alt und ausgeblichen, durch Querhölzer und Eisenbolzen miteinander verbunden. Das ausgediente Ensemble war einst eine Vorrichtung zum An- und Ablegen von Ausflugsdampfern, wie häufig auf Berliner Gewässern zu finden. Der Bildraum ist vollständig ausgefüllt von dem rissigen, da und dort splittrigen Holzverbund, nichts ist zu sehen außer ihm und seiner friedlich im Wasser vor sich hin flirrenden Spiegelung.

Das Motiv draußen am Müggelsee mit der Praktika zu fotografieren, hat den Zeichner zwei Minuten, das Bild zu Hause im Atelier auf Karton zu zeichnen, hat ihn siebzig Stunden gekostet. So lange dauert es, einem Ding meditative Aura zu geben. Und die hat dieses Bild.

Doch nicht nur das. Hinzu kommt die Ruhe, die es ausstrahlt. Als begegnete man einem großen fragenden Warten. Was wird kommen? Das Schiff der Ausfahrt oder das Schiff des Abschieds? Wann endet sie, die Zeit? Wann endet es, das Leben? Sie enden, wenn der Tag kommt, an dem Ausfahrt und

Abb. 15

Abb. 16

Abschied eins sind. Sie enden, wenn wir es geschafft haben, bis hierher zu gelangen, bis hin zu dieser lautlos und selbstvergessen im Wasser stehenden hölzernen Sperre. Sie wird uns nicht durchlassen, und was hinter ihr liegt, ist nicht zu erkennen.

Viele der in den letzten beiden Jahrzehnten entstandenen Tafelbilder aus Grafit sind Metaphern des Abschieds. Und zugleich ist ein jedes von ihnen auch eine Geste der Ankunft. Ingo Arnold hat künstlerisch ausgiebig experimentiert – Montagen, Collagen, Lithografien, Plakate –, das Werk ist reichhaltig und vielgestaltig. Und doch kommt es mir vor, als hätte all sein Können und Wollen erst in diesen Zeichnungen ein wahres Zuhause gefunden. Ein Zuhause in der Einfachheit, im Karma des Verzichts. Verzicht nimmt nicht, sondern gibt. Verzichten, sagt Laotse, bedeutet soviel wie ganz bleiben. Und ganz sein heißt nichts anderes als heil sein.

Ingo Arnold ist es gelungen, über die Entzweiungen hinauszukommen, auch über die Entzweiungen mit sich selbst. Er ist zurückgekehrt zu dem, womit ein jeder beginnt, zum Bleistift, zur Hand, zum elementaren Ertasten der Welt, zur epischen Geduld langsamen Zeichnens. Er hat sich hingewendet zu den Dingen, wie sie sind, ihrer Verlassenheit, ihrem Schweigen, ihrer Treue, ihrer Zeugenschaft. Er hat die wirklichkeitsgestützte Form und deren inwendige Metaphysik zur Darstellung gebracht. Unmittelbar berührend und verständlich für jeden.

Auf diese Weise hat er am Ende sogar die Zeit besiegt. Denn die Zeit, die ein Maler, ein Zeichner in ein Bild investiert, wird dem Betrachter durch das Bild zurückgeschenkt. Auch dem Betrachter, der es geschaffen hat. Was gibt es Schöneres, als Zeit zurückgeschenkt zu bekommen.

Das Blau der nächtlichen Stille
Über Leben und Werk des Malers Gerhard Moll

Als ich Jutta Zimmer, Gerhard Molls Lebensgefährtin, im Spätsommer des Jahres 2010 in Berlin-Friedenau im Atelier ihres Mannes besuchte, da sah ich, was für eine wunderbare Malerwerkstatt das war, was für ein beeindruckend großes, nach Norden gerichtetes Fenster sie hatte, was für ein herrlicher Blick über die Dächer und die hohen alten Bäume in den Himmel über Berlin sich einem hier bot. Und dann traten wir hinaus auf den üppig mit Pflanzen bestückten langen Atelierbalkon, es war wie auf der Kommandobrücke eines Küstenschiffs, und ich sah von außen durch das Fenster, wie sich das Licht in den Raum ergoss, jenes von Norden kommende Licht, das Licht der Maler, von dem gesagt wird, es sei von weit her, es sei älter als das Licht der anderen Himmelsrichtungen, es sei geduldiger, ausgleichender und nachsichtiger. Und als ich sah, wie die milden, von den Blättern der alten Linde gespiegelten Sonnenfunken die Staffelei umspielten, da dachte ich nicht zum ersten Mal, was für ein glücklicher Beruf doch die Malerei ist.

Aber für den Maler Moll war es kein glücklicher Beruf, oder besser kein Beruf, der ihn glücklich gemacht hat. Gewiss, während der Arbeit schon, er war sehr fleißig, er hat im Grunde nichts anderes gemacht, als zu malen, zu zeichnen und zu aquarellieren, und er hat ein umfangreiches Werk hinterlassen, aber dieses Werk hat wenig Aufmerksamkeit und wenig Anerkennung gefunden. Das hat Gerhard Moll sehr gekränkt. Jeder Mensch braucht Anerkennung, aber der Künstler braucht sie in besonderem Maße, denn seine Arbeit ist einsames Tun, ein Tun, in das all seine Liebe und all sein Kummer Eingang finden und das darum auf Resonanz angewiesen ist. Bleibt sie aus, ist es eine Katastrophe. Und damit ist nicht zuerst das Geld gemeint. Aber natürlich auch das Geld.

Gerhard Moll, der am 19. Januar 1920 unter ärmlichen Verhältnissen, der Vater Kellner, die Mutter Reinemachefrau, in einer dunklen Kellerwohnung in Berlin-Prenzlauer Berg zur Welt kam, zunächst eine Lehre als Autoschlosser begann, dann zu einer Textil- und Modeschule wechselte, studierte von 1939 bis 1943 mit Unterbrechungen Grafik und Malerei an der Hochschule für Bildende Künste in Berlin-Charlottenburg. Im Januar 1942 wurde er zur Kriegsmarine einberufen. An einem Tag im Mai, er war auf Kurzurlaub in Berlin, setzte er sich in die S-Bahn und fuhr bis zur Endstation Oranienburg. Alle stiegen aus. Er blieb sitzen. Es regnete. Auf Anfrage des Bahnpersonals, was er hier tue, antwortete er nicht. Das Personal holte Hilfe, man wollte ihn nicht allein lassen. Seinem Wehrpass war zu entnehmen, wer er war und wohin er gehörte. Am selben Abend noch brachte man ihn ins Marinelazarett nach Stralsund. Dort simulierte er eine Schizophrenie. Die ganze Sache war gründlich einstudiert. Moll hatte entsprechende Fachliteratur gelesen. Ob Thomas Manns Roman *Die Bekenntnisse des Hochstaplers Felix Krull* mit der berühmten Musterungsszene darunter war, wo der Held dem untersuchenden Arzt mit Erfolg einen epileptischen Anfall vorspielt, wissen wir nicht. Unter den von schweren Leiden gezeichneten Geisteskranken in der geschlossenen Abteilung der Psychiatrischen Klinik – Moll war fünf Monate dort – hat er dann einen Nervenzusammenbruch erlitten. Das Bild »Heilstätten Stralsund« von 1943 [Abb. 17] zeigt den großen Wachsaal der Anstalt, wir sehen vier Elendsgestalten in sträflingsähnlicher Kleidung, in der Mitte ein langer trauriger Tisch, links und rechts in Reih und Glied die mustergültig gebauten Betten. Im Bild dominieren die expressionistischen Farben Gelb, Grün, Blau und Rot. Rechts auf einem Schemel sitzt ein junger Mann, die Hände vors Gesicht geschlagen. Er könnte der Maler selbst sein.

Der behandelnde Arzt sah sehr wohl, was hier gespielt wurde, er durchschaute Moll, lieferte ihn aber nicht ans Messer, sondern sorgte im Gegenteil dafür, dass er gerettet wurde, dass er raus kam, quasi mit Jagdschein. Er schrieb ihn wehruntauglich und musterte ihn aus. So war für den Matrosen

Moll der verhasste Krieg zu Ende und er kehrte zum Studium nach Berlin zurück. Mit seinen Freunden verteilte er heimlich pazifistische Flugblätter. Das Motto ihrer Aktionen war: »Wenn wir sterben müssen, dann nicht mit einer Waffe in der Hand.« Einen von ihnen haben sie gekriegt, er wurde in Plötzensee hingerichtet.

Seit 1943 malte Moll, er gehörte nach 1945 zum Künstlerkreis der Galerie Rosen, 1948 hatte er seine erste Ausstellung am Kurfürstendamm. 1951 wurde er Mitglied der Westberliner Ausstellungsgemeinschaft »Der Ring«, aus der er jedoch wegen Beteiligung an einer Ausstellung im Ostteil der Stadt ausgeschlossen wurde. Von 1952 bis 1955 war er Meisterschüler bei Heinrich Ehmsen an der Deutschen Akademie der Künste in Ostberlin, danach dessen künstlerischer Assistent, was 1961 mit dem Mauerbau abrupt endete. Seitdem arbeitete er als Freiberufler zurückgezogen in Berlin-Friedenau. Verkauft hat er nichts. Ausstellungen gab es nur wenige. Er wusste nicht, wovon er sein Atelier bezahlen sollte. Er arbeitete unermüdlich, doch niemand wollte seine Sachen sehen, und so wollte er sie am Ende auch keinem mehr zeigen. Er lebte an der Grenze zur Armut. Hätte ihm nicht Jutta Zimmer finanziell unter die Arme gegriffen – sie war Lehrerin und er hatte sie 1965 durch seinen Freund, den Bildhauer Waldemar Grzimek kennengelernt –, Moll hätte das Atelier und damit seinen Beruf aufgeben müssen.

Aber das Unglück der Nichtanerkennung hat noch eine andere Seite. Die Arbeit des Künstlers stützt sich auf den Glauben, dass das, was er tut, gut ist und einen Sinn hat. Wenn nun jegliche Resonanz ausbleibt, kommen Zweifel und oft mehr als nur das. Die freiwillige, schöpferische, werksetzende Einsamkeit der Arbeit wird zur unfreiwilligen, unproduktiven Isolation. Und die Isolation zum Einfallstor der Depression. Moll wurde mehr und mehr tablettenabhängig. Zugleich rauchte er Kette. Die von Natur in ihm angelegte Melancholie wuchs sich ins Selbstzerstörerische aus. 1968 musste er sich einer schweren Magenoperation unterziehen, von der er sich nur mühsam erholte. Gerhard Moll war kein Darsteller, kein Selbstdarsteller, sein weltscheues und schweigsames Wesen machten es ihm unmöglich, selbst etwas für sein Werk zu unternehmen. Als er 1986 fünf Tage vor Weihnachten mit sechsundsechzig Jahren in seinem Atelier starb, kannten ihn nur noch wenige. Er war im Grunde als ein unbekannter Künstler gestorben.

Auch deshalb ist es verdienstvoll, dass sich in den letzten Jahren immer wieder einmal ein Museum oder eine Galerie bereit gefunden hat, die Bilder dieses Mannes auszustellen. Unerkannte oder vergessene Maler in die Aufmerksamkeit der großen Öffentlichkeit zu rücken ist Pionierarbeit, und die ist manchmal ehrenwerter, als immer nur den Ruhm der Berühmten zu mehren.

Zurück zum Atelier in Friedenau. Wir waren beim Licht, der Lichtfreude, die einen erfasst, wenn man hier steht. Als Jutta Zimmer mein Staunen sah, sagte sie: Moll arbeitete nur nachts. Das Atelier hatte vier Neonlampen, aber er machte nur eine an. Er malte fast blind.

Es gibt ein Gedicht von Hugo von Hofmannsthal, das beginnt so:

> Ich lösch das Licht
> Mit purpurner Hand,
> Streif ab die Welt
> Wie ein buntes Gewand

Gerhard Moll ist ein Maler der Innenwelt, ja der Traumwelt. Die dominierende Farbe seiner Bilder der vierziger und frühen fünfziger Jahre ist das Blau, das Nachtblau, ein mal heller, mal dunkler leuchtendes Traumblau. Gustave Courbets Satz, er male so, wie die Sonne illuminiert, könnte man auf Gerhard Moll nicht anwenden. Er hatte ein träumerisches Verhältnis zur Farbe, die Tagesansicht der natürlichen Welt kümmerte ihn nicht. Und er hatte noch etwas, nämlich Musikalität, Farbmusikalität. Nicht umsonst hieß er Moll. Namen sind Winke, chiffrierte Selbstoffenbarungen, schöpferische Formeln eigenen

Abb. 17

Abb. 18

Abb. 19 a

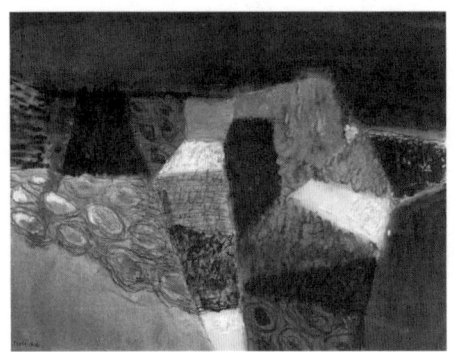

Abb. 19 b

Wollens. Die dunkle melodische Schönheit der Mollschen Nacht- und Traumwelt zeigt sich besonders in seinen Hiddensee-Bildern der vierziger Jahre. [Abb. 18] Für mich zählen sie zu den besten seines Werks. Ihr Blau, ein Blau der Stille, ein fast hörbares Blau, hat nichts Trügerisches, nichts Dämonisches, es ist das Blau der Klarheit, das die Täuschungen der grellen Welt verjagt. »In dieser Farbe«, sagt Ernst Jünger, »deuten sich die beiden Flügel des Geistes an: das Wunderbare und das Nichts. Sie ist ein Spiegel der geheimnisvollen Tiefen und der unendlichen Entfernungen.«

Das Blau und auch das Türkisblau, das Schilfgrün, das Smaragdgrün, das alles hat viel mit dem Meer zu tun. Moll liebte die großen Wasser, sie hatten eine heilsame Wirkung auf seine Psyche. Hier konnte sein introvertiertes Wesen Raum und Weite atmen, hier regte sich das stumme Gespräch mit den Fischen und den Vögeln, den submarinen und den supramarinen Geschöpfen. Auf vielen Bildern begegnen sie uns. Er liebte Hiddensee, er liebte Ahrenshoop. Später lernte er auch Sylt kennen und fuhr immer wieder dorthin. Man sollte nun nicht denken: Ah, so arm war er wohl doch nicht. Doch, er war arm. Er durfte umsonst dort wohnen. Und das kam so. Als er Anfang der siebziger Jahre das erste Mal in Kampen war, kam er an einem Haus vorbei, an dem über der Tür der Name »Ahrenshoop« stand. Beim zweiten Mal ging er wieder dort vorbei, diesmal stand eine alte Frau in der Tür und rief: »Da bist du ja.« Sie hatte ihn wiedererkannt. Moll hatte in den fünfziger Jahren in Ahrenshoop in ihrem Haus am Grenzweg logiert. Die Frau musste später aus Erbschaftsgründen dort ausziehen und bekam ein neues Anwesen in Kampen auf Sylt. Und im Haus dieser Frau haben Jutta Zimmer und Gerhard Moll viele Jahre frei wohnen dürfen. Es waren arkadische Zeiten für sie.

Hier auf Sylt ist ein Zyklus von zwölf großen Aquarellen entstanden. Er heißt »Inselschrift«. [Abb. 19a, 19b] Molls ganze Dankbarkeit für das unverhoffte Glück der Meeresaufenthalte ist in diese poetischen Blätter eingegangen. Sie sind reine

Farbmusik, flirrende Transparenz, meditativ, atmosphärisch, tageshell, wie aus der Vogelschau gemalt.

Alle Bilder, die mit dem Meer zu tun haben, drücken Molls Wesen aus, sie sind gänzlich aus der Bejahung entstanden. Und dann gibt es die Bilder, die aus dem Hader kommen, auch aus dem Hader mit sich selbst, zwieträchtige Bilder, die das Bedrohliche zeigen, das Störende, Zerstörende und Selbstzerstörende. Oft verschlüsselt, oft mit Gedanken gekoppelt, die nur schwer zu dechiffrieren sind. So kann man in Gerhard Molls Werk insgesamt vielleicht diese beiden Sichtweisen unterscheiden. In der einen zeigt sich, wer er ist und sein will, in der anderen, wer er ist und nicht sein will. In der einen zeigen sich Nähe, Innigkeit und Bei-sich-Sein, in der anderen Entfremdung, Ängstigung und Außer-sich-Sein. Die einen Bilder beruhigen, die anderen beunruhigen. Schönheit aber gibt es nur in der Beruhigung, in der Freude des Einverstandenseins. Mit Seichtheit hat das nichts zu tun. Die Zeit irrt, wenn sie die Schönheit geringschätzt, wenn sie ihre Wahrheit und Tiefe bestreitet. Schönheit, sagt der Philosoph, ist Nahrung des Seelengefieders.

Meeresnahe Fotowelten
Über Inge Zimmermann

Kein anderes Genre der Kunst wird so stark vom Motiv getragen wie die Fotografie. Auch Inge Zimmermanns Fotos zeugen davon. Eines ihrer schönsten Motive ist das Maritime. Es umfasst mehr als nur Seefahrt, Wasser und Weite. In Thomas Manns *Meerfahrt mit Don Quijote*, dem Tagebuch einer Atlantikreise, lesen wir:

»Die Nacht hat uns schon weit entführt, weit ins Weite; noch ist die Südküste Englands in schwacher Sicht, aber nicht lange mehr, und die graue, leicht schaumige Scheibe des Meeres unter dem ebenfalls trübgrauen Himmel wird leer und vollkommen sein. Es ist mir nicht neu, dass mir das Meer, vom Schiffe aus erlebt, in seiner Kreisvollendung, bei weitem nicht den Eindruck macht wie vom Strande. Die Begeisterung, die sein heiliger Anprall an die Feste mir erregt, auf der ich stehe, bleibt aus. Es ist eine Entzauberung, die offenbar auf der Ernüchterung des Elementes zur Fahrbahn und Reisestraße beruht, wobei es seinen Charakter als Schaubild, Traum, Idee, geistiger Ewigkeitsdurchblick verliert und zur Umgebung wird. Die Umgebung, scheint es, ist nicht ästhetisch, das ist nur das entgegenstehende Bild.«

Dies ist nicht nur eine Hymne auf das Meeresufer, sondern auch eine Brücke zur Kunst der Fotografie. Ich meine die Unterscheidung von Umgebung und entgegenstehendem Bild. Was tut der fotografierende Mensch anderes, als immer wieder diese Unterscheidung zu vollziehen: symbolisiert durch die Wahl des Motivs, realisiert in seiner umgrenzten Wiedergabe. So kommt es zu einer Art Ehrung der Dinge. Denn wo die Bilder wie bei Inge Zimmermann vornehmlich Stillleben sind, geht es nicht um das Gesicht des Menschen, sondern um das Gesicht der Dinge: um ihr Geheimnis, ihren Glanz, ihre Trauer, ihren Traum. Das Schöne an ihnen ist ihre Stille, dass sie schweigen, wie die Natur zu allen Projektionen auf sie schweigt. Und wie wohltuend, dass sie nicht posieren, nicht wissen, dass sie fotografiert werden. So bilden sie eine Welt des In-sich-versunken-Seins, die zum Meditieren einlädt.

Das, was wir inszenierte Fotos nennen, sind Grenzfälle. Wenn Inge Zimmermann zum Beispiel einen toten Hecht und eine tote Ente nebeneinander in eine Fischkiste legt und dann ablichtet, haben wir kein Naturrätsel, sondern eine menschliche Vorlage vor uns, über die man, wie auf der Bühne, eher ins Reflektieren denn ins Meditieren gerät. Jenes führt zum allegorischen, dieses zum symbolischen Denken, hinter dem einen suchen wir die Idee, hinter dem anderen den Sinn.

Wenn Inge über ihre Fotos spricht, sagt sie: »Sieh mal wie grafisch« oder »Schöne Struktur« oder »Wie mit dem Spachtel gemalt« oder »Farben wie bei ...« (dann fällt der Name eines Malers). Dass Realien abgebildet sind, möchte sie am liebsten bestreiten. Doch eben dies lässt sich bei der Fotografie nicht bestreiten. Wozu auch! Dem Kunstcharakter tut das keinen Abbruch. Denn eine nicht ganz unwesentliche Aufgabe der Kunst ist das Entautomatisieren unserer Wahrnehmung, und gemeint ist die Wahrnehmung der wirklichen Welt. Kunst verfremdet die alltägliche Sehweise, damit die Dinge wieder fühlbar werden, das Steinerne des Steins, das Schattige des Schattens, das Luftige der Luft. Es geht um Rückgewinnung von Seinsfrische, um Wiederbelebung der immer wieder abstumpfenden Sinne. Folgen wir den Worten eines bedeutenden Schriftstellers und »seien wir auf der Hut vor der größten Gefahr, die es gibt – davor, dass uns das Leben etwas Gewöhnliches wird.«

Inge Zimmermanns Bilder zeigen mehr als nur Formen, Farben und Strukturen. Es ist keineswegs Sinn der Fotografie, den Kräften der Gegenständlichkeit zu entfliehen. Anders als die abstrakte Malerei lebt das Foto von der Wiedererkennbarkeit des Sujets, ja, man kann sagen, vom Glück der Wiedererkennbarkeit. Wiedererkennen ist Fühlungnahme, Zwiesprache, staunendes Erkennen des Wunderbaren. Eines der gelungensten Fotos von ihr zeigt eine in flacher Dünung treibende Qualle [Abb. 20].

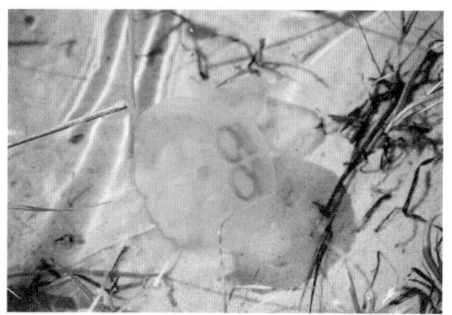

Abb. 20

Abb. 21

Abb. 22

Abb. 23

Während das Sonnenlicht mit der Wasseroberfläche spielt und die Kontur der Wellen in hauchdünnen Linien auf den sandigen Boden wirft, sehen wir das Meerestier einen kaum sichtbaren Schatten ziehen, so durchscheinend, als zöge einer ein gläsernes Segel über den Grund. Ein Bild in der Mitte zwischen Stillleben und Landschaft.

Reine Stillleben im Sinne der französischen *nature morte* sind die Fische-Stücke. Was sehen wir hier nicht alles: Scholle, Dorsch, Hering, Lachs, Hecht, nicht zu vergessen den mythischen, den emblematischen Butt [Abb. 21]. Das Seltsame an all diesen Tieren ist der leblose Ausdruck der Augen. Sind sie tot, sehen sie aus, als lebten sie, leben sie, erscheinen sie wie tot. Die Augen verschweigen die Empfindung. Vielleicht blicken sie unter Wasser anders in die Welt. An Land, im feindlichen Element, verraten sie nichts von der tödlich getroffenen Seele. Doch wie sprechend die Münder, die Körperformen, das Schuppenkleid, die irisierenden Flecken und Muster, der in optischem Rhythmus bewegte metallische Glanz. Inge Zimmermann ist eine nachdenkliche Porträtistin dieser von Menschen gejagten Meeresbewohner.

Noch von einem Bild möchte ich sprechen. Es ist ein Hochformat und zeigt Wasser, Schilf und Wald in fahlem Winterlicht. [Abb. 22] Die Bäume kahl, das Schilf vergilbt, das reglose Wasser von dunklem, moorigem Glanz. Schilfgürtel und Waldsaum spiegeln sich darin. Vom Himmel ist nichts zu sehen, nur ein winziger Reflex am linken vorderen Rand. Die Symmetrie ist vollkommen. Es liest sich wie eine Metapher für etwas, doch man weiß nicht für was. Dergleichen ist in der Kunst nicht nur erlaubt, sondern sogar erwünscht. Das Geheimnisvolle gehört zur Sache.

Natürlich ist das Fotografieren keine Metaphernmaschine. Die meisten Menschen haben anderes damit im Sinn: Erinnerung, Autobiografie, Gedächtnis. Auch Fotos solcher Art ermöglichen ein Nachsinnen. Eines davon zeigt eine würdevolle Reihe alter Pappeln [Abb. 23] an der Ahrenshooper Landstraße zwischen Niehagen und Althagen von der Boddenseite aus gesehen, im Hintergrund der Bakelberg, mit 18,5 Metern die höchste Erhebung des Fischlands. Für die meisten Bilder von Inge Zimmermann mag gelten, was der amerikanische Fotograf Garry Winograd einmal sagte: »Ich fotografiere, um herauszufinden, wie etwas aussieht, wenn es fotografiert wurde.« Bei den Pappeln indes scheint sie geahnt zu haben, dass ihr Abzug mehr bedeuten könnte als nur das. Eines Tages würden wir erkennen, dass er ein Abschiedsgruß der Bäume an uns war. Denn die Pappeln, sie gibt es nicht mehr. Sie wurden gefällt. Das Foto ist der letzte Zeuge ihres Daseins.

Wasserstadt – aus der Luft betrachtet
Reimer Wulfs Ansichten von Schwerin aus der Vogelperspektive

Viele der großen und kleinen Städte Norddeutschlands liegen am Meer, an Flüssen oder Seen. Doch keine von ihnen ist so vom Wasser umgeben wie Schwerin, die älteste Stadt Mecklenburgs. Nichts an Schwerin spricht so zu mir wie die Namen seiner Seen: Schweriner See, Pfaffenteich, Burgsee, Fauler See, Heidensee, Ziegelsee, Ostorfer See, Lankower See, Medeweger See, Neumühler See. In Schwerin bin ich geboren und aufgewachsen, hier habe ich alles gelernt, was eine Kindheit in Wassernähe beglückend macht – Angeln, Krebsfangen, Floßbauen, Schwimmen, Tauchen, Rudern, Paddeln, Schlittschuhlaufen, Segeln und Eissegeln. Ich kann sagen, dass ich die Stadt von ihren Seen aus kennengelernt habe. Dadurch hatte sie für mich von Anfang an etwas Entrücktes, fast Märchenhaftes. Als wäre man mit dem Boot nicht in, sondern vor oder hinter ihr. Sie kam einem beinahe wie die Vedute eines Malers vor. Der leuchtend rote Turm des Doms mit seinem steilen grünen Kupferdach beherrscht die Silhouette.

Hier am Dom, dem Wahrzeichen Schwerins, war mein Vater Pastor. Hier bin ich getauft und konfirmiert und – längst hatte ich meiner Heimatstadt Ade gesagt – auch getraut worden. Im Schatten der mächtigen Dommauern mit ihren riesigen Stützpfeilern habe ich die ersten drei Jahre meines Lebens verbracht. Dann zogen wir an den Heidensee, nach Schelfwerder. Mit zwölf bin ich zum ersten Mal auf den 117 Meter hohen Turm gestiegen, und als ich das gewaltige Dach des Langschiffs von oben sah, staunte ich, wie krumm der First war, geradezu eine Schlangenlinie. Und jetzt kreisten Möwen und Krähen auf einmal *unter* mir. Vom Wasser aus hatte ich immer den Dom sehen können, und nun sah ich vom Dom aus überall das Wasser. Wie es glänzte und wie sich die Baumreihen und Häuserzeilen am Ufer darin spiegelten. Wie bevölkert es war von Schleppern und Kähnen, Jollen und Yachten. Von oben waren die elementaren Proportionen zu sehen: Altstadt, Schelfstadt, Paulsstadt, Feldstadt, Weststadt; Seen und Wälder, Inseln und Buchten, Gräben, Kanäle und Brücken, Straßen und Chausseen, Äcker und Wiesen und Parks. Die Geometrie der großen Flächen. All das, was man von unten nicht in den Blick bekommt. Dazu braucht man eben den Horizont des Türmers und Glöckners.

Oder den des Luftbildfotografen, wie Reimer Wulf einer ist. Seine schönsten Schwerinbilder sind für mich die Winteransichten. Welch wundersame Metamorphose der Landschaft ins Grafische und Monochrome. Die zugefrorenen Seen, die schneebedeckten Dächer [Abb. 24], der wie von weißem Wasser überschwemmte Schlossgarten mit den in Reih und Glied stehenden Kolonnen kahler Bäume. [Abb. 25] Die dunklen Stämme, das fein ziselierte Geäst, mit allen Einzelheiten in den hellen Hintergrund geschnitten.

Winter in Schwerin erinnern mich an die holländischen Schnee- und Eislandschaften aus dem Museum. Wie oft habe ich dort vor dem großen Winterbild von Hendrick Avercamp gestanden. Das vorn links stehende dreigieblige Haus leuchtete genauso ziegelrot wie der Dom. Und zu dem bunten Völkchen auf dem Eis gehörte ich ja selbst. Ich weiß noch, wie sich in den fünfziger Jahren alles, was Beine hatte, auf dem Eis des Schweriner Innensees tummelte, Alte und Junge, Männer und Frauen, kleine und große Hunde. Noch heute habe ich das Singen der Risse des Eises und das Donnern der Segelschlitten im Ohr, wie sie über die spiegelglatten Flächen rasten. Manchmal fuhren Wagemutige mit Motorrädern über die zugefrorenen Seen. Sie hatten mit Nägeln gespickte Ketten über die Reifen gezogen. Oft haben wir bis in die Dunkelheit hinein zu viert oder zu sechst Eishockey gespielt, mit einer Blechbüchse und mit selbstgemachten Schlägern.

Natürlich gab es Gefahren, warme Stellen, auf Reimer Wulfs Bildern sind sie zu sehen. Besonders aufpassen musste man unter Brücken. Schön war, sie von unten sehen zu können, ihr

Abb. 24

Abb. 25

Abb. 26

Gewölbe, die Pfeiler. Am interessantesten waren die Drehbrücken und vor allem ihr Innenleben aus Zahnrädern, Zahnradstangen, Kurbelwellen und Schraubenspindeln. Vor 1960 gab es in Schwerin noch vier solcher technischen Wunderwerke, am Paulsdamm, am Werderkanal, am Störkanal und am Burgsee. Wenn ein Dampfer der Weißen Flotte oder ein anderes größeres Schiff durch die Brücke wollte, mussten sie tuten, damit der Brückenwärter und sein Gehilfe kamen und mit einer gewaltigen Winde den Koloss um neunzig Grad drehten. Dann bildeten sich auf beiden Seiten lange Autoschlangen hinter den Schranken, denn das Manöver dauerte gut dreißig Minuten.

Die mit dicken Bohlen bedeckten alten Eisenbrücken wurden längst durch höhere feste Steinbrücken ersetzt. Nur die am Burgsee blieb erhalten. Sie wurde restauriert und ist heute ein technisches Denkmal.

Mit dem Paddelboot konnte man auch im Sommer unter die Brücken gelangen. Die Schlossbrücke am Alten Garten hatte vier Durchfahrten. Hier konnte man, wenn es zu regnen anfing, samt Boot Unterschlupf finden. Bald aber begann es auch hier zu lecken. Das Ticktock der aufs Wasser fallenden Tropfen hallte vom Gemäuer wider.

Seltsam dieses Einschießen der Erinnerung. Da läuft man seit Jahrzehnten zum ersten Mal wieder wie früher durch die Stadt, ohne Eile, ohne bestimmtes Ziel, und erkennt plötzlich die Stelle wieder, wo man als Schuljunge bei Glatteis einmal ausgerutscht ist. Da betritt man das Haus des Nachbarn in Schelfwerder und erkennt die silberbeschlagene Türklinke aus schwarzem Holz, die man vor fünfzig Jahren das letzte Mal heruntergedrückt hat.

Es ist, als befände sich das Gedächtnis außen, als müssten wir nur dorthin zurückkehren, wo es gewissermaßen vergraben ist, zu den Schulhöfen, Turnhallen, Geräteschuppen, Dachkammern und Kellertreppen. Manchmal passiert es, dass nicht nur die Augen oder die Ohren, sondern auch die Fußsohlen etwas wiedererkennen. Wenn sie einen alten, verwitterten

Badesteg aus Kinderzeiten betreten oder über einen Knüppeldamm im Erlenbruch des Werderholzes gehen.

In der Vogelperspektive verflüchtigt sich alle bodennahe Erinnerung. Die Wahrheit des Luftbildes liegt in der Überschau, in der Topografie und den großen Umrissen. Es ist nicht gemacht für das Glück des Wiedererkennens, jenes Glück, das aus Vergessen und Erinnern quillt. Fast möchte man meinen, Luftbildfotografien besäßen keine poetische Qualität. Doch einige besitzen sie. Nicht, weil sie an etwas erinnern, sondern weil sie etwas vorausahnen lassen. Das Merkwürdige an Bildern aus dem Flugzeug ist, dass man nicht sieht, ob der Fotograf das Objekt beim Sich-Nähern oder Sich-Entfernen aufgenommen hat. Und auf einmal denkt man, dieses Bild könnte auch ein Abschiedsbild sein. Als flöge der, der da fotografiert hat, zum letzten Mal über diesen schönen Flecken Erde und dann auf immer davon. Und der, der sich da davonmacht, wäre man selbst. Reimer Wulfs Bilder haben etwas von dieser Stimmung. Besonders das Foto von der in winterlicher Einsamkeit liegenden Insel Lieps am Nordende des Schweriner Außensees. [Abb. 26] Als Junge bin ich dort oft zum Zelten gewesen. Das waren Wochenendausflüge mit dem Kanuverein, fröhliche Touren mit Kajaks und Kanadiern, manchmal schon zu Ostern. An klaren Tagen sind wir immer auf die kleine Anhöhe der Insel gelaufen. Von dort aus konnte man über zwanzig Kilometer Wasser und Wald hinweg zur Stadt mit ihrem weithin sichtbaren Wahrzeichen zurückblicken.

SAAL II: THEOLOGIE

Gottesfurcht und Menschenliebe
Ahrenshooper Kanzelrede zum 13. Kapitel
des 1. Korintherbriefes

Auf der von zwei Seiten beleuchteten Altarwand der Ahrenshooper Schifferkirche steht in großen goldenen Lettern das Jesus-Wort geschrieben: »Ich bin der Weg und die Wahrheit und das Leben; niemand kommt zum Vater denn durch mich.« Dieser so einfache und doch rätselvolle Satz aus dem Johannesevangelium klingt ungewöhnlich für unser Ohr, weil in ihm die Wahrheit zu einer Person, einer Gestalt gemacht wird. Aber genau das ist es, worum es im Christentum geht: Wahrheit sagen, Wahrheit leben, Wahrheit tun. Biblisch verstanden ist Wahrheit keine Frage des Erkennens, keine Frage der Richtigkeit oder Falschheit von Aussage, Meinung, Urteil, Argument oder Beweis. Wahrheit im biblischen Sinne bedeutet: sich zeigende Kraft, gültige, beständige, verlässliche Wirklichkeit. Eine Wirklichkeit *in* Personen und *zwischen* Personen. Nicht immer sichtbar, nicht immer fühlbar und dennoch etwas, auf das man baut und woran man sich hält, worum man bittet und worum man fürchtet.

Der tiefste Seinsgrund dieser Wahrheit ist die Liebe, man sollte sagen die Gotteswirklichkeit der Liebe. Was aber ist Liebe? Luther sagt: »Liebe heißt auf deutsch (wie jedermann weiß) nichts anderes als einem von Herzen günstig und hold sein und alle Güte und Freundschaft erbieten und erzeigen.«

Im 1. Johannesbrief steht: »Gott ist die Liebe; und wer in der Liebe bleibt, der bleibt in Gott und Gott in ihm.« Daran glauben wir Christen und darauf hoffen wir.

Schauen wir uns um in dem kleinen, schlichten Gotteshaus. Wir sehen sie ja hier hängen, die auf das Licht hinter dem Altar, auf das »Ich bin der Weg und die Wahrheit und das Leben« ewig zufahrenden drei Schiffe der Christenheit, wie sie Kapitän Heinrich Voß vor sechzig Jahren als Votivgaben für das Kircheninnere gebaut und gestiftet hat. Vorn rechts die Bark

»Hoffnung«, dahinter die Brigg »Glaube« und vorn links den Gaffelschoner »Liebe«, diesen stolzen, fast vollständig aufgetakelten Dreimaster mit weißem Rumpf und grünem Unterboden. Das ist ein der Liebe würdiges Schiff, geschmückt mit den weißen Segeln der Aufrichtigkeit.

Diese drei, und dazu noch ganz hinten links das vierte, die aus Kleiderbügeln gefertigte Brigantine »Frieden«, schwimmen über uns gleichsam im Trockendock der Luft, von keinem Windhauch und keiner Dünung bewegt. Das ist natürlich nicht die volle Realität der Seefahrt, auch nicht des Lebens und schon gar nicht der Religion. Ihrer aller Wirklichkeit kommt man erst näher im Unwetter, im Sturm, im Tosen der Elemente, wenn wir und unser armes Ich tatsächlich einmal durcheinander gerüttelt werden. Es gibt keine Ruhe im Glauben, in der Hoffnung, in der Liebe, die nicht eine Ruhe vor dem Sturm oder eine Ruhe nach dem Sturm wäre. Das vergessen wir nur allzu oft. Wer in geruhsamen, gewissermaßen ungeläuterten Zeiten von Religion spricht, der sollte wissen, dass in der Flaute die Wahrheit des Windes nicht zu haben ist. Aber in Zeiten des Sturms sieht auch diese Welt anders aus. Denken wir an Kapitän MacWhirr in Joseph Conrads Roman *Taifun*. Er ist wortkarg, unberedt, ja schweigsam, kaum dass einmal außer Dienstanweisungen und Befehlen etwas über seine Lippen kommt. Aber in der Nacht, da der Sturm über das Schiff hereinbricht und die schweren dunklen, schaumgekrönten Wasserwände haushoch und zum jähen Niederfall bereit die in höchste Gefahr geratene Nan-Shan umstehen und sie unter sich zu zerschmettern drohen, da löst sich auch seine Zunge und wie in einem Pfingstwunder der Not entringen sich seinem Munde die Worte: »Ich möchte sie nicht gern verlieren.«

Das übrigens ist der Moment, wo der in Seenot geratene Fahrensmann Gott verspricht, dass er ihm ein Schiff schenken werde, sollte er jemals wieder heil nach Hause kommen. Und der nächsten Kirche, die er erreicht, stiftet er ein selbstgebautes Modellschiff. Ein solches Schiff heißt Votivschiff. Das Wort ist abgeleitet aus dem lateinischen votum und bedeutet Gelübde. Und so wird es auch bei Kapitän Heinrich Voß aus Ahrenshoop und seiner Heimatkirche gewesen sein.

Zurück zum Sprechen, zurück zu den Worten. Bewegendes Sprechen kommt aus der Bewegtheit des Herzens. So war es auch bei Paulus. Es war die Liebe, die ihm die Worte der Liebe eingab. Ungeheuchelte Worte einer ungeheuchelten Liebe.

Wer war Paulus? Paulus war ein durch Offenbarung zum Glauben an den gekreuzigten und auferstandenen Messias bekehrter Jude, ein Konvertit, ein Umgewendeter. Auf Caravaggios berühmtem Gemälde »Die Bekehrung des heiligen Paulus« von 1601, zu sehen in der Kirche Santa Maria del Popolo in Rom, spüren wir förmlich die Wucht der Vision, durch die der Christusverfolger vom hereinbrechenden Licht zu Boden geworfen wird. Wir sehen Paulus mit angewinkelten Beinen und furchtsam in die Höhe gestreckten Armen wie gelähmt auf dem Rücken liegen, während das sanfte dunkle Auge des mächtig über ihm aufragenden Pferdes ahnungsvoll den gefallenen und jählings erblindeten Reiter mustert. Das Tier sieht die Bekehrung, ehe noch Paulus ihrer inne geworden ist. Und vielleicht sieht es auch, dass Konversionen nicht aus dem Tun, sondern aus dem Lassen erwachsen, nicht aus einer Entscheidung zu handeln, sondern aus einem Akt des Nachgebens. Einer durch Nachgeben gewonnenen Erlaubtheit höheren geistigen Besitzes.

Mit Paulus beginnt die eigentliche Theologie des Christentums. Von allen Erzählungen über seine Bekehrung ist die schönste die aus der mittelalterlichen *Legenda aurea* des Predigermönchs Jakob von Vorago. Dort heißt es:

»Warum aber der Tag seiner Bekehrung von der Christenheit mehr geehrt wird, als der anderer Heiliger, des finden wir drei Ursachen. Die erste ist, dass kein Sünder an Gottes Erbarmen verzweifle, sondern sich ein Beispiel nehme an dem großen Sünder, der hernach zu solchen Gnaden ist gekommen. Das andere ist die Freude, welche die Christenheit von seiner Bekehrung empfing, da sie zuvor so sehr betrübet war durch seine

Verfolgung. Das dritte ist das große Wunder, das Gott an ihm wirkte, da er aus seinem grimmigen Verfolger machte seinen getreuesten Prediger.«

Konvertiten sind nicht immer wohlgelitten. Es ist nicht nach jedermanns Geschmack, Wahrheiten aus der Hand von Bekehrten zu empfangen. Man denkt sich: Der ehemals Taube spielt nun den Ohrenarzt. Aber Paulus ist ein großes Beispiel dafür, zu welch eindrucksvoller Metamorphose Menschen imstande sind, wenn sie zu der für sie richtigen Religion finden, wenn sie, wie Augustinus sagt, »durch die Eingiessung des Glaubens gereinigt werden«. Es kommt zu einer grundlegenden Erneuerung der ganzen Person, es ist, als hätte sich das Bewusstsein aus seiner eigenen Gefangenschaft befreit. Eine Art Wiedergeburt, eine Art Auferstehung.

Einen Nachhall dieses Glücks vernehmen wir auch in 1. Korinther 13, jener Epistel über der Liebe Wert, der Liebe Art, der Liebe Ewigkeit, um die es nun gehen soll. Hören wir Paulus: »Wenn ich mit Menschen- und mit Engelszungen redete und hätte der Liebe nicht, so wäre ich ein tönend Erz oder eine klingende Schelle. Und wenn ich weissagen könnte und wüsste alle Geheimnisse und alle Erkenntnis und hätte allen Glauben, also dass ich Berge versetzte, und hätte der Liebe nicht, so wäre ich nichts. Und wenn ich alle meine Habe den Armen gäbe und ließe meinen Leib brennen und hätte der Liebe nicht, so wäre mir's nichts nütze.

Die Liebe ist langmütig und freundlich, die Liebe eifert nicht, die Liebe treibt nicht Mutwillen, sie blähet sich nicht, sie stellet sich nicht ungebärdig, sie suchet nicht das Ihre, sie lässt sich nicht erbittern, sie rechnet das Böse nicht zu, sie freuet sich nicht der Ungerechtigkeit, sie freuet sich aber der Wahrheit; sie verträgt alles, sie glaubet alles, sie hoffet alles, sie duldet alles. Die Liebe höret nimmer auf, so doch die Weissagungen aufhören werden und die Zungen aufhören werden und die Erkenntnis aufhören wird. Denn unser Wissen ist Stückwerk, und unser Weissagen ist Stückwerk. Wenn aber kommen wird das Vollkommene, so wird das Stückwerk aufhören. Da ich ein Kind war, da redete ich wie ein Kind und war klug wie ein Kind und hatte kindliche Anschläge. Da ich aber ein Mann ward, tat ich ab, was kindisch war. Wir sehen jetzt durch einen Spiegel in einem dunkeln Wort; dann aber von Angesicht zu Angesicht. Jetzt erkenne ich's stückweise; dann aber werde ich erkennen, gleichwie ich erkannt bin. Nun aber bleibt Glaube, Hoffnung, Liebe, diese drei; aber die Liebe ist die größte unter ihnen.«

Das sagt ein Mann, der als pharisäischer Eiferer gegen die Urgemeinde wütete, der, wie die Apostelgeschichte erzählt, mit Drohen und Morden wider die Jünger des Herrn schnaubte, der der grausamen Steinigung des Stephanus, des ersten christlichen Märtyrers, billigend zusah. So darf wohl gesagt werden: Alles, was Paulus vor Damaskus, vor seiner Vision des auferstandenen Jesus von Nazareth tat, geschah aus Treue zum jüdischen Religionsgesetz, und alles, was er nach Damaskus tat, geschah aus freiem Wiedergutmachen, aus Buße ohne Zerknirschung, aus einer durch Offenbarung ausgelösten Umkehr im Glauben.

Auch das Hohelied auf die Liebe, welches den größten Dichtern dieser Erde Ehre gemacht hätte, dieser gnostische Hymnus, welcher die Liebe Gottes meint und nicht nur die Liebe des Menschen, zeugt davon. Die Liebe nicht als Begehren, nicht als Rausch und Ekstatik der Hingabe, nicht als Affekt und nicht als Moral, schon gar nicht als Sentimentalität, sondern als Geistesgabe, als Logos, als heilige Geduld und ewiges Wachen, fast könnte man sagen als Frucht einer kosmologisch verstandenen Erlösung – diese Liebe, griechisch agape, dieses Band der Vollkommenheit, ist das schönste Juwel im Christentum. Sie ist die unversiegliche Quelle und ewige Substanz aller Formen der Liebe.

Aber zu dieser Wahrheit kam Paulus, der einzige unter den Aposteln, der Jesus *nicht* gekannt hat, über Irrtum und Buße. Und ein so errungener Standpunkt hat seine eigene Festigkeit, seine eigene Klarheit, ja seine eigene Unerbittlichkeit. Es ist diese Seite des Paulus, die auch in den Darstellungen Dürers,

El Grecos und Rembrandts zutage tritt: ein hochgewachsener asketischer Grübler, in der Linken das Evangelium, in der Rechten ein Schwert. Aber das ist nicht das Schwert, das an den Christenverfolger erinnert, und auch nicht dasjenige, das auf die kommende Enthauptung des Märtyrers hinweist, sondern das ist das Schwert des Geistes, eines Geistes gemäß dem Zeugnis des Hebräerbriefs: »Denn das Wort Gottes ist lebendig und kräftig und schärfer als jedes zweischneidige Schwert, und dringt durch, bis es scheidet Seele und Geist, auch Mark und Bein, und ist ein Richter der Gedanken und Sinne des Herzens. Und kein Geschöpf ist vor ihm verborgen, sondern es ist alles bloß und aufgedeckt vor den Augen Gottes, dem wir Rechenschaft geben müssen.« (Hebräer 4,12-13)

Das Bild vom Schwert des Geistes, eindrucksvoll vergegenwärtigt auch in Ernst Barlachs »Geistkämpfer« von 1928, jener grazilen, seitwärts auf dem Rücken eines grimmigen Tiers stehenden Engelsgestalt, die mit beiden Händen ein zum Himmel zeigendes Schwert umfasst – dieses Schwert scheint jener allverstehenden und allvermögenden Theologie der Liebe zu widersprechen, wie sie 1. Korinther 13 nahelegt. Aber es geht in der Religion und auch im Christentum nicht alles in Güte, Milde, Sanftmut und Freundlichkeit auf. Mit welchen immer gleichen Worten beginnen doch Luthers Kommentare zu den Zehn Geboten? »Wir sollen Gott über alle Dinge fürchten, lieben und vertrauen.« Und auch von der Liebe sagt der Reformator, sie sei zugleich ein großer Feind und Freund, sie strafe hart und helfe süß: »Eine harte Schale, aber einen süßen Kern hat sie, bitter ist sie dem alten, aber gar süß dem neuen Menschen.«

Der russische Religionsphilosoph Pawel Florenski hielt 1918, kurz nach der Errichtung der Sowjetmacht, in der Geistlichen Akademie Moskau eine Vorlesung über die Gottesfurcht. Er zitierte Psalm 34, Vers 12: »Kommet her, Kinder, höret mir zu; ich will euch die Furcht des Herrn lehren«, und fuhr fort:

»Kein zeitgemäßes Wort. Doch was soll man tun. Wenn Ihr mir gestattet, zu Euch von Religion zu sprechen, die tatsächlich keine Sache dieser Zeit ist, müsst Ihr Euch mit diesem unzeitgemäßen, aber doch zur rechten Zeit gesagten, immer zur rechten Zeit gesagten Wort ›Furcht‹ anfreunden. Religion ist vor allem Gottesfurcht, und wer in das Heiligtum der Religion eintreten will, der lerne das Fürchten. Mangel an Furcht ist nicht ein Zeugnis von Mut, sondern im Gegenteil von Dreistigkeit, geistiger Unbedarftheit, Unverschämtheit, feigen Naturen eigen, die sich straffrei wähnen. Wer keine Gottesfurcht kennt, weiß nichts von Religion. Er ist furchtlos, weil er das über ihm Andere für nichtig hält.«

Wer die Gottesfurcht nicht kennt, kennt auch nicht die Furcht vorm eigenen Schuldigwerden. Das ist nicht nur ein Fürchten um der Strafe willen, sondern um der Schuld selbst willen. Und die Furcht vor der Schuld als Schuld ist die eigentliche Furcht.

Die Liebe steht nicht im Gegensatz zur Gottesfurcht, auch nicht zur Furcht im allgemeinen. Furcht, heilsame Furcht, hat immer zwei Seiten: das Sich-Fürchten vor etwas und das Fürchten um etwas. Thomas von Aquin sagt, alle Furcht werde aus der Liebe geboren, und Augustinus sagt, Furcht sei fliehende Liebe. Wir aber können auch sagen: Liebe ist bestandene Furcht. Seefahrt eben, christliche Seefahrt.

Die Liebe ist ein großes Wunder, vielleicht das größte Wunder dieser Welt. Wie Ernst Jünger vom Leben sagte, es schwimme wie eine grüne Insel in einem Meer des Todes, so können wir von der Liebe sagen, sie grüne wie eine Oase in einer Wüste der Gleichgültigkeit. Dieses Wunder beginnt schon in der Natur. Hören wir Turgenjews Prosagedicht »Der Spatz«, geschrieben 1878:

»Ich kehrte von der Jagd zurück und schritt eine Allee des Gartens entlang. Mein Hund sprang vor mir her. Plötzlich verlangsamte er seinen Lauf und schlich sich an etwas heran, als wittere er ein Wild. Ich spähte die Allee entlang und erblickte einen jungen Spatzen, noch gelb um den Schnabel und mit Flaum auf dem Kopf. Er war aus dem Nest gefallen (die Birken längs der Allee schaukelten im starken Wind) und hockte regungslos da, hilflos die gerade erst hervor gewachsenen Flügelchen spreizend. Mein Hund stahl sich an ihn heran. Doch plötzlich schoss ein schwarzbrüstiger alter Spatz gleich einem Stein von einem der nächsten Bäume herab und landete unmittelbar vor seiner Schnauze; völlig zerzaust und entstellt, mit verzweifeltem, kläglichem Piepsen, machte er zwei, drei Sätze auf das geöffnete, von Zähnen starrende Hundemaul zu. Er war herbeigestürzt, um sich vor sein Junges zu stellen und es zu retten. Aber sein ganzer kleiner Körper zitterte vor Angst, die Stimme klang fremd und heiser, er war mehr tot als lebendig, er opferte sich! Als was für ein riesiges Ungeheuer musste ihm der Hund erscheinen! Und dennoch hatte er es nicht fertiggebracht, auf seinem hohen, sicheren Zweig zu verharren. Eine Macht, die stärker war als sein Wille, hatte ihn von dort vertrieben. Mein Tresor blieb stehen und wich zurück. Offenbar erkannte auch er diese Macht an. Ich beeilte mich, den verwirrten Hund zurückzurufen, und entfernte mich voller Ehrfurcht. Ja, lachen Sie nicht! Ich war von Ehrfurcht vor diesem heldenhaften kleinen Vogel erfüllt, von Ehrfurcht vor seinem Liebesopfer. Die Liebe, sagte ich mir, ist stärker als der Tod und die Todesangst. Nur sie, die Liebe, erhält und bewegt das Leben.«

Woher stammt sie, diese Macht der Bejahung? Die Wissenschaft stellt diese Frage nicht. Die Philosophie gibt Antwort in Begriffen. Die Kunst zeigt Bilder des Vollzugs. Nur die Religion gibt eine Erzählung der Herkunft. Und zwar in der Genesis, der Geschichte von Gottes kreatorischer Macht. Das Schöpfungsgesetz lautet: Ich will, dass du seiest. Mit dem Du sind gemeint Himmel und Erde, Licht und Finsternis, Feste und Wasser, Pflanzen und Tiere – und der Mensch. Und wie der Künstler sein Werk bestaunt, so der Schöpfer seine Schöpfung: »Und Gott sah an alles, was er gemacht hatte, und siehe da, es war sehr gut.« (Genesis 1,31 a)

In diesem »Siehe da, es war sehr gut« steckt das Wesen aller Liebe. Etwas Verwirklichtes bejahen, sich an ihm erfreuen und es beschützen, das heißt lieben. Und so könnte man alles menschliche Lieben gleichsam als Nachahmung, als Wiederholung der schöpferischen Liebe Gottes verstehen. Und dann verstünde man auch das Gefühl des Dankes, das jeder Liebende und jeder Geliebte, jeder Freude Bringende und jeder Freude Empfangene empfindet, ein Dank, der nicht selten zu einer Art Rückerstattung an den Urheber führt. Ich spreche vom Gebet. Es hat ja zwei Formen: zum einen die inständige Bitte, ein Unglück zu wenden, zum anderen den freudigen Dank für zuteilgewordene Gnade. Auch Menschen, die nicht an Gott glauben, machen irgendwann vielleicht die Erfahrung, dass ein Mangel, eine Daseinsminderung so groß sein kann, dass nur noch das Bittgebet bleibt, und umgekehrt ein seelisches Erleben so tief und weit, dass der Dank an eine höhere Macht sich ganz von allein einstellt. Und so erbringen auch diejenigen, die Gott sonst bestreiten, eine Art Beweis seiner Existenz.

Kehren wir zur Liebe zurück. Ihr Gebot gilt als die eigentliche christliche Forderung, als die mit Jesus in die Welt gekommene neue Ethik. Sie meint mehr als die privaten Binnenräume von Ich-Du-Beziehungen, mehr als Gattenliebe, Kinderliebe, Elternliebe, Geschwisterliebe oder Freundesliebe. Blicken wir an dieser Stelle auf ihren Überbringer selbst. Im Gleichnis vom barmherzigen Samariter heißt es:

»Und siehe, da stand ein Schriftgelehrter auf, versuchte ihn und sprach: Meister, was muss ich tun, dass ich das ewige Leben erbe? Er aber sprach zu ihm: Was steht im Gesetz geschrieben? Was liest du? Er antwortete und sprach: ›Du sollst den Herrn, deinen Gott, lieben von ganzem Herzen, von ganzer Seele, von allen Kräften und von ganzem Gemüt, und deinen Nächsten wie dich selbst.‹ Er aber sprach zu ihm: Du hast recht geantwortet; tu das, so wirst du leben.

Er aber wollte sich selbst rechtfertigen und sprach zu Jesu: Wer ist denn mein Nächster?

Da antwortete Jesus und sprach: Es war ein Mensch, der ging von Jerusalem hinab nach Jericho und fiel unter die

Räuber; die zogen ihn aus und schlugen ihn und machten sich davon und ließen ihn halbtot liegen. Es traf sich aber, dass ein Priester dieselbe Straße hinabzog; und als er ihn sah, ging er vorüber. Desgleichen auch ein Levit; als er zu der Stelle kam und ihn sah, ging er vorüber. Ein Samariter aber, der auf der Reise war, kam dahin; und als er ihn sah, jammerte er ihn; und er ging zu ihm, goss Öl und Wein auf seine Wunden und verband sie ihm, hob ihn auf sein Tier und brachte ihn in eine Herberge und pflegte ihn. Am nächsten Tag zog er zwei Silbergroschen heraus, gab sie dem Wirt und sprach: Pflege sein; und wenn du mehr ausgibst, will ich dir's bezahlen, wenn ich wiederkomme.

Wer von diesen dreien, meinst du, ist der Nächste gewesen dem, der unter die Räuber gefallen war? Er sprach: Der die Barmherzigkeit an ihm tat. Da sprach Jesus zu ihm: So geh hin und tu desgleichen!« (Lukas 10,25–37)

Alle Gebote der Bibel, alle göttlichen »Du sollst nicht!« (nicht ehebrechen, nicht töten, nicht stehlen, nicht falsch Zeugnis reden usw.) gipfeln in diesem: Du sollst! »Du sollst deinen Nächsten lieben wie dich selbst.« Jesu Geist ist darin eindringlich zusammengefasst, und deshalb sagt Paulus: »So ist nun die Liebe des Gesetzes Erfüllung. Und solches tut in Erkenntnis des Augenblicks.« (Römer 13,10–11)

Jesus begründet die Nächstenliebe nicht mit dem Hinweis auf den Wert des Menschen an sich, sondern mit dem Hinweis auf seine Bedürftigkeit in der konkreten Situation. Die berühmte Feindesliebe aus der Bergpredigt ist nicht der Höhepunkt der allgemeinen Menschenliebe, sondern der Höhepunkt der menschlichen Selbstüberwindung, der Zähmung des ichsüchtigen Willens, des Verzichts auf den eigenen Anspruch.

Was heißt es denn, seinen Nächsten zu lieben wie sich selbst? Was heißt es denn, sich selbst zu lieben? Man möchte meinen, das weiß ein jeder, und zwar ohne Theorie und ohne langes Nachdenken. Denn die Selbstliebe ist kein ethisches Prinzip, sondern die Haltung des natürlichen Menschen. Soll ich also meinen Nächsten lieben wie mich selbst, so weiß ich in der konkreten Situation sehr wohl, was dem andern guttäte. Aber ich tue es doch nur, wenn ich die Selbstliebe bemeistere. Kierkegaard sagt:

»Soll man den Nächsten lieben *wie sich selbst*, so dreht das Gebot wie mit einem Dietrich das Schloss der Selbstliebe auf und entreißt sie dem Menschen. [...] Man könnte ja lange und scharfsinnige Reden darüber halten, wie ein Mensch seinen Nächsten lieben solle, und immer würde die Selbstliebe noch Entschuldigungen und Ausflüchte vorzubringen wissen, weil die Sache doch nicht ganz erschöpft, ein Fall übergangen, ein Punkt nicht genau oder bindend genug ausgedrückt und beschrieben wäre. Aber dieses *wie dich selbst* – ja, kein Ringer kann seinen Gegner so fest, so unentrinnbar umklammern, wie dies Gebot die Selbstliebe umklammert.«

Mit der Liebe, die Jesus fordert, ist kein Gefühl gemeint, kein Affekt, nicht einmal Sympathie, sondern die Entscheidung, eine bestimmte Willenshaltung einzunehmen. Nächstenliebe und Feindesliebe gründen nicht auf Zuneigung oder Bewunderung, sie gründen auf der Stimme Gottes in uns. Liebe bedeutet das Opfer des eigenen Willens für das Wohl des andern im Gehorsam gegen Gott. Nur eine so verstandene Liebe kann man gebieten.

Und so spricht Jesus im Gleichnis vom Jüngsten Gericht zu den Gesegneten:

»Denn ich bin hungrig gewesen, und ihr habt mir zu essen gegeben. Ich bin durstig gewesen, und ihr habt mir zu trinken gegeben. Ich bin ein Fremder gewesen, und ihr habt mich aufgenommen. Ich bin nackt gewesen, und ihr habt mich gekleidet. Ich bin krank gewesen, und ihr habt mich besucht. Ich bin im Gefängnis gewesen, und ihr seid zu mir gekommen. Dann werden ihm die Gerechten antworten und sagen: Herr, wann haben wir dich hungrig gesehen und haben dir zu essen gegeben? oder durstig und haben dir zu trinken gegeben? Wann haben wir dich als Fremden gesehen und haben dich aufgenommen? oder nackt und haben dich gekleidet? Wann haben wir dich krank oder im Gefängnis gesehen und sind zu dir gekommen? Und der König wird antworten und zu ihnen sagen: Wahrlich, ich sage euch: Was ihr getan habt einem von diesen meinen geringsten Brüdern, das habt ihr mir getan.« (Matthäus 25,35–40)

Wer also ist der Nächste? Unser Nächster? Eines jeden Nächster? Mein Nächster? Helmut Thielicke, der 1986 in Hamburg gestorbene große protestantische Theologe, hat in seiner Auslegung des Samariter-Gleichnisses klargemacht, was wir als erstes hier erkennen müssen: dass nämlich der zum Helfen Aufgerufene und der Hilfsbedürftige jeweils etwas ganz anderes unter dem Nächsten verstehen. Und genau das macht sich das Leben, das Leben, das so gern frommen Überlegungen ausweicht, zunutze. Denn ich kann nicht hingehen und tun und lieben, wenn ich vorher frage: Wer ist mein Nächster? Auf diese Frage hat der Teufel nur gewartet; darauf wird er mir immer nur die bequemsten Antworten zuflüstern. Lieben kann ich vielmehr nur dann, wenn ich im Sinne Jesu die Frage des Schriftgelehrten »Wer ist mein Nächster?« umkehre. Dann heißt sie nämlich so: Wem bin *ich* der Nächste? Wer ist *mir* vor die Füße gelegt? Wer erwartet Hilfe von *mir*? Wer sieht in *mir* den Nächsten? Das ganze Christentum basiert ja auf der Idee der Umkehr, der Reinigung, der Erneuerung, der Buße. Und so ist auch die auf brüderliche Hinwendung zielende Liebe ein von Gott gewiesener Weg. Ihre Redlichkeit, ihr Tun und Lassen, ihr Singen und Sagen ist der Mittelpunkt der Religion, ist geheilte Blindheit des Herzens, ist Treue zum Vater, zum Sohn und zum Heiligen Geist, ist Wahrheit als sich zeigende Kraft, ist Freiheit und Verlässlichkeit des Christenmenschen. So sei es.

Russells Religionskritik und
die Theologie des Als-ob

»Gott ist längst im reifen Alter«, lautet die Anfangszeile in einem heiter-wehmütigen Lied des Sängers und Poeten Hans-Eckardt Wenzel, das auf wunderbare Weise die Erfahrung der Vergänglichkeit umspielt. Doch weiß man nicht und muss auch nicht wissen, ob hier die Gottesrede ernst genommen werden will. In der Religion aber ist sie ernst gemeint. Gleichwohl gab und gibt es Menschenkinder, die nicht glauben wollen oder können, dass es die große unsichtbare Welten-Spinne gibt, in deren Netz wir uns verfangen oder bergen. Zu ihnen gehörte auch Englands nobler Denker Bertrand Russell. Als er am 6. März 1927 in London unter der Schirmherrschaft einer Gesellschaft zur Förderung der Säkularisierung im Rathaus von Battersea seinen nachmals berühmten Vortrag *Warum ich kein Christ bin* hielt, war jedoch vom Glauben kaum die Rede. Russell prüfte die Dogmen des Christentums ausschließlich vorm Richterstuhl der Wissenschaft und Logik. Das Fazit war entsprechend: Erstens lasse sich weder Gottes Existenz noch die Unsterblichkeit der Seele beweisen, zweitens sei Christus, ob göttlich oder nicht, als Mensch keineswegs ein rundum vortrefflicher und weiser Mann gewesen, wie seine Anhänger meinten, und drittens stütze die Religion sich hauptsächlich auf Angst. Angst aber sei schädlich, ein defizitärer Zustand des Erkennens. Damit war die Sache im Grunde abgetan. Schachmatt in drei Zügen. In der Tat, vom wissenschaftlichen Standpunkt aus betrachtet ist Religion etwas Kindisches: Fantasie, Aberglauben, Träumerei, eigentlich Wahn, nichts, was dem Verstand, dem Zweifel standhält, nichts, was Gewissheit verbürgt. Wissenschaft kommt ohne Gott aus, sie bedarf keiner transzendenten Hypothese. »Die zentralen Dogmen der christlichen Religion finden keine Unterstützung an der Wissenschaft«, sagt Russell. »Ich behaupte nicht, beweisen zu können, dass es keinen Gott gibt. Ich kann auch nicht beweisen, dass der Teufel eine Fiktion ist. Der christliche Gott mag existieren; desgleichen mögen es die Götter des Olymp, des alten Ägypten oder die Götter von Babylon. Aber keine dieser Hypothesen ist wahrscheinlicher als die andere: Sie liegen außerhalb der Region jedes auch nur mutmaßlichen Wissens, und darum gibt es keinen Grund, auch nur eine davon zu erwägen.« Gott ist, könnte man daraus schlussfolgern, ein Zufluchtsort der Unwissenheit.

Russell wusste natürlich, dass verstandesmäßige Argumente, auch solche, wie er selbst sie vorbrachte, die Menschen nicht wirklich bewegten. Was sie dazu bewegen würde, an Gott zu glauben, sei nichts Rationales. Die meisten glaubten an Gott, weil man es sie von frühester Kindheit an gelehrt hätte. Der zweitstärkste Beweggrund sei der Wunsch nach Sicherheit, nach einer Art Gefühl, dass es einen großen Bruder gebe, der sich um einen kümmert. Er, Russell, glaube nicht, »dass der wahre Grund, warum Menschen einer Religion Glauben schenken, auch nur das Geringste mit Argumenten zu tun hat. Glauben schenken sie der Religion vielmehr aus emotionalen Gründen.«

Apropos Argumente, apropos Logik und Beweise. Einer Anekdote zufolge wurde der ungläubige Philosoph von besorgten Studenten einmal gefragt, was er denn sagen würde, sollte er nach dem Tode wider Erwarten von Angesicht zu Angesicht vor Gott stehen. Russell antwortete: »I would say, ›Lord, you should have given us more evidence.‹« Damit hatte er ihm den Schwarzen Peter zugeschoben. Es sei seine Schuld, dass wir nicht an ihn glauben könnten.

Doch zurück zur Welt der Gefühle. In *Warum ich kein Christ bin* kommt in puncto Religiosität für Russell – das Stichwort fiel schon – nur eine Regung in Betracht: die Angst. In ihr meint er den springenden Punkt allen Gottesglaubens erkannt zu haben. Diese Ansicht findet sich schon in der Antike, beim Römer Lukrez, dem luzidesten Propheten des Atheismus, der in *De rerum natura* mittels Hexametern erklärte: »nur deshalb fesselt die Furcht die Gemüter der Menschen, / weil sie

Erscheinungen sehn auf Erden und droben am Himmel, / deren bewegende Gründe sie nicht zu durchschauen vermögen«. Womit wir wieder an der Leine der Wissenschaft wären, diesmal jedoch nicht stolz und frei angesichts ihrer Fülle, sondern bedrückt und gefangen angesichts ihres Mangels. Lukrez machte die Angst nicht nur zur Hauptursache – wie vordem schon der Grieche Epikur, sein philosophisches Vorbild –, sondern auch zur Hauptwirkung von Religion. Die Götter seien nämlich nichts anderes als durch Furcht vor unbegreiflichen Naturkräften veranlasste Schöpfungen des Menschen. Und dieser würde sich im selben Atemzug von ihnen, von der eigenen Projektion, einreden lassen, dass all sein Unglück wissentlich und absichtsvoll durch diese Wesen herbeigeführt werde. Wenn aber die Götter schon imstande seien, ihm in diesem Leben so viel Übles zu bescheren, womit würde er dann erst im nächsten zu rechnen haben? Drohungen gebe es genug. Es sei die Einbildungskraft, so Lukrez, welche die Höllenqualen erfunden habe. Sie sei der Grund unserer Ängste. Der Mensch müsse diese Art Mythen verwerfen. Nur so gewinne er seine Würde und gerate auf die irdischen Pfade des Glücks.

»Was die Religion betrifft«, so Russell kurz und bündig, »bin ich der gleichen Ansicht wie Lukrez. Ich halte sie für ein aus der Angst geborenes Übel und eine Quelle unsäglichen Leids für die Menschheit.« In seinem Buch *Eroberung des Glücks* von 1930 hat er jenseits des Glaubens ein eigenes Programm der Angstbekämpfung entworfen, das ganz auf Rationalisierung beruht. Es geht so:

»Wenn Unheil droht, ist es ratsam, sich ernsthaft und bedacht zu überlegen, was im schlimmsten Falle eintreten könnte. Hat man sich das möglicherweise bevorstehende Missgeschick genau ausgemalt, dann suche man nach triftigen Gründen, aus denen es alles in allem doch nicht gar so furchtbar ist. Solche Gründe gibt es immer, da selbst im allerschlimmsten Falle nichts, was uns persönlich geschieht, irgendeine kosmische Bedeutung hat. Sobald man eine Zeitlang den schlimmsten

Ausgang in Ruhe überdacht hat und mit aufrichtiger Überzeugung zu dem Schluss gekommen ist, dass er schließlich doch nicht von so ungeheurer Bedeutung ist, wird man finden, dass die Selbstquälerei in ganz erstaunlichem Grade nachlässt. Vielleicht ist es nötig, den Prozess ein paar Mal zu wiederholen, wenn man aber bei der Ausmalung des schlimmsten Verlaufes keine der möglichen Folgen aus Feigheit übergangen hat, wird schließlich das Grübeln ganz aufhören und an seine Stelle eine Art überlegener Heiterkeit treten.«

Wohl dem, bei dem es funktioniert! Aber das war, genau betrachtet, nicht einmal bei Russell selbst der Fall. Wie er in seiner Autobiografie erzählt, erlebte er verschiedentlich Angstzustände, die er durch kein intellektuelles Verfahren beheben konnte. Es war vor allem die Angst vor erblichem Wahnsinn, die ihm zu schaffen machte. Wahnsinn war das Gespenst der Familie. Es hatte, wie er mit zwanzig Jahren erfuhr, seine unsichtbaren Arme bereits nach dem Vater, einer Tante und einem Onkel ausgestreckt. »Die damals entstandenen Ängste«, bekannte er, »haben nie aufgehört mich im Unterbewusstsein zu behelligen. Seit damals [...] bin ich heftigen Alpträumen ausgesetzt, in denen ich meist von einem Wahnsinnigen ermordet werde. Dann schreie ich laut auf, und auf einmal war ich, bevor ich erwachte, drauf und dran meine Frau zu erwürgen, weil ich meinte, ich müsse mich gegen den Überfall eines Mörders zur Wehr setzen. Eine Angst dieser Art veranlasste mich jahrelang, jeder tieferen Gefühlsregung aus dem Wege zu gehen und ein reines Verstandesleben, gemildert durch Leichtigkeit, zu führen.«

Ihn quälte jedoch nicht nur die Angst vor Verrücktheit, er litt auch unter dem Gefühl großer Einsamkeit. An vielen Stellen seiner Lebensrückschau ist von abgrundtiefer Niedergeschlagenheit, seelischer Bedrückung und existenzieller Verzweiflung die Rede: »Wir stehen am Ufer eines Ozeans und schreien in die leere Nacht hinaus; zuweilen antwortet eine Stimme aus dem Dunkel. Aber es ist die Stimme eines Ertrinkenden, und im nächsten Augenblick kehrt das Schweigen wieder.« Russell wusste, dass er von Jugend auf mit Schwermut geschlagen war. Es gibt einen Passus, der besonders eindrucksvoll von solchen Zuständen berichtet. Weihnachten 1931 befand er sich auf See, er kehrte von einer amerikanischen Vortragsreise per Schiff nach England zurück. In einem Artikel, den er damals für die *Hearst Press* schrieb, gestand er offen heraus:

»Wie es natürlich ist, wenn man versucht, die tiefere Ursache für das eigene Unglück zu ignorieren, fand ich allgemeine Gründe für meine Schwermut. Ich war in den ersten Jahren des Jahrhunderts persönlich sehr unglücklich gewesen, aber zu jener Zeit vertrat ich eine mehr oder weniger platonische Philosophie, die es mir ermöglichte, Schönheit im außermenschlichen Universum zu sehen. Die Mathematik und die Sterne trösteten mich, wenn die menschliche Welt ohne Trost zu sein schien. Aber ein Wandel in meiner Philosophie brachte mich um diesen Trost. Solipsismus bedrückte mich, besonders nachdem ich Interpretationen der Physik wie von Eddington durchgearbeitet hatte. Es sah so aus, als ob das, was wir als Naturgesetze angesehen hatten, nur sprachliche Konventionen seien und die Physik nicht wirklich mit der äußerlichen Welt in Beziehung stehe. Ich will nicht sagen, dass ich das wirklich glaubte, aber es wurde zu einem Alptraum, der immer mehr von meiner Vorstellung Besitz ergriff. In einer nebligen Nacht, als ich in meinem Turm in Telegraphe House [seinem Landsitz in Cornwall – S. K.] saß, nachdem alle anderen schlafen gegangen waren, gab ich dieser Stimmung in einer pessimistischen Meditation Ausdruck:

Moderne Physik

Allein um Mitternacht in meinem Turm, erinnere ich mich an die Wälder und Hügel, an die See und den Himmel, die das Tageslicht gezeigt hat. Jetzt, wo ich durch jedes der vier Fenster blicke, nach Norden, Süden, Osten und Westen, sehe ich nur mein eigenes Bild, trübe widergespiegelt oder in schrecklicher

Undurchsichtigkeit als Schatten auf dem Nebel. Was tut's? Wenn ich vom Schlaf erwache, wird der morgige Sonnenaufgang die Schönheit der äußeren Welt zurückbringen.

Aber die geistige Nacht, die sich auf mich gesenkt hat, ist weniger kurz und verspricht kein Erwachen nach dem Schlaf. Früher schienen mir Grausamkeit und Gemeinheit, die staubigen, verzehrenden Leidenschaften des menschlichen Lebens ein Geringes, wie ein aufgelöster Missklang in der Musik, zwischen dem Glanz der Sterne und der erhabenen Prozession der geologischen Zeitalter. Was, wenn das Universum den allgemeinen Tod stürbe? Es war dennoch unerschütterlich und prächtig. Nun aber ist alles zusammengeschrumpft und nicht mehr als mein eigenes Abbild in den Fenstern der Seele, durch die ich hinaussehe in die Nacht des Nichts. Das Kreisen der Nebel, die Geburt und der Untergang der Sterne sind nichts mehr als bequeme Fiktionen bei dem trivialen Versuch, meine eigenen Wahrnehmungen und vielleicht die anderer, die nicht viel besser sind als die meinen, zu verknüpfen. Nie hat man einen dunkleren und engeren Kerker gebaut als den, in den die Schattenphysik unserer Zeit uns einschließt, denn jeder Gefangene glaubte einst, dass außerhalb seiner Mauern eine freie Welt existiere; nun aber ist das ganze Universum Gefängnis geworden. Es herrscht Dunkelheit draußen, und wenn ich sterbe, wird Dunkelheit drinnen herrschen. Nirgends ist Glanz oder Weite; nur Belanglosigkeit für einen Augenblick, und dann nichts.

Warum in einer solchen Welt leben? Warum gar sterben?«

Das düstere Bild ergibt zweifellos eine Landschaft des Trübsinns, eine Art ontologische Depression, aber das hat nicht nur eine seelische, sondern eben auch eine philosophische Seite. Unausgesprochen klingt hier das Dilemma der Moderne »Entweder Gott oder die Leere« an. Da ist nicht nur Russells fundamentaler Skeptizismus, da ist auch die Nähe zum Neopositivismus, die eine solche Weltverarmung nach sich zieht. Ist das der Preis des Atheismus? Und wenn nicht des Atheismus, so doch der Abstinenz gegenüber daseinsoffener Phänomenologie und Hermeneutik? Der Preis des Verzichts auf sachgerechte begriffliche Beschreibung und auf den guten Willen, die religiöse Welt von innen her zu verstehen – eine reich gegliederte Geisteswelt, die nicht der Logik der Vernunft, sondern der des Herzens gehorcht und gerade dadurch den Haltlosen Halt, den Einsamen Bindung und den Ungetrösteten Trost gibt, wenn diese denn Halt, Bindung und Trost überhaupt wollen? Der eingefleischte Rationalist Russell hätte freilich bestritten, dass es eine Logik des Herzens gibt, er hatte nicht viel übrig für Pascal, von dem er meinte, er hätte seine genialen mathematischen Fähigkeiten der Frömmelei zum Opfer gebracht. Vielleicht hätte Russell zugegeben, dass eine gewisse Kategoriendürre die Folge jedweder metaphysischen Desillusionierung sei. Und es stimmt ja auch: Angelsächsische Nüchternheit, britischer Common Sense, verkörpert in der analytischen Philosophie, gründen nun einmal auf Entsagung in Sachen Transzendenz.

Bereits im Sommer 1931 hatte Russell eine erste Fassung seiner Autobiografie diktiert, sie reichte bis ins Jahr 1921. Er schloss sie ab mit einem Epilog, in dem er ein vorläufiges Fazit seines Denkens zog. Als er auf die Philosophie zu sprechen kam, gab er zu Protokoll:

»Die besten Jahre meines Lebens habe ich den Prinzipien der Mathematik gewidmet, in der Hoffnung, irgendwo ein sicheres Wissen zu finden. Trotz dreier dicker Bände hat die ganze Anstrengung in mir mit Zweifel und Verwirrung geendet. Was die Metaphysik betrifft, so erlebte ich, als ich anfangs unter dem Einfluss Moores den Glauben an den deutschen Idealismus über Bord warf, die Freude des Glaubens, dass die erfassbare Welt wirklich sei. Nach und nach, vor allem unter dem Einfluss der Physik, ist diese Freude verblasst, und ich wurde auf einen Standpunkt gedrängt, der jenem Berkeleys nicht unähnlich ist, doch ohne seinen Gott und seine anglikanische Selbstzufriedenheit.«

Russell sagte einmal, er hätte zeit seines Lebens das Bedürfnis nach Gewissheit gehabt, und zwar auf die gleiche Weise wie ein religiöser Mensch, der sich in seinem Glauben gefestigt sehen möchte. So sei er auf der Suche nach einer objektiven, überpersönlichen Wahrheit erst zur Mathematik und dann zur Philosophie gekommen. Unumstößliche Gewissheit aber hätte er, wenn überhaupt, nur in der Naturwissenschaft und der ihr zugrunde liegenden Logik gefunden. Damit war klar: Religion war für ihn kein Ort des Halts, kein Ort der Wahrheit, er hat sie am Ende nicht sehr viel anders beurteilt, als es die französische Aufklärung getan hat, nämlich als Illusionismus und Priesterbetrug, als Begriffsversagen, als eine Art Schnitzer des Verstandes. Insofern war Russell gewiss Atheist, obwohl er selbst gelegentlich von sich sagte, er sei Agnostiker gewesen. Der Atheist, so argumentierte er, glaube zu wissen, dass es keinen Gott gibt, obgleich die absolut sicheren Beweise für dieses Wissen fehlen; der Agnostiker hingegen halte, solange sie fehlen, sein Urteil zurück.

Russells Religionskritik teilt die reduktionistische Sichtweise der traditionellen Aufklärung. Das meint nicht nur, dass er dort, wo er über Religion spricht, stets auch ihre alten und neuen Repräsentanten, die Kirchen und Priester, die Frommen, die Frömmler und die Heuchler im Sinn hat. Er geht nicht ganz fehl, wenn er, nicht viel anders als sein Landsmann John Locke, feststellt, dass die Kleriker immer gegen den Fortschritt von Wissenschaft, Moral und Humanität, dass sie immer Helfershelfer der Mächtigen gewesen seien. Über all das schreibt er, wie Golo Mann in einem einprägsamen Porträt hervorhebt, ähnlich wie Voltaire; mit demselben Zorn, demselben Witz, mit derselben Treffsicherheit das Obskurantistische und Groteske in den Mittelpunkt rückend. »Und da fand er nur allzu viel«, so Golo Mann, »da wurde das Spiel ihm leicht gemacht. Wahr ist, dass er auch ganz anderes hätte finden können, zum Beispiel die aufbauenden, die zivilisatorischen, die humanisierenden Leistungen des Christentums. Aber Einseitigkeit war immer das Recht der Polemik, zumal der witzigen.«

Mein Einwand gegen Russells Art von Religionskritik richtet sich weniger gegen die Einseitigkeit als vielmehr gegen den Maßstab, den er anlegt. Indem er Glaubensvorstellungen wie Wirklichkeitsbehauptungen behandelt und ihren Wahrheitsgehalt gleichsam wie ein Experimentalphysiker prüft, mit Mikroskop, Teleskop und Stethoskop, zeigt sich ihm nirgendwo etwas Fassbares. Und indem er versucht, im sakralen Vokabular einen profanen Sinn zu entdecken, den man rein logisch erörtern kann, oder indem er versucht, Heilsbotschaften dadurch zu retten, dass er sie auf Moralvorschriften reduziert, gerät ihm das spezifisch Religiöse von vornherein aus dem Blick. So wird man den Verdacht nicht los, dass er zum Kern der Dinge gar nicht vordringt.

Doch was ist dieser Kern, was könnte er sein? Rudolf Otto spricht von der »Erfahrung des Heiligen«. Es begegne in zweierlei Gestalt, als »Mysterium fascinosum« und als »Mysterium tremendum«, als Geheimnis, das die menschliche Seele in Begeisterung und Entzückung, und als Geheimnis, das sie in Erschrecken und Erschauern versetzt. In beiden wurzelt das Bedürfnis nach Anbetung, und aus ihnen erwächst es auch. Es führt hin zum gemeinschaftlichen Ritus, in dem das Numinose ehrfürchtig zelebriert wird. Leszek Kołakowski nennt Religion den »gesellschaftlich verankerten Kultus der ewigen Realität«. Nicht nur das Christentum, jede Religion transzendiert die Grenzen der Sichtbarkeit des Gegebenen. Sie imaginiert die Welt als einen göttlich geordneten Kosmos, als ein Universum, in dem alles einen Sinn hat. Die mit Sinn ausgestattete Welt, so Kołakowski, sei »das Geschenk schlechthin der Religion«. Aussagen über eine solche Welt sind nicht falsifizierbar. Aber auch nicht verifizierbar, jedenfalls nicht für Außenstehende. Mit wissenschaftlichen Begriffen von Erkenntnis ist ihnen nicht beizukommen. Zum Aufweis und Verstehen braucht es das theologische Denken.

Das aber gibt es in vielerlei Form. Diejenige, der ich zuneige, ist eine Art Kunst der Mutmaßungen, eine Ars coniecturalis, welche die religiöse Welt betrachtet wie eine Welt des Als-ob. Als ob es Gott gäbe, als ob es Engel, Teufel und Dämonen gäbe, die Unsterblichkeit, die Auferstehung der Toten, die Vorsehung, den Fluch und den Segen, das Gericht, die Gnade, die Erlösung und die Vergebung – als ob es das alles gäbe. Das Motto lautet: Ein fruchtbarer Konjunktiv ist besser als ein unfruchtbarer Indikativ.

Das gilt auch für den Gedanken der Geschöpflichkeit aller irdischen Wesen. Es mag ja sein, dass Gott eine Idee des Menschen ist. Aber zu dieser Idee gehört es nun einmal, dass nicht Gott eine Idee des Menschen, sondern der Mensch eine Idee Gottes ist. Nicht wir sind seine Gestaltgeber, sondern er hat uns Gestalt gegeben.

Könnten nicht auch wir, die zweiflerischen, transzendenzentwöhnten Zeitgenossen der modernen Welt, einen solchen Gesichtspunkt gelten lassen? Nämlich die religiöse Welt anzunehmen als eine vorgestellte Welt, einen Metaphernsturm, ein großes metaphysisches Imaginarium, das unser Bewusstsein bereichert? Als ein Als-ob, das uns ermöglicht, wenigstens in ein gleichnishaftes Verhältnis zur Gottesrede zu gelangen? Nicht nur dass so der Horizont für Heilswissen und religiöse Erfahrung offen gehalten würde. Sinnbilder und Metaphern sind mehr als nur rhetorischer Schmuck. Sie sind ein eigener, echtgeborener Zweig der Wahrheit und der Assoziation. Sie erlauben uns, außerhalb der Wissenschaft Fragen an den Menschen, seine Existenz und Geschichte, sein Sein und Sollen zu stellen, die zu einer höheren Stufe von Wahrnehmung und Empfindung führen. Es ist wie im Reich der Kunst. Die Figuren sind lebensvoll, die Fiktionen sind welthaltig. Die vorgestellte Welt hat orientierende Kraft für die wirkliche Welt. Und Orientierung braucht der Mensch, auch wenn er Agnostiker oder Atheist ist. Er ist das einzige Geschöpf auf Erden, das sie braucht. Die Tiere haben den Instinkt. Sie wissen *nicht*, dass sie nichts wissen. Der Mensch, das sokratische Tier, weiß, dass er nichts weiß. Und über allem – so glauben die einen und bestreiten die anderen – thront einer, der weiß, dass er weiß.

Was heißt es, theologische Fragen an die Geschichte zu stellen?

Was ist Theologie? Theologie ist systematisch geordnete, begrifflich erläuterte und gedanklich ausgelegte Religion. Und was ist Religion? Religion ist Rückbindung des Menschen an ein überlegenes geistiges Wesen, eine Bindung im Modus des Glaubens, nicht des Wissens. Religion ist Zwiesprache mit Gott, und sie ist Meditation des gläubigen Menschen über sich selbst. Sie vollzieht sich öffentlich und privat, öffentlich im gemeinschaftlichen Gottesdienst, privat im häuslichen Gebet. Religiöser Glaube ist Hingabe an und Ergriffensein von einer heilsspendenden Macht, ein Fürwahrhalten von Vorstellungen, deren Inhalte weder zu sehen noch zu beweisen sind. Schon aus diesem Grund ist echte Frömmigkeit etwas Fragiles, denn sie kann das Ihre nur im Glauben festhalten und lebendig machen. Außerhalb davon ist es lediglich ein Trugbild. Hinzu kommt, dass der Glaube nicht in der Verfügungsgewalt des menschlichen Willens steht. Es ist so ähnlich wie mit der Poesie. Es muss etwas von außen kommen, das uns ergreift und verwandelt. Aber was auch immer da kommt, es ist rätselhaft und flüchtig. Das wissen Gläubige besser als Ungläubige. Und diese seine Form macht den Glauben zu etwas Vertraulichem. Georges Bataille verstand Religion als »Suche nach der verlorenen Intimität«. Der religiöse Mensch scheut sich, öffentlich darüber zu reden, und wenn er es doch tut, dann unter Gleichgesinnten, in der Gemeinde, unter dem Dach der Kirche. Tut er es anderswo, läuft er Gefahr, sich selbst und andere in Verlegenheit zu bringen. Das Paradoxe der Lage hat Pascal einmal auf die ironische Formal gebracht: »Einwand der Atheisten: ›Wir haben keine Erleuchtungen!‹«

Der polnische Dichter Adam Zagajewski wurde auf einer Pressekonferenz einmal gefragt, was Poesie sei, und er antwortete, das wisse er nicht. Er wisse es erst, wenn er ein Gedicht geschrieben habe, heute aber habe er noch keins geschrieben.

So ähnlich ist es auch mit dem Glauben, und das sollte man immer im Auge behalten, wenn über Theologisches gesprochen wird.

Und noch etwas. Wenn Theologie die denkende Selbstauslegung des gläubigen Menschen ist, dann sollte ein jeder, der über Glaubenserfahrungen verfügt, das Recht haben, theologisch zu sprechen. Wenn Theologie aber Auslegung von Gottes Wort ist, dann wird es schon schwieriger. Paulus sagt, es werde kein Gebet erhört, wenn nicht Gottes Geist in uns bete. Und für die Theologie gilt mutatis mutandis dasselbe. Damit aber stellt sich die Frage der Vollmacht.

Das alles will bedacht sein, besonders von einem wie mir, der in diesen Dingen eben ohne Vollmacht spricht. Ich bin kein Theologe, kein Bischof, Pfarrer oder Großkomtur, ja noch nicht einmal das, was man einen glaubensstarken Christen nennt. Ich wüsste also nicht, wodurch ich legitimiert wäre, theologische Fragen zu stellen, noch dazu theologische Fragen an die Geschichte. Nur Priester, Propheten und Apostel haben ein solches Recht. Der Priester durch die Ordination, der Prophet durch die Inspiration, der Apostel durch die Mission. Mit nichts davon kann ich dienen. Es bleibt mir nur, persönlich zu sprechen, im Selbstauftrag, als Laie und Liebhaber der Theologie.

Ich möchte mit Luther beginnen. Ehe ich Luther zum ersten Mal las, hatte ich Anfang der siebziger Jahre als Student der Philosophie in Ostberlin schon einiges über ihn gehört. Zum Beispiel aus der berühmten *Einleitung zur Kritik der Hegelschen Rechtsphilosophie* von Marx, geschrieben 1843:

»Deutschlands revolutionäre Vergangenheit ist [nicht praktisch, sondern – S. K.] theoretisch, es ist die Reformation. Wie damals der Mönch, so ist es jetzt der Philosoph, in dessen Hirn die Revolution beginnt. Luther hat allerdings die Knechtschaft aus Devotion besiegt, weil er die Knechtschaft aus Überzeugung an ihre Stelle gesetzt hat. Er hat den Glauben an die Autorität gebrochen, weil er die Autorität des Glaubens restauriert hat. Er hat die Pfaffen in Laien verwandelt, weil er die Laien in Pfaffen verwandelt hat. Er hat den Menschen von der äußern Religiosität befreit, weil er die Religiosität zum innern Menschen gemacht hat. Er hat den Leib von der Kette emanzipiert, weil er das Herz in Ketten gelegt. Aber, wenn der Protestantismus nicht die wahre Lösung, so war er die wahre Stellung der Aufgabe.«

So klangen sie, die Fanfarenstöße des kommunistischen Anfangs, wir haben sie noch im Ohr. Diese Anfänge gingen unmittelbar aus Feuerbachs Religionskritik hervor. Der Kommunismus wollte die Religion nicht verraten, sondern ihr Versprechen erfüllen. Er wollte sie nicht abschaffen, sondern verwirklichen. Hören wir Marx:

»Die Religion ist der Seufzer der bedrängten Kreatur, das Gemüt einer herzlosen Welt, wie sie der Geist geistloser Zustände ist. Sie ist das Opium des Volks. Die Aufhebung der Religion als des illusorischen Glücks des Volkes ist die Forderung seines wirklichen Glücks. Die Forderung, die Illusionen über seinen Zustand aufzugeben, ist die Forderung, einen Zustand aufzugeben, der der Illusionen bedarf. Die Kritik der Religion ist also im Keim die Kritik des Jammertales, dessen Heiligenschein die Religion ist.

Die Kritik hat die imaginären Blumen an der Kette zerpflückt, nicht damit der Mensch die phantasielose, trostlose Kette trage, sondern damit er die Kette abwerfe und die lebendige Blume breche. Die Kritik der Religion enttäuscht den Menschen, damit er denke, handle, seine Wirklichkeit gestalte wie ein enttäuschter, zu Verstand gekommener Mensch, damit er sich um sich selbst und damit um seine wirkliche Sonne bewege. Die Religion ist nur die illusorische Sonne, die sich um den Menschen bewegt, solange er sich nicht um sich selbst bewegt.

Es ist also die Aufgabe der Geschichte, nachdem das Jenseits der Wahrheit verschwunden ist, die Wahrheit des Diesseits zu etablieren.«

Das war die Ouvertüre des Kommunismus, hochgestimmt und mitreißend. Und nun, 150 Jahre später, kennen wir auch das Lied von seinem Ende. Einem traurigen Ende, keinem tragischen. Zur Tragödie gehört, dass der untergehende Held wertmäßig höher steht als seine Antagonisten. Doch der Kommunismus hatte diese Qualität nur am Anfang, nicht mehr am Ende, nur in der Idee, nicht in der Verwirklichung. In der Verwirklichung hat er sie verspielt.

Wo wenn nicht hier im Augustinerkloster zu Erfurt darf einmal daran erinnert werden, dass die Welt mit Glaubensaugen zu betrachten für Luther zuallererst hieß, sie mit dankbaren Augen zu sehen. Als ich Luther mit fünfunddreißig Jahren ausgiebig zu lesen begann, es war im Lutherjahr 1983 in der DDR, hatte ich den Wunsch, ihn wirklich von innen zu verstehen. Was ja nicht leicht war in einem Staatswesen, das den Atheismus auf seine Fahnen geschrieben hatte. Und was nicht leicht ist in einem Zeitalter, dem es, um mit Hegel zu sprechen, keinen Kummer mehr macht, von Gott nichts zu wissen. Mehrere Monate las ich nichts anderes, man hatte ja Zeit. Und am Ende hatte ich das Gefühl, von einer so mysteriösen Sache wie dem Glauben etwas zu verstehen.

Vieles machte mir Eindruck, auch noch das Unwahrscheinlichste, das nämlich, was Luther über Gottes verborgenes Wirken in der Geschichte sagt. Oft frage der Glaube, der den tiefen Zwiespalt alles menschlich-geschichtlichen Daseins und Geschehens vor sich sehe, in den unsichtbaren Hintergrund hinein: Wo ist Gott in diesem wirren Geschehen? Überall – antwortet Luther. Gott wohne nicht etwa nur in den lichten und edlen Kräften, sondern er gebe auch den wilden und dämonischen ihr Leben. Luther war nicht der Meinung, dass Gott in den großen Katastrophen der Geschichte schweige. Im Gegenteil, dort rede er. Aber vorher, wenn die Menschen noch meinen, dass alles gut geht, und übermütig werden, verharre er in zornigem Schweigen. Gottes Gericht in der Katastrophe sei immer Gericht über unsere Schuld, und zwar immer über die eine und gleiche Schuld: Vermessenheit, Selbstsucht und Undankbarkeit. An den Vermessenen bereite Gott heimlich sein Gericht vor. Luther sagt:

»Er lässt sie groß und mächtig sich erheben. Er zieht seine Kraft heraus und lässet sie nur von eigener Kraft sich aufblasen. Denn wo Menschenkraft hereingeht, da geht Gottes Kraft hinaus. Wenn nun die Blase voll ist und jedermann meinet, sie liegen oben und haben gewonnen, und sie selbst nun auch sicher sind und haben's ans Ende gebracht, dann sticht Gott ein Loch in die Blase, so ist's ganz aus. Die Narren wissen nicht, dass sie eben während sie aufgehen und stark werden, sie von Gott verlassen sind und Gottes Arm nicht bei ihnen ist. Darum währet ihr Ding seine Zeit; danach verschwindet es wie eine Wasserblase, wird als wäre es nie gewesen.«

Ist es dem Kommunismus nicht so ergangen, ist er nicht wie eine löchrige Blase in sich zusammengefallen? War es nicht geradezu das Wunder einer Implosion?

Wer sich heute der Revolution von 1989 erinnert, einer Revolution, die nicht nur das Ende des kommunistischen Zeitalters bedeutete, sondern auch den Weg freimachte zur Wiedervereinigung des zweigeteilten Deutschland, der kommt nicht umhin, stets aufs neue darüber zu staunen, dass dies alles friedlich und ohne jene Schrecken vonstattenging, die mit Revolutionen, mit der Leidenschaft ekstatischer Massen, ihrem Hass, ihrer kollektiven Gewalt, ihrer geistigen Bedenkenlosigkeit üblicherweise verbunden sind. Wo gab es je so einsichtsvolle, sanftmütige, disziplinierte und höfliche Revolutionäre? Und wo gab es je ein so demütiges und geräuschloses Abtreten von Staaten, ein so widerstandsloses Sich-Fügen ins geschichtliche Abtreten, wo ein derartiges In-sich-Zusammensinken von Macht? Und vergessen wir nicht, diese Macht war kein nur ins Agitieren, Propagieren und Dekretieren verliebter Orden gläubiger Parteisekretäre, das war ein von Waffen starrendes, alle Kommandohöhen der Gesellschaft besetzt haltendes Regime, das niemandem gestattete, es zur Rede zu stellen. Dass wir ihres gewaltlosen Endes ansichtig werden durften auf der Bühne der Geschichte, einer Bühne, auf der es normalerweise ohne Blut und Tränen nicht abzugehen pflegt, ist ein Glück.

Und Glück ist in diesem Fall nur ein anderes Wort für Ausnahme. Zur Ausnahme gehört es, dass sie unvorstellbar ist. Und was nicht vorstellbar ist, das ist auch nicht voraussehbar. Ein solches Ende des Kommunismus hat niemand vorausgesehen, nicht seine Anhänger und nicht seine Gegner. Lädt es nicht förmlich ein zur theologischen Betrachtung? Denn was in der Geschichte der Ausnahmefall, ist in der Religion das Wunder.

War es nicht ein Wunder, dass Gorbatschow vier Jahre vor dem annus mirabilis zum Generalsekretär der KPdSU gewählt worden war? Er kam als Reformator des Kommunismus, und er wurde zu seinem Totengräber. Er wollte demonstrieren, dass Kommunismus und Freiheit zu vereinen sind, und er bewies das Gegenteil. So wurde er wider Willen zum Helden des Rückzugs. War es nicht ein Wunder, dass Armee und Polizei während der Massendemonstrationen im Oktober in Dresden und Leipzig und beim Erstürmen der Stasizentrale in Berlin nicht eingegriffen haben? Bewaffnete Kräfte, die doch darauf vereidigt waren, dass ihre höchste Pflicht darin besteht, die Macht des sozialistischen Staates mit allen Mitteln zu schützen.

Wie war es möglich, dass alles das gut ging? Hat jemand die Hand darüber gehalten? Aber welcher Historiker glaubt so was? Die Wissenschaft steht auf Seiten Athens, nicht auf Seiten Jerusalems. Man freundet sich bestenfalls an mit einem Als-ob. Als ob jemand die Hand darüber gehalten hätte. Als ob alles ein Wunder gewesen wäre.

Aber so ist es: Geschichtstheologie ist für die Wissenschaft ein Irrealis. Und das nicht zu Unrecht. Wissenschaft gründet auf einem atheistischen Wirklichkeitsbegriff. Und Philosophie? Zugegeben, es gibt den Gott der Philosophen. Aber religiöse Menschen ahnen, dass das nicht der Gott Abrahams, Isaaks und Jakobs ist. Heidegger meinte sogar, Philosophie sei ein Handaufheben gegen Gott. Er sagt: »Der Philosoph glaubt nicht.« Aber Wissenschaft und Philosophie sind nicht die einzigen Räume der Wahrheit, auch nicht der Wahrheit der Geschichte. Jeder Mensch denkt über Geschichte nach und versucht sie zu verstehen. Und jeder Mensch hat das Recht, so über sie zu sprechen, wie er sie versteht. Geschichte ist mehr als nur ein Forschungsgegenstand für Leute vom Fach. Sie ist schließlich unser gemeinsames Schicksal, wir alle sind an ihr beteiligt, als Subjekte und als Objekte. Aber den einen ist sie ein Segen und den anderen ein Fluch, die einen erfahren durch sie Gerechtigkeit und die anderen Ungerechtigkeit, die einen macht sie zu Siegern und die anderen zu Besiegten. Geschichte als Schicksal ist zwar für uns alle etwas Gemeinsames, aber aus ihr ergibt sich kein für alle gemeinsamer Sinn.

Was bleibt dann von ihrer theologischen Betrachtung? Ich rede nicht von Carl Schmitt und nicht von Walter Benjamin, jenen beiden, die wie niemand sonst dazu befähigt waren, noch die radikalsten Säkularisate in der Begriffswelt von Staat und Recht, von Philosophie und Politik auf ihre verborgenen theologischen Ursprünge zurückzuführen. Ich spreche von uns, den skeptischen Zeitgenossen der entgötterten Welt. Für uns bleibt wohl nur jenes Als-ob, von dem ich schon sprach. Sein Modus ist nicht der buchstäbliche religiöse Sinn, sondern der übertragene, eine Art Gottestreue in Zeiten von Anfechtung und Glaubensferne. Und das wäre nicht wenig.

Kehren wir zum Schluss noch einmal zurück zum Kommunismus und seinem glücklichen Ende. Hegel, unser größter Geschichtsdenker, sagte einmal: »Die Weltgeschichte ist nicht der Boden des Glücks. Die Perioden des Glücks sind leere Blätter in ihr.« Wie wohltuend, dass er hier einmal irrte. Und wie wohltuend auch, dass er nicht irrte, als er sagte: »Weltgeschichte ist der Fortschritt im Bewusstsein der Freiheit«. So ist es gewesen im Herbst 1989, aber so ist es nicht immer und wird es nicht immer sein. Und gerade bei denen war es so nicht, die die große Bühne einst im Namen der Geschichte betreten hatten. Die Marxisten waren davon überzeugt, erstmals philosophisches Licht in ihr Dunkel gebracht zu haben, und so verhießen sie einer nach Diesseitserlösung hungrigen Welt, dass nunmehr ein Zeitalter beginnt, in dem der Mensch Geschichte mit Bewusstsein vollzieht; dass die Vorgeschichte der Menschheit zu Ende ist und ihre eigentliche Geschichte nun anfängt.

Und hier, am Punkte der äußersten Utopie, der zugleich der Punkt der höchsten Verblendung ist, können wir vielleicht doch ein Körnchen Wahrheit in der Geschichtstheologie entdecken: dass Menschen nämlich Geschichte nicht nach Einsicht und Plan machen können, dass das Anmaßung ist, Hybris, eine besonders vermessene Form moderner Selbstermächtigung. Der Mensch ist nicht berufen, sich zum Herren der Geschichte aufzuschwingen, er kann sie nicht an sich reißen. Und wenn er es doch versucht, in wessen Namen auch immer, so wird sich erweisen, dass es nicht die Geschichte war, die er an sich riss, sondern lediglich die Macht. Und so kommt er zu Fall. Als hätte Gott die Geschichte zum Prüffeld für den Menschen gemacht.

Schmerz als Erlebnis und Erfahrung
Deutungen bei Ernst Jünger und Viktor von Weizsäcker

Was Schmerz ist, was Schmerzen sind, wussten Menschen schon immer, ausgenommen das Ursprungspaar im Garten Eden. Denn dort, an dieser denkwürdigen Stätte des Glücks und der Seligkeit, gab es keinen Leidzustand, kein Übel, nicht Mühsal und nicht Furcht. »Im Fleische höchste Gesundheit, im Geiste volle Ruhe«, wie das unübertreffliche Wort von Augustinus lautet.

Das Paradies ist für allezeit verloren und mit ihm auch das Reich der Schmerzfreiheit. Von Geburt an sind wir Vertriebene der Idylle, sind Wesen, denen Bitternis und Kummer ein Leben lang treue Begleiter sind. Doch nicht jeder, der erfahren hat, was Leid, was Wehleid ist, weiß, das Wehleid auch zu sagen. Denn Schmerzendes bedarf nicht der Sprache, um sich kundzutun. Es hat andere Mittel des Ausdrucks und der Zeichengebung: Mimik, Blick und Geste, Wimmern, Weinen und Verstummen.

Wehtun kann der Körper an fast jeder Stelle, wehtun kann die Seele auf fast jede Art. Schmerzen sind Zufügungen, egal ob von außen oder innen, gewaltsame Eindringlinge, bedrohliche Eroberer, die uns zu Fremdlingen machen im eigenen Haus. Sie bedrängen uns mit Stechen, Schneiden, Bohren, Brennen, Reißen, Ziehen, Kneifen, Hämmern, Drücken, Pressen oder Schnüren – je nach Art, Ort und Dauer der feindlichen Attacke.

Jeder Versuch, extreme Schmerzen zu benennen, greift nach Vokabeln, die aus dem Wörterbuch der Folter stammen könnten. Doch nicht der Schmerz selbst ist es, der sich auf diese Weise ausdrückt. Es ist nur die Beschreibung der Empfindung, die er hervorruft. Den nackten Selbstausdruck des Schmerzes zu berichten, ist etwas anderes. In Ernst Jüngers Essay *Lob der Vokale* von 1934 gibt es eine Stelle, in der es darum geht:

»Jeder bedeutende Schmerz, auf welchem Gebiete er auch empfunden werden mag, drückt sich nicht mehr durch Worte, sondern durch Laute aus. Die Stätten der Geburt und des Todes sind von solchen Lauten erfüllt. Vielleicht haben wir sie in ihrer vollen Stärke zum ersten Male wieder im Kriege vernommen, – auf den nächtlichen, von den Rufen der Verwundeten erfüllten Schlachtfeldern, auf den großen Verbandplätzen und in der Erstarrung des jähen Todesschreies, dessen Bedeutung niemand verkennt. Das Herz empfindet diese Laute anders als Worte; es wird gleichsam durch Wärme und Kälte unmittelbar berührt. Die Menschen werden sich hier sehr ähnlich; durch den großen Schmerz wird die Eigenart dessen, der ihn empfindet, zerstört. Ebenso werden die Besonderheiten der Stimme zerstört. Die Konsonanten werden verbrannt; die Laute des höchsten Schmerzes besitzen eine rein vokalische Natur.«

Den hohen, unvergleichlichen Schmerz, den, der an das grenzt, was wir Martyrium nennen, kennen nur wenige aus eigenem Erleben. Er ist das schlechthin Äußerste, was einem Menschenwesen angetan werden kann. Das Gedächtnis der Kultur bietet uns eine Fülle von erschütternden Bildern: den geschundenen Marsyas, den verwundeten Philoktet, den gefesselten Prometheus, den von Schlangen gewürgten Laokoon, den gepeinigten Hiob, den gekreuzigten Christus, den gesteinigten Stephanus, den von Pfeilen durchbohrten heiligen Sebastian. Die Landschaft der Martern kennt kein Maß und keine Grenzen. Denken wir an Dante, an Bosch, an Grünewald, an Francis Bacon, denken wir an Kafkas *In der Strafkolonie*. Oder denken wir an Rilkes letztes Gedicht, geschrieben wenige Tage vor seinem Tod. Es lautet:

Komm du, du letzter, den ich anerkenne,
heilloser Schmerz im leiblichen Geweb:
wie ich im Geiste brannte, sieh ich brenne
in dir; das Holz hat lange widerstrebt,
der Flamme, die du loderst, zuzustimmen,
nun aber nähr' ich dich und brenn in dir.
Mein hiesig Mildsein wird in deinem Grimmen
ein Grimm der Hölle nicht von hier.
Ganz rein, ganz planlos frei von Zukunft stieg

ich auf des Leides wirren Scheiterhaufen,
so sicher nirgend Künftiges zu kaufen
um dieses Herz, darin der Vorrat schwieg.
Bin ich es noch, der da unkenntlich brennt?
Erinnerungen reiß ich nicht herein
O Leben, Leben: Draußensein.
Und ich in Lohe. Niemand der mich kennt.

Wenn wir lesen, was Ernst Jünger 1934 in seinem Essay *Über den Schmerz* geschrieben hat, dass er nämlich »zu jenen Schlüsseln gehört, mit denen man nicht nur das Innerste, sondern zugleich die Welt erschließt«, dass er »die stärkste Prüfung innerhalb einer Kette von Prüfungen ist, die man als das Leben zu bezeichnen pflegt«, dass man, »wenn man sich den Punkten nähert, an denen der Mensch sich dem Schmerz gewachsen oder überlegen zeigt, Zutritt zu den Quellen seiner Macht gewinnt und zu dem Geheimnis, das sich hinter seiner Herrschaft verbirgt«, und wenn es am Ende heißt: »Nenne mir Dein Verhältnis zum Schmerz, und ich will Dir sagen, wer Du bist!« – wenn wir das alles mit nur einer Spur von gutem Willen zum Verstehen und nicht sogleich als Zumutung, als Glorifizierung, als martialischen Aufruf zum Durchhalten, als heroische Attitüde, als mitleidlose Härte gegen sich und andere von uns weisen, dann können wir sagen, dass hier einer den Versuch gewagt hat, den Schmerz, den dunklen Bruder des Lebens, mythisch zu sehen.

Das bedeutet nicht, dass uns hier eine ausführliche Phänomenologie der Schmerzen vorgelegt würde. Schon Heidegger merkte an, dass in Jüngers Essay vom Schmerz selber gar nicht die Rede ist, sondern nur von der Begegnung mit und der Haltung zu ihm. Freilich wusste Jünger, was Schmerz ist, er und seine Generation hatten ihn zur Genüge erfahren. Ernst Jünger war Soldat. Seine Schriftstellerlaufbahn begann 1920 mit einem Tagebuch aus dem ersten Weltkrieg. Der Titel lautete: *In Stahlgewittern*. In diesem Krieg haben zehn Millionen Menschen, Soldaten und Zivilisten, ihr Leben verloren, auf deutscher Seite fielen fast zwei Millionen bewaffnete Kämpfer, und über vier Millionen wurden verwundet. Jünger selbst erlitt sieben mehr oder minder schwere Verletzungen, an Unterschenkel, Oberschenkel, Hand, Kopf, Brust und Lunge, durch Granatsplitter, Schrapnellkugeln, Gewehrgeschosse. Detaillierte Beschreibungen von Schmerzen, eigenen und fremden, hat er auch in den *Stahlgewittern* nicht gegeben. Es finden sich jedoch Schilderungen, die an sie denken lassen. Nehmen wir nur das Kapitel »Die große Schlacht«, in dem der Erzähler einen Granateinschlag beschreibt:

»Da pfiff es wieder hoch in der Luft. Jeder hatte das zusammenschnürende Gefühl: die kommt hierher! Dann schmetterte ein betäubender, ungeheurer Krach – die Granate war mitten zwischen uns geschlagen.

Halb betäubt richtete ich mich auf. Aus dem großen Trichter strahlten in Brand geschossene Maschinengewehrgurte ein grelles rosa Licht. Es beleuchtete den schwelenden Qualm des Einschlages, in dem sich ein Haufen schwarzer Körper wälzte, und die Schatten der nach allen Seiten auseinanderstiebenden Überlebenden. Gleichzeitig ertönte ein vielfaches, grauenhaftes Weh- und Hilfegeschrei. Die wälzende Bewegung der dunklen Masse in der Tiefe des rauchenden und glühenden Kessels riss wie ein höllisches Traumbild für eine Sekunde den äußersten Abgrund des Schreckens auf.«

Doch nicht nur die Front – die Schützengräben, die Trichter, das freie Feld, die brennenden Städte – ist ein Ort des Todes und der Schmerzen, auch die Lazarette:

»Das Kriegslazarett war nahe dem Bahnhof im Gymnasium eingerichtet und beherbergte über vierhundert Schwerverwundete. Tag für Tag verließ unter dumpfem Trommelschlag ein Leichenzug das große Portal. In dem weiten Operationssaal verdichtete sich der ganze Jammer des Krieges. An einer Reihe von Operationstischen walteten die Ärzte ihres blutigen Handwerks. Hier wurde ein Glied abgeteilt, dort ein Schädel aufgemeißelt oder ein festgewachsener Verband gelöst. Wimmern und Schmerzensschreie hallten durch den von mitleidlosem Licht durchfluteten Raum, während weißgekleidete Schwestern geschäftig mit Instrumenten oder Verbandszeug von einem Tisch zum anderen eilten.«

Und noch eine Stelle, sie bezieht sich auf einen anderen Lazarettaufenthalt:

»Obwohl die Ärzte im Operationsraum des Feldlazaretts fieberhaft beschäftigt waren, wunderte sich der Chirurg über die glückliche Art meiner Verletzungen. Auch die Kopfwunde hatte Ein- und Ausschuss, ohne dass die Schädeldecke durchbrochen war. Viel schmerzhafter als die Verwundungen, die ich nur als dumpfe Schläge empfunden hatte, war übrigens die Behandlung, der mich ein Lazarettgehilfe unterzog, nachdem der Arzt mit seiner Sonde in spielerischer Eleganz durch die beiden Schusskanäle gefahren war. Diese Behandlung bestand in einer kräftigen Rasur der Wundränder am Kopfe, ohne Seife und mit einem stumpfen Messer ausgeführt.«

Der Passus erinnert an Montaigne, der einmal sagte, wir würden einen Schnitt vom Messer eines Wundarztes stärker empfinden als zehn Hiebe mit dem Degen in der Hitze des Gefechts.

Jeder Beruf hat seine eigene Betrachtungsweise der Welt. Beim Arzt wie beim Soldaten gehören Schmerz und Tod zur Profession. Soldat sein in Kriegszeiten bedeutet Verwundung und Sterben von beiden Seiten erfahren. Man läuft nicht nur Gefahr, Verletzung und Tod zu erleiden, sondern ist auch gezwungen, sie über andere zu bringen. Man erlebt nicht nur die eigene Schmerz- und Todesangst und die der Kameraden, sondern auch die des Gegners.

In der von Viktor von Weizsäcker begründeten Schule der Medizin gehört die Schmerzkunde von Anfang an zum Grundbestand. Als der nachmals berühmte Gelehrte 1927 in der legendären Zeitschrift *Die Kreatur* seine aus drei Teilen bestehenden *Stücke einer medizinischen Anthropologie* veröffentlichte, lautete das mittlere Kapitel »Die Schmerzen«. Das Klassische, geradezu Zeitlose an diesem Essay besteht darin, dass der Autor in allem, was er zur Sprache bringt – das Wesen der Krankheit, die Not des Patienten, die Berufspflichten des Arztes –, einen elementaren, gleichsam anfänglichen Zugang zu den Phänomenen findet. Man hat beim Lesen das Gefühl, hier werden Einsichten geäußert, die gar nicht veralten können.

Nehmen wir nur die Art und Weise, wie der Autor das Thema eröffnet. Er entwirft eine Situation, die er »Urszene« nennt. Der Leser wird Zeuge eines Geschehens. Die Wahrheit, die er erkennen und anerkennen soll, wird nicht mit Argumenten vorgetragen, sondern ursprünglich gezeigt. Wahrheit ist hier kein Gedanke, keine Aussage, sondern eine aus Leiden und Tun zusammengesetzte Tat zweier Menschen:

Urszene

»Wenn die kleine Schwester den kleinen Bruder in Schmerzen sieht, so findet sie vor allem Wissen einen Weg: schmeichelnd findet den Weg ihre *Hand*, streichelnd will sie ihn dort *berühren*, wo ihm weh tut.

So wird die kleine Samariterin zum ersten Arzt. Ein Vorwissen um eine Urwirkung waltet unbewusst in ihr; es leitet ihren Drang zur Hand und führt die Hand zur wirkenden Berührung: Denn dies ist es, was der kleine Bruder erfahren wird: die Hand tut ihm wohl. Zwischen ihn und seinen Schmerz tritt die Empfindung des Berührt-werdens von schwesterlicher Hand, und der Schmerz zieht sich vor dieser neuen Empfindung zurück. Und so entsteht auch der erste Begriff des Arztes, die erste Technik der Therapie.

Eigentlich steckt hier das Arztsein ganz in der kleinen Hand, das Kranksein ganz in dem schmerzenden Glied, und das wird immer so bleiben; auch wenn die Hand größer wird und sich mit Instrumenten bewaffnen oder ihre Kraft ausleihen wird an heilsame Gifte oder den sprechenden Mund, immer bleibt sie, diese zum Tasten und Greifen, zum Schmiegen und Kühlen gleich Geschickteste ein *Wesen* auch des späteren ärztlichen Tuns. Und auch dem kleinen Patienten wird später nie etwas anderes widerfahren: immer wird sein Schmerz darin bestehen, dass ihm *etwas* weh tut, das der ärztliche Helfer wegtun soll. Auch wo der Schmerz hinunterreicht bis in sein innerstes Herz, immer wird seine Krankheit eigentlich etwas an ihm sein, nicht ganz und gar er selbst. Nicht der Kopf, sondern die Hand macht den Arzt, nicht mein Schmerz, sondern etwas, das schmerzt, macht meine Krankheit.«

Viktor von Weizsäcker war Arzt von Beruf, Psychosomatiker mit klinischer Erfahrung. Seine Perspektive auf Schmerz und Schmerzen war zeitlebens die des Helfenden und Heilenden. Man könne im Anblick des Schmerzes, sagt er, »nicht bewegungslos bleiben, man muss sich entweder ihm zuwenden oder sich von ihm abwenden. Das ist eigentlich der *Sinn* der Berufswahl zum Arzt, dass man sich dem Schmerz zuwendet.«

Die Zuwendung, von der die Rede ist, ist eine Tat und eine »Taterfahrung«. Vorausgesetzt wird nicht, dass man begreifen muss, was Schmerz im allgemeinen sei, es reicht aus, zu sehen, dass er gegeben ist, dass Menschen in Not Hilfe brauchen. Um aber zu verstehen, was er überhaupt ist, worin sein Wesen besteht und seine Bedeutung liegt, bedarf es der »Geisterfahrung des Schmerzes«.

Geisterfahrung des Schmerzes – so könnte man auch Jüngers Methode nennen, der Wahrheit seines Gegenstandes auf die Spur zu kommen. Er kannte übrigens Weizsäckers Essay über die Schmerzen. In der ersten Fassung des *Abenteuerlichen Herzens*, erschienen 1929, finden sich die Sätze:

»Der Schrift eines Freiherrn von Weizsäcker, die ich in diesen Tagen las, einer kleinen Oase übrigens, entnehme ich, dass man heute innerhalb der Medizin die alte Frage nicht mehr als ganz absurd betrachtet, ob in der Krankheit ein Schuldverhältnis zum Ausdruck kommt. Unter diesem Gesichtswinkel würde dem Schmerz die Rolle eines körperlichen Gewissens zufallen und in seiner künstlichen Betäubung das Ausweichen vor einer Verantwortung zu erblicken sein. Ohne Zweifel besitzt der Gedanke etwa an eine Geburt, die in der Narkose geschieht, etwas sehr Beunruhigendes.«

Damit ist gleich ein heikler Punkt berührt. Es ist ja klar, wer krank ist, hat nur einen Wunsch: gesund zu werden, wer Schmerzen hat, nur einen Wunsch: sie los zu sein. Doch Schmerzen zu haben, heißt nicht immer, krank zu sein. Und Schmerz ist nicht gleich Schmerz. Viktor von Weizsäcker hat eine wichtige Unterscheidung getroffen, nämlich die zwischen »Zerstörungsschmerz« und »Werdeschmerz«. Zur Schmerzkundigkeit gehört es, zu sagen, »an welcher Kittlinie der Lebensordnung er auftaucht«:

»Dem Sitz des Schmerzes in der Lebensordnung müssen wir also nachspüren oder: am Ariadnefaden der Schmerzen ist ein Gefüge der Lebensordnungen aufzuspüren, derer nämlich, welche eine fleischgewordene Wahrheit, die *Fleischwerdung einer Wahrheit* anzeigen, nämlich einer Lebenswirklichkeit; denn ein Schmerz kann nur dort auftauchen, wo eine *echte* Zugehörigkeit bedroht, ein *echtes* Zeugungsopfer gespendet wird. So wird die Wahrnehmung des Schmerzes verwandelt in eine Kritik der Wirklichkeit, in ein Instrument der Scheidung von echt und unecht in den Erscheinungen des Lebendigen.

Da ist die Trennung von mir und meinem Zahn, von meinem Finger und meiner Hand, die Trennung zwischen mir und meinem Kind, zwischen einem König und seinem Volk, Trennung von meiner Jugend, von Haus und Hof, von Gewohnheit, von Glauben, die Trennung von Gott. Wo diese Trennungen schmerzen, da waren die Bindungen echt und Fleisch geworden. Und dort, wo ein Mensch Schmerzen leiden kann, dort ist er wirklich da, dort hat er – wissend darum oder nicht wissend – auch geliebt. So öffnet sich ein Blick ins Weltgefüge: wo Seiendes schmerzfähig ist, da ist es wirklich gefügt, nicht nur ein mechanisches und räumliches Nebeneinander, sondern ein wirkliches, d. h. lebendiges Miteinander.«

Das Leben, sagt Weizsäcker, sei gegliedert in seine Schmerzhaftigkeit, hänge mit den Gelenken einer Schmerzordnung in sich zusammen. Und in dieser Ordnung gebe es einen Zerstörungsschmerz, aber auch einen Werdeschmerz. Vom Grad des Wehtuns her unterscheiden sie sich nicht. Zur Entscheidung aber rufen beide auf, denn jeder Schmerz ist ein Appell und eine Krise. Die Frage, die Arzt und Patient zu entscheiden haben, ist immer dieselbe: den Schmerz bejahen oder verneinen, aushalten oder betäuben, stark sein oder schwach sein gegen ihn.

Wir leben heute in einer Zeit, die der polnische Philosoph Leszek Kołakowski einmal als »Kultur der Analgetika« bezeichnet hat. Ihr oberster Wert ist die Schmerzfreiheit. Zugrunde liegt ihr die völlige Abkehr vom Glauben an den Wert des Leidens. Überall wo Schmerz oder Schmerzangst im Spiel sind, tendieren wir zum Rückzug, und wo wir einer Begegnung nicht ausweichen können, zur Einnahme von Linderungsmitteln. Schmerz gehört, egal wo, wann und warum er auftaucht, zur Schadensseite des Lebens. Und Schaden gilt es abzuwenden. Das bezieht inzwischen auch das Zur-Welt-Kommen des Menschen ein. Dabei ist es hier eindeutig, dass die Geburtswehen der Mutter und die Schreie des Neugeborenen kein Schmerz der Zerstörung, sondern Schmerzen des Werdens sind. Alfred Prinz Auersperg, ein Schüler Viktor von Weizsäckers, sprach einmal unter Verweis auf Forschungen der Kinderpsychologin Käthe Wolf vom Schrecken des Unbehagens und der Angst als dem ersten Weltbezug des Säuglings. Sobald die Mutter, die ihm Person und Welt zugleich bedeutet, auch nur für Momente nicht zugegen ist, fremdelt das Kind. Fast könnte man sagen: Es ist wie bei Heideggers berühmter »Hineingehaltenheit in das Nichts«. Daher weint und schreit das Kind. Nach und nach erst lernt es, diese Fremdheit zu überwinden und damit den Schmerz und das Unglück, in einer nicht von der Mutter her gegründeten, geordneten und behüteten Welt zu sein.

Weizsäcker spricht von der »Doppelordnung des Schmerzgefüges« und von der »Doppelordnung der ärztlichen Handlung«. Den Zerstörungsschmerz müsse der Arzt lindern, den Werdeschmerz aber bestehen lassen.

Jünger macht diesen Unterschied nicht. Er nimmt gar keine Spezifizierung vor. Für einen, der die mythische Dimension des Schmerzes im Auge hat, ist das auch nicht nötig. Schmerz ist für ihn kein Zufall, dem man ausweichen oder entrinnen kann, Schmerz gleicht »dem Schatten des Lebens, dem man sich durch keinen Vertrag entziehen kann«. Freilich neige der Mensch dazu, die Unausweichlichkeit des Schmerzes in Zeiten der Sicherheit zu vergessen. Wir würden uns jedoch sofort mit großer Schärfe daran erinnern, wenn die elementare Zone sichtbar wird, die Zone der Bedrohungen und Gefahren, in die wir unentrinnbar eingebettet seien. Gemeint sind Kriege, Bürgerkriege, Straßengewalt, Epidemien, Hunger, Erdbeben, Vulkanausbrüche, Überschwemmungen, Terroranschläge, Massenpanik. Gemeint ist aber auch der Naturgrund des Menschen selbst, das archaische Fundament der Anthropologie, Grausamkeit inbegriffen. Wir können, so Jünger, diese Zone durch keinerlei optische Täuschung verschwinden machen. »Wir schmausen und lustwandeln jedoch zuweilen auf ihrer Oberfläche wie Sindbad der Seefahrer mit seinen Gefährten auf dem Rücken des ungeheuren Fisches, den er für eine Insel hielt.« Und an anderer Stelle heißt es mit einem nicht weniger eindringlichen Bild:

»Wir befinden uns in dem Zustande von Wanderern, die lange Zeit über einen gefrorenen See marschierten, dessen Spiegel sich bei veränderter Temperatur in große Schollen aufzulösen beginnt. Die Oberfläche der allgemeinen Begriffe beginnt brüchig zu werden, und die Tiefe des Elementes, das immer vorhanden war, schimmert dunkel durch die Risse und Fugen hindurch.«

In solchen Sätzen, geschrieben 1934, stecken nicht nur historische Reminiszenzen, sie sind auch voller geschichtlicher Vorahnungen. Und zugleich berühren sie etwas Zeitloses. Als hätte Nietzsches Gedanke von der ewigen Wiederkehr des Gleichen nichts von seiner Verweiskraft eingebüßt. Den inneren Sinn aller Überlegungen Jüngers zum Schmerz könnte man in die Formel fassen: »Sei vorbereitet!« Damit ist nicht das Auffüllen der Hausapotheke gemeint, gemeint sind geistige Rüstungen. Eine davon bezieht sich auf das, was er das Gesetz des Schmerzes nennt:

»Kein Anspruch ist jedoch gewisser als der, den der Schmerz an das Leben besitzt. Wo an Schmerz gespart wird, stellt sich das Gleichgewicht nach den Gesetzen einer ganz bestimmten Ökonomie wieder her, und man kann unter Abwandlung eines bekannten Wortes von einer ›List des Schmerzes‹ sprechen, die ihr Ziel auf allen Wegen erreicht. Wenn man daher den Zustand eines breiten Behagens vor Augen sieht, darf man ohne weiteres fragen, wo die Last getragen wird. Man wird in der Regel nicht weit zu gehen haben, um den Schmerz aufzuspüren, und so finden wir auch hier selbst den Einzelnen mitten im Genusse der Sicherheit nicht völlig von ihm befreit. Die künstliche Abschnürung von den Elementarkräften vermag zwar die großen Berührungen zu verhindern und die Schlagschatten zu bannen, nicht aber das zerstreute Licht, mit dem der Schmerz dafür den Raum zu erfüllen beginnt. [...] Die Natur dieser Sicherheit beruht also darin, dass der Schmerz zugunsten eines durchschnittlichen Behagens nach den Rändern abgeschoben wird. Neben dieser räumlichen Ökonomie gibt es aber noch eine zeitliche, die darin besteht, dass die Summe des nicht in Anspruch genommenen Schmerzes sich zu einem unsichtbaren Kapital anhäuft, das sich um Zins und Zinseszins vermehrt. Mit jeder künstlichen Erhöhung des Dammes, der den Menschen von den Elementarkräften trennt, nimmt das Ausmaß der Bedrohung zu.«

Der Passus zeigt, dass dem Autor so etwas wie eine Metaphysik des Schmerzes vorschwebt. Jüngers Feststellungen erscheinen keineswegs sinnlos, vielmehr hellsichtig, sogar tiefsinnig, beweisen allerdings lassen sie sich nicht. So ist es mit bestimmten Wahrheiten. Sie leben von der Intuition, von gleichsam mystischer Grübelei. Man versucht erst gar nicht, sie zu begründen, es wäre auch aussichtslos. »Beweise ermüden die Wahrheit«, lautet ein berühmter Satz. Er stammt nicht zufällig von einem Künstler, nämlich von Georges Braque, Jünger hat ihn 1943 in Paris kennengelernt. Braque wusste: Mit der Kunst und in der Kunst kann man nichts beweisen. Man legt Gedanken nahe, Gedanken, die sich im Werk bewähren oder nicht bewähren.

Der Gedanke, den uns Ernst Jünger nahelegt, ist der einer transzendenten Schmerzgerechtigkeit. Sie wird auf einer Waage austariert, auf deren Schalen auch die Toten liegen. Für Jünger war der Tod, besonders der Soldatentod, unausweichlich mit einer sinnbezogenen, ja sinnverleihenden Deutung verbunden. Und die suchte er auch dann, wenn es sich, wie im ersten Weltkrieg, um ein Gemetzel handelte, das aller Sinngebung Hohn sprach. Todesverstehen war seine Art, den Gefallenen Ehre zu erweisen. In seinem Essay *Der Kampf als inneres Erlebnis*, geschrieben 1922, heißt es:

»Der Tod für eine Überzeugung ist das höchste Vollbringen. Er ist Bekenntnis, Tat, Erfüllung, Glaube, Liebe, Hoffnung und Ziel; er ist auf dieser unvollkommenen Welt ein Vollkommenes und die Vollendung schlechthin. Dabei ist die Sache nichts und die Überzeugung alles. Mag einer sterben, in einen zweifellosen Irrtum verbohrt; er hat sein Größtes geleistet.«

Gerhard Nebel, einer der klügsten, temperamentvollsten Interpreten Jüngers, hat dessen Metaphysik des Todes am tiefgründigsten ausgeleuchtet. Jünger hätte gewusst, dass in den Feuerwirbeln der modernen Schlachten sich die traditionellen Sinngebungen des Krieges und des Soldatentodes nicht halten ließen. Diese Leidensorkane zerknickten die Reden von Vaterland, Ehre und Pflichterfüllung. Jünger frage nach einem Sinn, der ein solches Leiden, eine solche Schlächterei rechtfertige. Welcher Sinn ermächtigt mich, Menschen zu töten, welcher Sinn gibt mir die Kraft, in der tausendfachen Gefahr zu bestehen. Auch die Toten stachelten dieses Fragen an. Um ihretwillen könne Jünger sich nicht damit abfinden, den Krieg für einen unsinnigen, zufälligen, der Dummheit oder Gemeinheit weniger Täter entsprungenen Prozess zu halten. Als Sinn des Krieges – Jünger urteilte ja aus der Perspektive eines Besiegten – werde ein Begleichen der Schulden früherer Generationen vermutet, und in den Leiden der in den Krieg hineingezogenen Menschen würden Bußen gesehen für vergangene Irrtümer. Der theologische Charakter dieses Griffes, so Nebel, sei nicht zu verkennen. Jedes irdische Leiden schließe einen transzendenten Gewinn ein, und in jedem Schmerz würden Verdienste gesammelt, die dem Betroffenen, aber auch anderen, seinen Nächsten, seinen Nachkommen, den Menschen überhaupt zugutekämen. Nebel schreibt:

»Auf diese Weise wird Jüngers Totenverehrung konkret. Die Transzendenz erscheint dann als eine Waage, die von der Erde, vom lebenden Menschen aus beeinflusst werden kann. Jede Qual, jeder Akt der Selbstverleugnung, jedes Opfer erleichtert die Schale des Unheils und fügt der Schale des Heils ein Verdienst zu. Was in einer Zeit an Fülle, Glück, Schöpfertum und Sein möglich ist, das wird ihr von den Toten gespendet, von den Toten überhaupt, da ja jedem Sterben Verdienst zukommt, und von denjenigen Toten im besonderen, die, ohne zum Sterben gezwungen zu sein, sich frei geopfert haben. Der Opfertod ist eine Entlastung, und wenn wir überhaupt noch festliche Augenblicke kennen, so verdanken wir das den Abgeschiedenen und ihren Schmerzen. Wir werden einmal vom Leid und sodann vom freiwillig übernommenen Leid unserer Väter gehalten, und ferner leiden wir, weil unsere Ahnen sich in unzulässiger Weise dem Schmerz entzogen.«

Auch Viktor von Weizsäcker war ein Grübler. Ein Grübler der Deutung und ein Grübler des Verstehens. Zeitlebens hatte er eine Schwäche für metaphysisches Fragen und Antworten. Der Streit zwischen Naturwissenschaft und Religion kümmerte ihn nicht, er ging sogar soweit zu sagen, eine seiner natürlichen Anlagen sei Verständnislosigkeit für diesen Streit, und nicht nur für diesen, sondern für Streit überhaupt. In einem 1927 gehaltenen Vortrag *Über medizinische Anthropologie* sprach er vom »metaphysischen Ort des Arztes«, davon, dass sich der im Kranken reelle Krankheitsprozess in ihn, den Arzt, existenziell hinein verlängere:

»So ist selbst die theoretische Pathologie, die diagnostische und therapeutische Reflexion nichts anderes als eben eine bloß gedachte Wiederholung und Ausbreitung des krankhaften

Geschehens in ihm. Dies, dass er *denkt*, was im anderen *ist*, bedingt ja seine metaphysische Minorität, die Schwäche seiner Position, die Ungerechtigkeit, besser Ungleichgerechtigkeit der beiden Schicksale.«

Der Stolz des Kranken sei, dass er den Existenzkampf auf einer metaphysisch höheren Ebene kämpfe und erledige als jeder Gesunde. Er sei in diesem Sinne, weil er Schwereres besiege, dann auch ein größerer Sieger.

Wenn Weizsäcker von der »metaphysischen Ehrfurcht vor dem Kranken« spricht und bekennt, sie müsse eine der ersten, vornehmsten Qualitäten des Arztes, seine stärkste Schwäche sein, dann sollte sie auch den Schmerz mit einbegreifen. Er ist und bleibt ja eines der großen Rätsel dieser Welt. Und Ehrfurcht gibt es nur an Stätten, wo ein Geheimnis ist. »Wohin also wirken die Schmerzen?«, fragt Viktor von Weizsäcker:

»Zum ersten dahin, dass ich durch den Schmerz erst erfahren kann, was mein ist und was ich alles habe. Dass meine Zehe, mein Fuß, mein Schenkel und von der Erde, auf der ich stehe, bis herauf zu meinem Kopfhaar alles *mir gehört*, erfahre ich durch Schmerzen und durch Schmerzen erfahre ich auch, dass ein Knochen, eine Lunge, ein Herz und ein Mark da sind, wo sie sind, und jedes von allen diesen führt seine eigene Schmerzsprache, spricht seinen eigenen ›Organdialekt‹. Dass ich sie alle habe, kann ich freilich auch sonst bemerkt haben, aber der Schmerz lehrt mich allein, wie teuer sie mir sind; den Preis und Wert von jedem einzelnen für mich erfahre ich allein durch Schmerzen, und dieses Gesetz der Schmerzen durchherrscht in gleicher Weise den Preis der Welt und ihrer Dinge für mich.«

Der Schmerz als Lehrmeister des Lebens! Wer Schmerzen wie ein nihilistischer Aufklärer betrachtet, als sinnlos, als moralischen Skandal, als einen Irrtum der Natur, der wird verlangen, sie völlig aus der Welt zu schaffen. Doch wer dies versucht, wird Schiffbruch erleiden, wie alle Utopisten, die an Verwirklichungen arbeiten, die dem Gesetz des Lebens widersprechen. Denn Schmerz und Leid gehören zum Leben, zu seinem Anfang und zu seinem Ende. Und für die meisten auch zu seinem Verlauf. Das alles bedeutet nicht, dass man ihn im Einzelfall nicht beseitigen, nicht mildern sollte. Und Einzelfall meint hier fast jeden Fall. Die moderne Medizin hat auf dem Gebiet der Schmerzvermeidung und Schmerzbehandlung große Fortschritte gemacht, für die wir alle dankbar sind. Das beginnt beim Zahnarzt und endet auf der Palliativstation. Anästhesie ist ein Segen. Analgetika sind eine Gnade. Aspirin und Morphium, niemand will sie missen. Natürlich gibt es Medikamentenmissbrauch. Es gibt auch Toxifizierung. Dennoch gilt: Ohne Schmerzmittel wäre ärztliche Behandlung ein barbarisches Handwerk. All das jedoch enthebt uns nicht dessen, was Weizsäcker als »Schmerzarbeit« und als »Bewältigung der Schmerzarbeit« bezeichnet. Was er hier zur Sprache bringt, gehört zum Tiefsten, was je über Fragen des inneren Sinns von Schmerz und Krankheit gesagt worden ist. Vor allem dort, wo der Autor mit Blick auf den Patienten von der »Erfahrung der Seelenerforschung« spricht und von den *Tatsachen*, die sich hier zeigen. Insbesondere »die Tatsache, dass Schuldbewusstsein so oft ein Schatten des Krankheitsbewusstseins ist«:

»Bewusstseinspsychologisch ist der Zusammenhang konstatierbar; aber diese bloße Konstatierung der Schuld ohne schuldhafte Tat ist eigentlich Konstatierung von etwas Unverständlichem und vor der Vernunft Sinnlosem; sie gilt dem Psychologen als sinnlos, dem Psychiater als pathologisch. Der ›Kranke‹ ist für ihn dann nicht bloß krank, weil er Schmerzen hat, sondern überdies weil sie zu ›krankhaftem‹ Schuldgefühl ohne Realschuld ›führten‹. Aber diese Darstellung ist vom Kranken aus gesehen eine Deutung, ja sogar eine Umdeutung. Er macht sich die Auffassung vielleicht, wenn er kann, zu eigen, dass das Schulderlebnis *nur* krankhaft sei. Aber ursprünglich ist diese Deutung falsch, er hatte und wusste für sich Schuld, er ›empfand‹ nicht nur Schuld. Wirkliche Schuld haftet an seiner Person selbst, nicht an Gefühlen der Person, die nicht sie selbst, sondern etwas von ihr wären.

Hier wird nun sehr deutlich, wie wir hoffen, dass die Erzählung eines solchen Kranken, ›ich habe Schuld und werde durch Schmerzen bestraft‹, wahrer *ist*, als die objektive Konstatierung: ›er fühlt Schuld und urteilt, sie werde durch Schmerzen bestraft‹; die Konstatierung deutet die Erzählung um vom Standpunkt eines anderen, als ›normal‹ bezeichneten Menschen aus. Die Erzählung des Kranken kann der Psychologe einen Wahn nennen; er ist dann ein naher Verwandter des Mythos. Aber der Mythos hat die Besonderheit, als Erzählung wahrer zu sein als die Psychologie, wenn er statt von dem normalen Anderen von dem leidenden Selbst ausgeht. Von diesem selbst aus ist der ›Mythos‹ die Wahrheit, die Darstellung der Psychologie ist falsch.«

Hier kann man sehen, wie selten unser Urteilen und Denken mit der eigenen Seelentiefe verbunden ist und wie erst im Schmerz und in der Krankheit sich die Verbindung herstellt. Wenn aber einmal die Seelenwände durchsichtig geworden sind, dann werden Einblicke ermöglicht, die weit über die Grenzen des normalen Wissens von uns selbst hinausgehen. So ist der Schmerz nicht nur ein Lehrmeister des Lebens, sondern auch ein Medium des tieferen Erkennens.

Im Schmerz beginnen wir an uns zu zweifeln, der starke Schmerz stellt unsere Existenz infrage. Durch ihn wird nicht nur zum Problem, was das Gewissen als geheime Last bedrückt. Denn »was hier von der Schuld gesagt ist«, so Weizsäcker, »könnte in verwandter Weise von der Angst, der Sorge, der Not, der Melancholie gesagt werden.« All das sind Leidensformen. In diesem Leiden werde unser Kreatursein sichtbar, nämlich dass »etwas an und in uns ist, was nicht sein *soll*, was einer *gebotenen* Ordnung widerstrebt«. Das aber ist nicht das Leiden selbst, sondern etwas, das uns im Leiden erst erkennbar wird. Viktor von Weizsäcker sagt:

»Im Schmerz ist aber das enthalten, dass etwas nicht sein *soll*, was doch ist, und dieser Widerspruch von Sollen und Dasein ist die eigentliche Wirklichkeit des Menschen als

Kreatur. Der Mensch als Kreatur hat nicht nur die kalte Existenz, sondern sein Dasein ist immer ein So-sein-Sollen: dies ist der richtige *ontologische* Begriff vom Menschen und seiner Wirklichkeit. Seine Ontologie ist daher eigentlich nicht eine Lehre vom Sein, sondern eine Lehre von Geboten.«

So mündet das Nachdenken des großen Arztes, des großen Mediziners, der von sich sagte, er habe »eine alte, familienhafte, unausrottbare Leidenschaft für die Theologie«, in eine Lehre von der Schöpfung und der Geschöpflichkeit. Der Mensch wird als erschaffenes Wesen, er wird von seinem Werden her und auf sein Werden hin verstanden. Auf diese Weise eröffnen sich Räume des Denkens und des Fühlens, der Erfahrung und Selbsterfahrung, die mit Begriffen und Methoden einer technisch-naturwissenschaftlich ausgerichteten Medizin nicht beschritten, geschweige denn verstanden werden können. Es geht aber um das Verstehen. Und verstehen heißt am Ende den Sinn von etwas verstehen. Sinn aber ist immer verhüllt, immer verborgen. Er muss gesucht, er darf gedeutet werden. Weizsäcker schrieb 1927 in der »Krankengeschichte«, dem dritten Stück der medizinischen Anthropologie: »Der ›Sinn der Krankheit‹ ist nur vom Kranken aus realisierbar, vom Arzt aus darf er nicht gefordert werden. Dem Kranken darf dieser Sinn *nur* ein Heil, dem Arzte *nur* eine Not sein.«

Besser kann man es nicht sagen. Wer Schmerz von vornherein und generell für sinnlos hält, wer nicht versteht, wer nicht verstehen will, dass er auch Wissenswerdung, Wahrheitsweg, Charakterbildung ist, wird Leid nicht mildern, sondern Leid vermehren. Heilung ist mehr als Genesung. Leidensflucht und Schmerzvermeidung absolut gedacht und radikal betrieben muss in Todessehnsucht enden. Denn nur im Tode sind wir gegen Pein gefeit.

SAAL III: POETIK

Ins Offene
Musikalität und Sakralität in den
Gedichten Christian Lehnerts

Ich will nicht mit dem beginnen, was ich über Christian Lehnert denke, ich will mit dem beginnen, was ich an ihm bewundere. Ich bewundere an ihm, dass seine Dichtung Gesang ist, wehendes Lied, ein Lied der Höhe, der Tiefe, der Weite, ein Lied, das vom Schauvermögen der Sinne, von der Nennkraft der Worte und von der Frageunruhe des Geistes lebt. Hören wir: »Ich hab geschlafen, ich war wach, / ein langes Flügelschlagen. / Man hat gesucht nach mir, ganz schwach / beginnt es blau zu tagen. // Der Tag ist eine hohe Wand. / Ich bin nicht dort, nicht hier. / Mich nahm der Nordwind bei der Hand, / und keiner weiß von mir.«

Dass unter den Händen dieses sächsischen Dichters, eines Mannes, der von Beruf Pfarrer ist, Prediger, einer, der Nietzsche zufolge »Gewissen in seinen Ohren hat«, dass also bei diesem Dichter das Lyrische sich das Musikalische, ja, das Liedhafte zurückerobert hat, ist etwas Außerordentliches. Denn das war nicht von Anfang an vorgesehen. Lehnert begann 1997 mit einem Band, der nicht von ungefähr *Der gefesselte Sänger* hieß. Zwar gab es schon da Verse in strenger, metrischer Form, Terzinen und Sonette, aber das waren Ausnahmen. Jetzt, 2011, beim jüngsten Band, der nicht weniger bezeichnend *Aufkommender Atem* heißt, hat der Sänger die Fesseln abgelegt. In diesem Buch ist alles zu Gesang, zu Musik geworden. Musik ist ja, laut Schopenhauer, die königlichste der Künste. Wie die Musik zu werden, sei das Ziel jeder Kunst. »Das unaussprechlich Innige aller Musik«, sagt er, »vermöge dessen sie als ein so ganz vertrautes und doch ewig fernes Paradies an uns vorüberzieht, so ganz verständlich und doch so unerklärlich, beruht darauf, dass sie alle Regungen unseres innersten Wesens wiedergibt, aber ganz ohne die Wirklichkeit und fern von ihrer Qual.«

Das alles beginnt schon beim einfachsten Lied. Hören wir das schöne Legato von Christian Lehnerts Jamben: »In mich hinein sieht eine klare Nacht. / Ich bin ihr Wort und fange eben an, / es zu verstehen, und sie wartet, wacht / bei meinem Herzen, dass ich ruhen kann.«

Ein Lied ist mehr als nur Rhythmus und Klang, ein Lied ist Melodie, das Rätselhafteste, was es überhaupt aus Menschenmund gibt. Sie wiegt die Welt und wiegt das Ich in wundersamen Resonanzen. Es kommt aus dem Hören und es geht über ins Sehen. Es kommt aus dem Sehen und geht über ins Hören. Klangliche Anschaulichkeit, akustisches Leuchten, gebunden in Rhythmus und Reim.

Der Reim hat lange Zeit schlechte Karten gehabt in der modernen Lyrik, aber das ist vorbei. Auch Lehnert gewinnt mehr und mehr Zutrauen zu ihm. Natürlich wurde viel Schindluder damit getrieben. Aber wie bei allen Dingen dieser Welt gilt auch hier: man muss eine Sache von ihrem Besten her auffassen. Karl Kraus, der Zuchtmeister der deutschen Sprache, sagt: »Der Reim ist nur dann einer, wenn der Vers nach ihm verlangt, ihn herbeigerufen hat, so dass er als Echo dieses Rufes tönt. Aber dieses Echo hat es auch in sich, den Ruf hervorzurufen.«

Ähnlich liegen die Dinge beim Rhythmus. Literarisches Schreiben ist ein zutiefst rhythmischer Vorgang. Der Schweizer Komparatist Hans-Jost Frey sagt:

»Das rhythmische Gesetz des produktiven Schreibens lässt in jedem Augenblick der Textentstehung das Bevorstehende aus dem hervorgehen, was schon dasteht. Rhythmisch schreibt, wer die Sprache nicht nur benützt, sondern sich in ihr bewegt und sich von ihr bewegen lässt, in absichtsloser Voraussicht findend, ohne gesucht zu haben, und heimgesucht werdend, ohne auf das Erfinden zu verzichten.«

Damit sind für das Werk Christian Lehnerts wichtige Stichworte gefallen. Von der gebundenen Sprache, den Versen selbst geht ein Verlangen, ein Herbeirufen aus, und durch die Sprache selbst stellt sich ein Finden ein.

Hören wir: »Die Füchse liefen lange in die Stadt, / sie ließen Zähne und sie ließen Haar. / Die kurze Stund, der trockne

Schlund ward satt, / wo nichts zu fressen, nur noch Hunger war. // Der Morgen fiel auf Asphalt und auf Glas. / Sie spürten schon die Sonne, sahen Wellen / durch Steine gehen wie durch hohes Gras / und fingen an zu hecheln und zu bellen.«

Das sind auf schöne Weise rätselhafte Verse. Die Silben schwingen in Reim und Assonanz, in dunklen und hellen Vokalen. Sie sind wie Rufe, Rufe hin zu anderen Wesen und Rufe hinaus in die Welt. Und die Welt und die anderen Wesen antworten. Gesang ist mehr als nur Selbstexpression des Singenden. Das Melos erzeugt einen Wir-Raum, gleichsam einen Chor, eine Gemeinschaft derer, die in ihn einstimmen und sich von ihm tragen lassen. Gesang ist Hingabe. Sie erlöst vom schmerzhaften Erlebnis der Vereinzelung. Könnte man diese Hingabe genauer fassen, hätte man den Schlüssel zum Verständnis des Dichters.

Wer wie Christian Lehnert die Sprache so musikalisch zu handhaben weiß, wem die melodische Gestalt der Verse für das lyrische Sprechen wichtiger ist als der Begriffsinhalt der Worte, die Logik der Sätze, der ist ein Dichter, von dem man sagen darf, dass er vor allem Stimme ist, gleichsam ein Instrument, das einen Ton von ganz bestimmter Höhe, Stärke, Farbe, Schwingung hat. Lehnerts Vers vibriert im Hohen Ton, in dem, was die Rhetorik das genus grande nennt. Dem Hohen Ton ist es lange Zeit so ergangen wie dem Reim und dem festen Metrum. Man hat ihn gemieden. Aber nun ist er wie aus dem Exil zurückgekehrt. Warum der Hohe Ton, warum das Pathos verbannt war, das Pathos, von dem Hegel sagt, es bilde den eigentlichen Mittelpunkt, die echte Domäne der Kunst, denn es berühre eine Saite, welche in jedes Menschen Brust widerklingt, warum die Dichter eine Weile all das mieden, das zu erzählen wäre eine lange Geschichte, zu lang für hier und jetzt. Doch einen kurzen Hinweis will ich geben. Pathos ist Glut, Identifikation, Enthusiasmus der Seele. Es beschwört, ruft an und ruft auf. Wie das auf Erhöhung zielende, um seine Macht wissende Wort in sakralen Handlungen. Im Pathos ist der Mensch, ohne es zu ahnen oder zu wollen, ein Fürsprecher Gottes. Enthusiasmus kommt vom griechischen enthousiazein, zu deutsch ›von einer Gottheit begeistert sein‹. Man braucht dies wenige nur auszusprechen, um zu begreifen, dass sich unsere nüchterne, verehrungsunwillige, von Visionen enttäuschte Zeit in nichts so sehr gefällt wie in der Ablehnung dessen, was man die Autorität des Ergreifenden nennen könnte. Denn das ist es, das Pathos, es greift nach uns. Das Gebiet ist übrigens übersät von Missverständnissen. Pathos wird gleichgesetzt mit Pomp und Schwulst, mit donnernden Botschaften, weihevollen Überhöhungen, unerschütterlicher Wahrheitsgewissheit. Es gibt aber auch leises, verhaltenes Pathos. Es gibt nicht nur Victor Hugo und Walt Whitman, es gibt auch Rilke und Schubert. Und gerade das verhaltene Pathos begegnet uns bei Christian Lehnert. Der polnische Dichter Adam Zagajewski beobachtet in der zeitgenössischen Lyrik ein Missverhältnis zwischen erhabenem und niederem Stil, zwischen starker Geistigkeit und dem Geschwätz selbstzufriedener Kunsthandwerker. Er hat den Eindruck, dass es eine Art feiges Appeasement gibt, eine Politik der Ausflüchte und Zugeständnisse in bezug auf den literarischen Beruf. Ein Hauptsymptom dieser Schwäche sei der Niedergang des Hohen Stils, das Ausweichen vor dem Tragischen und Metaphysischen und die überwältigende Dominanz des niederen, lauen, ironischen Konversationsstils. Das völlige Ausmerzen des Erhabenen, so Zagajewski, führe zu einer Landschaft, in der vielleicht Schachcomputer, aber keine lebendigen, sterblichen Wesen existieren können. Natürlich müsse das Erhabene von neoklassizistischem Prunk, von Alpenstaffage und jeglicher Theatralik befreit werden. Dann könne es auch in der Moderne das Wahrnehmen des Weltgeheimnisses sein, ein metaphysischer Schauder, eine Erleuchtung, ein Gefühl der Nähe zu etwas nicht in Worte zu Fassendem.

Christian Lehnert ist einer, der von diesem Gefühl der Nähe zu etwas nicht in Worte zu Fassendem beseelt ist. Hier ist der Quell seiner Dichtung. Und das Paradoxe dieser Nähe besteht darin, dass ihr wärmendes Licht sich bei ihm an der Ferne und in der Ferne entzündet. Einer Ferne, in der sich durch das Erleben von Weite Unendlichkeit aufbaut, auch vertikale Unendlichkeit, etwas, das im Alltagsleben unsichtbar und in der Alltagssprache unhörbar ist. Lehnert kennt das Meer, die Berge, die Wüsten, das Unter- und das Überirdische. Das Durchschreiten des Ödlands auf der Halbinsel Sinai, das Pilgern zum Rand der Welt am Kap Finisterre, das nächtliche Wandern durch die Höhlengänge des Schlafs, das Sich-schaukeln-Lassen von den Wirrnissen des Traums, all das ist ein Weg in die Ferne, in die Fremde, in die Weite. Und auch der Hohe Ton ebnet den Weg dorthin.

Lehnerts Gedichte sind eine Art Jakobsleiter, Stufengesang hinauf, Stufengesang hinab, eine traumbewegte, geistbelebte Vertikalität. Sie beginnt bei den Steinen und endet bei Gott. Hören wir: »Als schliefen Steine aus von ihrem Lauschen / nach unten, in das Echo eines Bebens, / es fallen, fallen Reiche all, ein Rauschen / erfüllt den Tunnel, wo die Lichter schweben. // Mein Gott, so fall ich hier in dieses Zittern / der Gleise, und du trägst mich, formst mich fort / von mir und dir, in steter Zugluft wittern / die Tiere Raum, das ungesagte Wort.«

Da ist sie wieder, die Hingabe, von der ich sprach. Das Besondere an ihr ist das Oszillieren zwischen Religiösem und Poetischem. Und darin die rätselhafte Stellung des Ichs und der Ich-Stimme. Oft scheint es, als sei dieses Ich nichts anderes als der Akteur einer liturgischen Sprechbewegung. Als verschwinde das Ich gleichsam in der Bewegung der Sprache. Der Vers selbst scheint zu sagen: Langsam spreche ich mich in die Welt hinein, langsam spreche ich mich aus der Welt heraus.

Alles Verweisen auf das Religiöse geschieht lautlos, wie im Verborgenen, in äußerster Diskretion. Das Göttliche hat in den Gedichten Lehnerts nichts Autoritatives. Die Poesie unterwirft sich nicht. Gott ist in ihr ein unbewohnter Name, »ein reines, leeres Feld«, wie es in einer Zeile heißt. Rilke hat einmal, als es um das poetische Sprechen über Gott ging, gesagt: »statt des Besitzes erlernt man den Bezug«. Und dieser Bezug wirkt wie ein Ferment. Er weitet den Raum und er dehnt die Zeit. Den

Raum, der um uns ist, und den, der in uns ist. Die Zeit, die vor uns war, und die, die nach uns kommt.

So verstanden, bewirkt das Religiöse ein Sich-Öffnen für ein über unser Ich hinausweisendes Feld von Bezügen. Darin ist es innig mit dem Poetischen verwandt. Beides verlangt höchste, nach außen und nach innen gerichtete Aufmerksamkeit. Auf das Religiöse muss man warten können, wie man auf das Poetische warten können muss. Sein Auftauchen kann nicht erzwungen werden, es kommt, sagt Peter Handke, aus einem genaueren, inständigeren Hören und Hinhören, aus einem genaueren, erwartungsvollen, geduldigen Schauen und Hinschauen, aus einem Spüren, einem Aufspüren, aus einem Auf-sich-übergehen-Lassen von Dingen und Erscheinungen.

Religiöses Wahrnehmen ist nicht minder fragil als poetisches Wahrnehmen. Religion ist Selbstentflammung des religiösen Geistes, Poesie Selbstentflammung des poetischen Geistes. Die Flamme kann groß, die Flamme kann klein sein. Was aber, wenn sie erlischt? Es gibt hier kein ewiges Feuer.

Deshalb die Liturgie, das liturgische Sprechen. Es fungiert nicht nur als Vollzug der Selbstentflammung, sondern auch als ihr Statthalter. Denn beide, Poesie und Glaube, sind ständig auf der Flucht, entziehen sich stets von neuem. Sie begegnen als Epiphanien. Aber Epiphanien sind selten. Den Alltag des geistigen Lebens regieren Prosa und Profanum. Nur die sinnende, singende Sprache hält Wache am großen Tor. Damit Poesie und Sacrum nicht unbemerkt passieren. Der Dichter steht im Warten und Erwarten. Er betreut die Geduld. Er verrät nicht den Glauben an das Wissen. Denn wir wollen nie vergessen: Schönheit und Güte des Menschen kommen von dem, was er glaubt, was er lebt, nicht von dem, was er weiß.

Was aber glauben wir? Das ist eine der großen Fragen, die das Werk Christian Lehnerts durchziehen. Doch ist es bei ihm weniger eine Frage des Zweifels als eine des Offenhaltens. Offenhalten, damit etwas einströmen kann. An einer Stelle sagt er: »was ich glaube, ist ganz unverstanden«.

Hören wir noch einmal seine schönen Jamben: »Du bist die Aussicht und du bist das Auge, / das über Auenland und Sümpfe streift, / ein Weg, der nicht zu gehen ist: Der Taube / hört nicht den Wind und folgt den Gräsern, greift // in Wurzelbüschel, und er fühlt sich reich. / Du bist der andere und bist derselbe. / Du bist das grüne Blatt und bist das gelbe. / Du bist, der bleibt, und der, der immer weicht.«

Das ist glaubhafte poetische Gottesansprache, diskret und verhalten. Der Sprechende spricht nicht nur als Suchender, auch als Findender. Das ist mehr als ein Zwiegespräch der Null-Theologie mit dem ewig abwesenden Gott. Aus reiner Negativität keimt keine Poesie. Die Verse suchen Anfängliches, Werdendes, Ungesagtes, den aufscheinenden Ursprung. Und sie finden Anklänge, Resonanzen, Spuren der Wahrnehmung und der Erinnerung.

Lehnerts dichterische Hinwendung zum Ursprünglichen hat einen zeitdiagnostischen Hintergrund. Er teilt George Steiners Auffassung, dass wir in einer Spätzeit leben, dass unsere Epoche nicht nur Defizite an Vergangenheit, sondern erstmals auch ein Defizit an Zukunft hat. Wir sind müde geworden. Es herrscht Erwartungslosigkeit. Steiners Lagebeurteilung gipfelt in dem Satz: »Wir haben keine Anfänge mehr.« Lehnerts Dichtung versucht, dieser Lage zu entkommen. Ursprung ist das Ziel. Ursprung als Offenheit. Die Welt und sich selbst zurück in die Offenheit stellen. An den Rand der Welt, in die Fremde, in die Ferne. Dorthin, wo der Mensch als Welthersteller, als Homo faber, nicht zugegen ist. Wo er aus der Gefangenschaft des Machens heraustritt. Wo die Welt ihre Werkstattgestalt, die Signatur der Arbeit und der Wissenschaft, verliert und sich zurückbiegt in die Schöpfungsfrühe, in den Anfang ihres Werdens, in die Gottesnähe. Und so auch in den Anfang aller Sprache. Sich von den ausgelaugten Worten befreien, von den eingewohnten Vorstellungen, von den petrifizierten Begriffen, von den routinierten Abstraktionen, von den verbrauchten Bildern, von den gealterten Gedanken.

Hinaus ins Offene, zurück in die Verjüngung, voraus in die Transzendenz!

Dem Offenen frei begegnen kann nur der, der selber offen ist. Dessen Ich unfest ist, liquide, dezentriert, unsicher, ja schwankend. Über einen seiner Zyklen hat Christian Lehnert einen Zweizeiler aus Angelus Silesius' »Cherubinischem Wandersmann« gesetzt: »Ich weiß nicht, was ich bin; ich bin nicht, was ich weiß; / Ein Ding und nit ein Ding, ein Stüpfchen und ein Kreis.« Dasselbe könnte auch seine Sprache, sein Sprechen von sich sagen. Das ist ja das Phänomenale am poetischen und am religiösen Erleben, dass es uns Momente verschafft, in denen nicht wir sprechen, sondern in denen wir gleichsam von anderen gesprochen werden. Wir verlieren unser Ich, werden ganz und gar durchlässig, werden Medium. Der große russische Theologe Pawel Florenski hat einmal gesagt, die Religion sei die Künstlerin der Errettung. Sie errette uns vor uns selbst. Was aber bedeutet das? Es gibt eine Antwort darauf, sie kommt aus Australien, vom katholischen Dichter Les Murray. Er hat sie in seinem Gedicht »Der Sinn der Existenz« gegeben: »Alles außer der Sprache / kennt den Sinn der Existenz. / Planeten, Bäume, Flüsse, Zeit / kennen weiter nichts. Sie offenbaren ihn / in jedem Augenblick als das Universum. // Selbst dieser närrische Körper / lebt ihn zum Teil, und hätte / in ihm seine volle Würde, / wäre da nicht die unwissende Freiheit / meines sprechenden Geistes.« The ignorant freedom of my talking mind.

Christian Lehnert ist ein Wahlverwandter dieses Dichters. Auch er könnte sagen: Meine Verse kommen aus der unwissenden Freiheit meines sprechenden Geistes. So ist das mit dem poetischen Gesang, alles ist offen, alles kann geschehen.

Bote des Lichts. Zeuge der Dunkelheit
Laudatio zum Eichendorff-Preis 2013
auf Ulrich Schacht

Ulrich Schacht gehört zu den lichthungrigsten, lichtseligsten Dichtern, die ich kenne. Wenn ich nur *ein* Wort für ihn und sein Werk hätte, müsste es lauten: Bote des Lichts. Er hat die sichtbare und unsichtbare Helligkeit der Welt überall bezeugt, er hat sie überall besungen.

Hören wir aus dem Band *Bell Island im Eismeer* das Gedicht »Symmetrien. Fragmente V«:

> Die Länder auf die Sonne fällt sind voller
> Licht. Das Eis ist eine Winterwelt, darin
> zerbricht das Spiel aus Tag und Nacht in
> angemessne Teile: Die wir durchqueren ohne
> kalte Eile nur große Not begleitet uns hier
> immer. Sie ist vom Sonnenlicht der Rest: Ein
> Schimmer der übers Eis fällt. Blauer dunkler
> Schein. Am Horizont erwartet uns der Stein,
> letztes Gelände, Muster, tiefe Risse. Rest Licht
> Verlust. Das sichre Ungewisse

Die Not, von der hier die Rede ist, ist die der Kälte und der Kargheit, die der Entbehrungen, der Armut derer, die nahe am Polarkreis leben. Es sind Menschen, die *unsere* Not, diejenige, die Heidegger die »Not der Notlosigkeit« nannte, nicht kennen, jene Not, die so oft unser Bewusstsein trübt oder zu Bocksprüngen der Verirrung und Verwirrung verführt. Das Denken im hohen Norden, im Reich der Mitternachtssonne, ist naturhaft geerdet, man lebt hier mit der Brandung des Meeres im Ohr und mit der Brandung des Lichts in den Augen. Man lebt in Treue zum Sein, in Nachbarschaft zu einer unergründlichen Schönheit. Einem seiner Eismeer-Essays hat Ulrich Schacht einen Satz von Roger Caillois als Motto vorangestellt. Er lautet:

»Vielleicht gibt es kein verlässlicheres Vorbild für unergründliche Schönheit als die aus großen Bitternissen aufgetauchten Gestaltungen.«

In Schachts literarischen Texten begegnet uns das Licht nicht nur in Versen, es gibt sich auch in großartigen Prosasätzen kund. Hören wir:

»Eben war noch alles da, prachtvoll und unübersehbar: Das sattgrüne Gras an den Steilhängen aus Tuff und Basalt, die bunte Handvoll Häuser auf der gegenüberliegenden Insel, das ›wirkliche Blau‹ des Wassers im Fjord, das ›wirkliche Blau‹ des Himmels darüber – weit und von keiner Wolke getrübt. Kaum fünf Minuten später gibt es dieses Bild nicht mehr. Vor unseren Augen ist – in zahllosen Graden heranstürmender Verschattung – eine farbenprächtige Landschaft aufgelöst worden ins schier Unmögliche: In Nuancen des Schwarz, das alle Details, Farben und Formen der alten Konstellation und ihrer Kontur vernichtet und zugleich als Material für die sekundenschnelle Errichtung der Kulissen eines gigantischen Schattenrisstheaters nutzt. Doch der Höhepunkt des Schau-Spiels kommt erst noch: Kaum ist die Materie verwandelt und neu formiert, schießt – wie am ersten Schöpfungstag – Licht in die Aufführung. Degenschmal und florettscharf jagt es – aus dem Dunkel kommend, im Dunkeln verschwindend – vom vermuteten Himmel ins vermutete Wasser, um wenig später genauso urplötzlich die Szene horizontal aufzuschneiden. Für endlose Augen-Blicke trennt die Lichtklinge nun Himmel und Erde, schweben die Elemente haarscharf übereinander. Es gibt kein Gesetz mehr, sagt das Bild. Es gibt ein Gesetz!«

Den Augenblick, der hier zu Buche schlägt, hat Ulrich Schacht Ende der achtziger Jahre auf den Färöer-Inseln erlebt, im Nordatlantik, in der Mitte zwischen Schottland und Island gelegen. Auch dort leben Menschen. Zum Beispiel in Skarvanes, einem Dorf auf der Insel Sandoy, das heute nur noch fünf Einwohner hat. Damals, im November 1988, als der Autor seine Verse über den Ort schrieb, waren es noch ein paar mehr.

Hören wir das Gedicht »Skarvanes«, es steht in dem Band
Lanzen im Eis (1990):

> Das Dorf hat
> fünf Häuser drei
> Fenster die Schule
> in drei schwarzen
> Bänken sitzen
> die Schüler
> sie lesen
>
> das
> Meer den
> Himmel die
> Inseln sie zählen
> die Stürme die
> Nebel die
> Wolken
>
> umblättern mit
> Augen drei gläserne
> Seiten gebunden
> in Licht in
>
> Finsternis
> Schweigen. Sie
> lesen das Buch bis
> ans Ende des
> Lebens.

Wem das alles zum Beweis, dass der Lyriker Schacht ein unermüdlicher Bote des Lichts ist, nicht reicht, der höre noch ein Gedicht. Es enthält Verse, über die wir mit dem Dichter Gerard Manley Hopkins sagen können: »Poems are songs«, »Poetry is music«. Sie entstammen dem Zyklus »In Kroken, Skåne«:

Die Sonne ist
verschwunden von ferne
Hundsgebell der Tag trug keine
Wunden er war nur warm und
hell, bis in die letzten
Stunden gab er den Blüten
Licht. Was hat ihn überwunden, ich
weiß und weiß es nicht. Der Wein ist
ausgetrunken die Katzen liegen
stumm die Sonne ist
gesunken die Schatten drehn sich
um. Die Welt verliert die
Farben: ganz leicht ganz sanft ganz
sacht. Doch wie sie auch
verdarben, es dauert
nur die Nacht

Hier sind wir schon etwas südlicher, aber immer noch im Norden, in Südschweden nämlich, am Öresund, in der Provinz Schonen, in der Nähe von Förslöv, wo Ulrich Schacht seit 1998 wohnt und von seinem falunroten Haus aus einen freien Blick über Wiesen und Hänge bis weit hinaus auf das Kattegat hat.

Das Licht, das uns in seinen Gedichten begegnet, ist nördliches Licht, ein aus hohen Himmeln kommendes und von großen Wassern gespiegeltes, aus Wolkengebirgen niederbrechendes und von Felswänden zurückgeworfenes Licht. Manchmal leuchtet es strahlend hell und von weit her, manchmal geisterhaft helldunkel und bedrohlich nah, manchmal metaphysisch abgründig und geheimnisvoll. Fast alle Schacht-Gedichte sind Zwiesprache mit der rätselhaften Lichthaftigkeit der Welt. Und manchmal sind sie auch ein Fragen nach den letzten Dingen, nach Anfang und Ende, nach Leben und Tod, nach Gottesliebe und Erlösung. Simone Weil sprach einmal von der einzig richtigen Methode der Kunstbetrachtung: nämlich Bilder so lange ansehen, bis das Licht aus ihnen hervorbricht. Vielleicht gilt das auch für Gedichte.

Was aber tun, wenn Dunkelheit herrscht, Nacht, im buchstäblichen wie im übertragenen Sinn? Hören wir ein Gedicht aus Schachts erstem, 1981 erschienenem Band *Traumgefahr*. Es heißt »Ferner Morgen«.

Ferner Morgen, von dem
ich träumte: Seine Weite
wird ungeheuer sein. Wir werden
gehen können –
aufrecht und im Licht.

Das Wasser aller Bäche Flüsse Seen:
durchschaubar
bis auf den Grund,
wo der Tag
die Leiber der Fische
versilbert. –

Und auch seine Klarheit wird uns gehören.
Wir werden sehen können
alle Farben dieser Stunde:
das Schwarz
schattenspendender Felsen,
das Rot
einer behutsamen Sonne,
das Gelb
getreidebestandener Ebenen.

Und bald darauf
werden wir Höfe betreten, vertraute
Häuser, darin wir zuvor niemals waren –
werden Brot und Salz finden
auf dem Tisch und Wein in geschliffenen Gläsern:
DENN DA SIND MENSCHEN,
die uns erwarten,

sind Stimmen, die singen –
und ein Tanzen wird uns ergreifen
– so frei –
dass wir vergessen

die Nacht die Nacht
vor diesem
Morgen.

Dieses Gedicht ist nicht en plein air entstanden, nicht unter freiem Himmel. Es ist geschrieben in einer dunklen Stunde in einem engen Raum. Es steht in einem Kapitel, dessen Überschrift lautet: »Gekreuztes Eisen«.

Über dem Klavier in meinem Arbeitszimmer in Berlin hängt ein Bild des Malers Hans Brass von 1946. Ein Hochformat, Öl auf Leinen, 70 × 110 cm, schwarz gerahmt. Es zeigt einen Mann in hellblauer Hose und mit freiem Oberkörper, er sitzt, leicht verdreht und ohne sich anzulehnen, auf einer Holzpritsche, die Hände auf dem rechten Oberschenkel übereinandergelegt. Auf der Pritsche ein Stück Brot und ein Trinkbecher, mit dunkler Flüssigkeit gefüllt, darin ein Löffel, dessen Laffe nach oben zeigt. Der Raum eng, die Wände kahl, in grünlich weißes Licht getaucht. Oben links ein vergittertes Fenster, *gekreuztes Eisen*, durch das mit scharfer Kontur ein Lichtstrahl fällt, der die Gestalt des Mannes förmlich durchflutet, ihn hell und durchsichtig erscheinen lässt. Der Mann wirkt nicht gebrochen, nicht zerknirscht. Die Szene hat nichts Deprimierendes. Das Bild heißt »Der Gefangene«.

Schon oft habe ich dieses Gemälde betrachtet, mein Vater hat es mir vererbt. Er kannte den Maler und hat ihm nach dem Krieg die erste große Ausstellung im Schweriner Museum verschafft. Mein Vater sagte immer, das Bild müsste eigentlich »Deutschland 1945« heißen. Ich selbst habe es jedoch weniger als geschichtliches, denn als existenzielles Symbol gesehen. Ich habe immer gedacht: Ein jeder Mensch, auch der, der nie in Haft war, kennt das Gefangensein. Wir alle sind in irgendetwas gefangen, unfrei in irgendeinem Punkte, und sehnen uns, daraus befreit zu werden.

Doch jetzt sehe ich es anders. Ich sehe einen Mann auf dem Bild, eingesperrt und abgemagert, einen Mann, der die Dunkelheit kennt, der ihr Zeuge ist, in ihr jedoch das Licht erlebt, das Licht in sich, ich sehe einen Mann, der Kraft hat und Stärke.

Die meisten Menschen besitzen entweder Kraft oder Stärke, wenn überhaupt. Kraft ist das Vermögen zu schaffen und zu wirken, Stärke das Vermögen zu widerstehen. Ulrich Schacht gehört zu denen, die beides besitzen, Kraft und Stärke. Und die brauchte er auch.

Denn er ist nicht nur im Gefängnis zur Welt gekommen, im Frauengefängnis Hoheneck in Sachsen, wo seine Mutter, Wendelgard Schacht, hochschwanger, inhaftiert war. Sie hatte 1949 im mecklenburgischen Wismar einen jungen Leutnant der Roten Armee, dessen Eltern und Geschwister bei der Belagerung Leningrads durch die Deutschen ums Leben gekommen waren, kennen und lieben gelernt. Sie wollten für immer zusammenbleiben. Ein Kind war unterwegs. Sie stellten einen Antrag auf Vermählung, der durch die zuständigen Militärbehörden jedoch abgelehnt und mit der Abkommandierung des Offiziers in die Heimat beantwortet wurde. Angesichts dieser Tatsache entschlossen sich die beiden zur Flucht nach Westdeutschland. Das Vorhaben wurde verraten. Was folgte, waren Verhaftung und Verurteilung. Wendelgard Schacht erhielt zehn Jahre Arbeitslager, wegen »Verleitung zum Landeshochverrat«. Das Kind, ihr Sohn Ulrich, wurde im Gefängnis geboren und ihr nach zwölf Wochen heimlich und gegen ihren Willen weggenommen. Er kam zur Großmutter und zu Pflegeeltern nach Wismar und hat seine Mutter erst dreieinhalb Jahre später wiedergesehen. Nach Stalins Tod 1954 wurde sie amnestiert und kehrte zur Familie zurück.

Doch das war nur Kapitel eins im Leben des Gefangenen Ulrich Schacht. Denn zwanzig Jahre später wurde er in Schwerin wegen »staatsfeindlicher Hetze« zu sieben Jahren Zuchthaus verurteilt. In dem 1984 geschriebenen Essay *Gewissen ist Macht. Motive meines politischen Widerstandes in der DDR* ist zu lesen:

»Als ich am 29. März 1973 gegen 6 Uhr 30 von acht Mitarbeitern des Ministeriums für Staatssicherheit der DDR in meiner Wismarer Wohnung festgenommen wurde, überraschte mich dieses Ereignis mit geradezu elementarer Gewalt, obwohl ich mich doch schon lange darauf vorbereitet hatte: In Sekunden schien ich mich in zwei Wesen zu verwandeln: Das eine sah – vollkommen erstarrt – von außen her, was dem anderen, dem Lippen, Arme und Beine zitterten, geschah. Ich habe an diesem Morgen einen Frost in mir gespürt wie nie zuvor in meinem Leben – und dennoch: Etwas fehlte: die Angst, die bereuen lässt und einen erniedrigt, bevor die bewusste Erniedrigung durch die anderen beginnt. Dass genau diese Angst fehlte, hing mit meinem Bewusstsein zusammen: nichts getan zu haben, wofür ich mich hätte schämen müssen. Im Gegenteil: Ich wusste, kristallklar in dieser Stunde, dass das, was jetzt an mir und mit mir passierte, kommen musste, weil es die logische Konsequenz meines politischen Handelns war: Ich hatte, über Jahre hinweg, geistigen, also gewaltfreien Widerstand gegen ein geistfeindliches, gewaltvolles Regime geleistet.«

Ulrich Schacht hat in seinem 2011 erschienenen Buch *Vereister Sommer*, einer berührenden Erzählung über die Suche nach seinem russischen Vater, über das am Ende geglückte Sich-Finden von Vater und Sohn, auch vom Prozess in Schwerin erzählt, in dem er verurteilt wurde, und von dem Schlusswort, das er vor Gericht gesprochen hat. Der erste Satz lautete: »Dieser Prozess gegen mich hat im Grunde nichts anderes bewiesen, als dass ich mir im Laufe einer Reihe von Jahren eine *eigene* politische Überzeugung – humanistischen Charakters – erarbeitet und diese engagiert vertreten habe.« Und die letzten Sätze hießen: »Das beweist, dass dieser Prozess und meine kommende Verurteilung eine erneute schwerwiegende Verletzung der

Menschenrechte in der DDR darstellen, gegen die ich auch in Zukunft Stellung nehmen werde. Nichts wird mich daran hindern. Und mit der gleichen Entschlossenheit werde ich am kommenden Donnerstag Ihr ungerechtfertigtes Urteil zur Kenntnis nehmen – bereit, es zu tragen und seine Folgen durchzustehen.«

So machte der junge Ulrich Schacht aus der Szene, die ein Tribunal war gegen ihn, eine Szene, die zum Tribunal gegen seine Ankläger wurde, eine Szene seiner Tapferkeit, einer protestantischen Tapferkeit, einer Tapferkeit nicht nur des Standhaltens, sondern auch des Angreifens. Ich weiß nicht, ob er zu jener Zeit – er schrieb ja bereits Verse – schon Eichendorff las, den Dichter, in dessen Namen wir ihn nun ehren. Denn Eichendorff hat ein Sonett geschrieben, das der Angeklagte, wäre es ihm geläufig gewesen, gut in sein Schlusswort hätte aufnehmen können. Es heißt »Mahnung« und geht so:

Genug gemeistert nun die Weltgeschichte!
Die Sterne, die durch alle Zeiten tagen,
Ihr wolltet sie mit frecher Hand zerschlagen,
Und jeder leuchten mit dem eignen Lichte.

Doch unaufhaltsam rucken die Gewichte,
Von selbst die Glocken von den Türmen schlagen,
Der alte Zeiger, ohne euch zu fragen,
Weist flammend auf die Stunde der Gerichte.

O stille Schauer, wunderbares Schweigen,
Wenn heimlich flüsternd sich die Wälder neigen,
Die Täler alle geisterbleich versanken,

Und in Gewittern von den Bergesspitzen
Der Herr die Weltgeschichte schreibt mit Blitzen –
Denn seine sind nicht euere Gedanken.

Was für ein großartiges Gedicht. Und nicht nur das. Es gibt uns – egal ob Ulrich Schacht, der Eichendorff-Preisträger des Jahres 2013, das Gedicht kennt oder nicht – auch einen Hinweis auf die Quelle, aus der sie beide Kraft und Stärke schöpften.

Und damit sind wir bei der Theologie. Bei einem wie Schacht geht es nicht ohne sie. Es war von ihr ja schon die Rede, doch nur inkognito und implizit, gleich zu Anfang nämlich, bei der Natur, beim Licht. Denn was ist das Lichtkleid der Natur für einen Pantheisten anderes als ein Analogon zum Lichtkleid Gottes? Und sind nicht alle Dichter Pantheisten? Wer mit den Bäumen spricht, den Steinen, den Wolken, dem Meer, der spricht mit der Seele der Natur.

Bei Ulrich Schacht aber geht die Sache weit darüber hinaus. Er ist bekennender Christ. Das Petrus-Wort »Man muss Gott mehr gehorchen als den Menschen« war eine Glaubensquelle seines Widerstands in der prometheusfrommen DDR. Und auch eine Quelle seiner Kritik an der evangelischen Kirche in Ost wie West. Gemeint war, was er – mit einem Wort von Altbischof Wolfgang Huber – die Selbstsäkularisierung der Kirche nennt. Schacht beließ es in diesem Punkte nicht beim Reden und Schreiben. 1987 gründete er eine protestantische Bruderschaft. Er wollte damit seiner Kirche helfen, wieder zu altem Glanz und alter Festlichkeit zu gelangen. Der St. Georgs-Orden, dem er als Großkomtur vorsteht, begreift sich in engem Bezug auf Luther und Bonhoeffer. Für Schacht war vor allem *ein* Wort von Bonhoeffer wichtig, der Theologe hat es 1943 im Tegeler Gefängnis niedergeschrieben und es lautet: »Ich glaube, dass Gott uns in jeder Notlage soviel Widerstandskraft geben will, wie wir brauchen. Aber er gibt sie nicht im voraus, damit wir uns nicht auf uns selbst, sondern allein auf ihn verlassen.« Das Traditionsverständnis der St. Georgs-Bruderschaft reicht bis zum Deutschen Orden zurück. Das zu erwähnen ist jetzt angebracht, hat doch Eichendorff sich auch nach einer Glaubensform gesehnt, die mehr als nur Sache des Einzelnen ist, nach einer Religiosität, die erst in der Gemeinschaft volle, freudige

Wirklichkeit erlangt. In diesem Geiste hat er in seiner Danziger Zeit nach 1821 sich als Beamter mit der Wiederherstellung des Ordenshauses in Marienburg beschäftigt und sich auch als Dichter in Gestalt des Trauerspiels *Der letzte Held von Marienburg* dem Thema zugewandt. Das Drama vergegenwärtigt die Geschichte des Hofmeisters Heinrich von Plauen, in dessen Handeln der sinkende Geist des Ordens sich noch einmal zu alter Heldenkraft aufraffte, wenn auch vergebens.

Der schlesische Romantiker hat sich viel mit religiösen Fragen beschäftigt. Er hatte mannigfache Gründe, mit seiner Zeit und mit dem Zustand der Kirche unzufrieden zu sein. Ein Gedicht aus dem Jahr 1848 heißt »Das Schiff der Kirche«. Es geht so:

> Die alten Türme sah man längst schon wanken,
> Was unsre Väter fromm gebaut, errungen,
> Thron, Burg, Altar, es hat sie all' verschlungen
> Ein wilder Strom entfesselter Gedanken.
>
> Der wühlt sich breit und breiter ohne Schranken,
> Ein Meer, wo zornigbäumend aufgeschwungen
> Die trüben Fluten Fels um Fels bezwungen,
> Und alle Rettungsufer rings versanken.
>
> Doch drüberhin gewölbt ein Friedensbogen,
> Wohin nicht reichen die empörten Wogen,
> Und unter ihm ein Schiff dahingezogen,
>
> Das weiß nichts von der Wasser wüstem Branden,
> Das macht der Stürme Wirbeltanz zuschanden –
> O Herr, da lass uns alle selig landen!

Das sind schneidende Verse, nicht nur freundliches Waldesrauschen und lieblicher Lerchengesang. Eichendorff war keineswegs nur ein Mann von nazarenischer Milde, er hatte ein irascibles, schnell entrüstetes, hell aufflammendes Temperament, das ihn in seinem Leben sogar zweimal in Duelle verwickelte. Bei Ulrich Schacht, dem Heißsporn, dem Ungestümen und Reizbaren, dem, wie er selbst sagt, »norddeutschen Protestanten halbrussischer Abkunft«, liegen die Dinge ähnlich, ausgenommen die Duelle. Aber das Zeug dazu hätte auch er. Es gibt Punkte der Ehre, wo er, bei aller inzwischen erlernten Gelassenheit, bei allem Humor, nicht mit sich spaßen lässt. Das Gewissen gehört dazu, und auch die Widerwärtigkeit der Blasphemie. Und das nicht nur, weil er sich als kampfeslustiger Christ versteht, sondern auch weil er Philosoph ist. Philosoph sein heißt den Gott in der eigenen Brust vor Misshandlung und Schaden bewahren. So jedenfalls sah das Mark Aurel, und so sollte das ein jeder sehen.

Ulrich Schacht hat sich in den letzten Jahren nicht nur verstärkt Gedanken gemacht über die Notwendigkeit einer Rückkehr des Christentums als Normengarant im 21. Jahrhundert, er hat, gleich wie Eichendorff, auch über ein im Glauben geborgenes Künstlertum, über die Verwandtschaft von Religion und Poesie nachgedacht. Und nicht zuletzt über die Stellung Gottes in der Natur. Der schönste Gedanke, den ich in dieser Sache bei ihm fand, steht in den 2012 erschienenen Notaten *Über Schnee und Geschichte*. Unter dem Datum des 16. April 2010 ist dort zu lesen: »Die Natur ist die Tapetentür Gottes zur Welt: Der Raum *dahinter*, in dem er verschwindet, ist der Traum *davor*, in dem er erscheint.«

Wer das große Ganze der Natur, den freien Himmel und die schöne Erde, so zu sehen begabt ist, darf von sich sagen, er fühle sich aufgehoben in der Gnade Gottes, er fühle sich gesegnet. Der darf von sich sagen, dass er unfähig ist zur Heimatlosigkeit.

Sich selbst einen Platz auf der Welt schaffen
Erwin Strittmatters Tagebücher

Tagebücher gibt es viele – Reisetagebücher, Traumtagebücher, Liebestagebücher, Kriegstagebücher, Gedankentagebücher –, und das nicht nur von Schriftstellern. Das Tagebuch ist wie der Brief eine Art demokratische Gattung der Literatur, in der sich ein jeder nach Belieben üben darf, in der Männer und Frauen aller philosophischen und politischen Couleur, aller Sternzeichen, aller Charaktere, aller Temperamente, Junge wie Alte, Gesegnete wie Verfluchte, Könner wie Nichtskönner das Recht haben, sich unverhohlen über die Welt zu äußern.

Wann ist ein Tagebuch interessant? Einige werden sagen, wenn es Geheimnisse ausplaudert, Geständnisse ablegt, Sünden beichtet, Invektiven ausfaucht, andere werden sagen, wenn es schonungslos Buch führt über die bezahlten und unbezahlten Rechnungen des Lebens. Meine Antwort lautet: Ein Tagebuch ist interessant, wenn es von einem interessanten Menschen stammt. Wenn dieser Mensch eine starke, entschiedene, mitteilsame Persönlichkeit ist, wenn er originäre, primäre Vorstellungen von sich und der Welt hat.

Erwin Strittmatter hatte originäre und primäre Vorstellungen von sich und der Welt. Und er hatte zeitig einen ruhigen und festen Begriff von seiner Aufgabe. Schon als Kind kam ihm die Idee, Schriftsteller zu werden. Schon als Kind hat er begonnen, Aufzeichnungen zu machen. Mit dreizehn schrieb er seine erste Geschichte, eine Hundegeschichte, als er vierzehn war, wurde sie veröffentlicht. Sein ganzes Leben lang führte er Tagebuch. Sein Schreiben und Diktieren endete erst mit seinem Tod am 31. Januar 1994 in Schulzenhof bei Rheinsberg.

Strittmatter ist ein Dichter der Ländlichkeit, der bäuerlichen Häuslichkeit, ein kosmologischer Dörfler, der Erde verhaftet und dem Himmel zugewandt, in Kommunion mit dem Weltall, ein poetischer Zauberer mit erster Heimat in der Niederlausitz und zweiter im Ruppiner Land. Die Quelle seiner Künstlerschaft ist die aus der Kindheit stammende kraftvolle Ursprünglichkeit seines Welt- und Naturstaunens. Er hat bis ins hohe Alter davon nichts verloren. Es gibt nur wenige Schriftsteller in Deutschland, die auf so wundersame Weise von Pflanzen und Tieren, Wind und Wetter, Haus und Hof erzählen konnten. Hören wir, wie er über den Wind schreibt:

»Man muss lange in den Wäldern leben, bis man weiß, was der Wind je von einem will, wenn er raunt, wenn er flüstert, wenn er heult, wenn er kratzt und schabt, wenn er bläst, wenn er springt, wenn er pustet, wenn er Atem holt oder hoch oben geht, wenn er webt, wenn er küselt, wenn er wirbelt. Man muss die Instrumente kennen, die er benutzt, die Bäume, die Sträucher, die Gräser, das Wasser. Man muss mit Überraschungen rechnen, wenn er plötzlich verhält und schweigt. [...] Er kann aufbrausen wie ein Riese und dir abfordern, dass du gekrümmt gegen ihn angehen musst; er kann dir das Atmen verwehren und dich schlucken machen, er kann Gewalt entwickeln und dich hintreiben, wohin du nicht willst. Er kann dir den Hut entführen, dass du wie ein Aff hinter ihm her musst. Soeben führt er mir vor, wie er knacken und krachen kann, wenn er die Bäume so schüttelt, dass sie ihre Kronen gegeneinander schlagen wie kämpfende Hirsche ihre Geweihe.«

In solchen Sätzen steckt Strittmatters ganzes Können, die Musikalität des Satzbaus, der warmherzige Ton, die Poesie des Erzählens, der Humor, das bildhafte Sehen, die Begabung zur Metapher. Und dabei ist das nur der halbe Mann, es fehlen das Träumerische und das Närrische seiner Geschichten und Romane, die Fabulierlust, der Aktionskreis der kleinen Leute, die gewitzten Dialoge, die ländliche Ironie.

Apropos Ländlichkeit. Nicht selten hat man sie im Namen von Urbanität und Modernität unter Verdacht gestellt, und dieser Verdacht hatte einen Namen: Idylle, Heimatdichtung, bewaldetes Biedermeier, intellektuelle Dürftigkeit.

Auch Strittmatter ist so beargwöhnt worden, besonders vom Westen. Ob sein Werk die Zeiten überdauern wird? Wir können es nicht wissen. Ein Großteil der satirischen, parodistischen, ironischen und selbstironischen Anspielungen war ja auf den Kontext DDR bezogen, mit allem was auch ideologisch dazugehörte. Die sozialistische Ideenherrschaft aber ist seit langem ins Nichts entschwunden. Was also wird aus der Literatur der verlorenen Welt? Zuerst einmal muss daran erinnert werden, dass jegliche Fixierung aufs Politische den Blick einengt. Literatur bringt mehr zur Sprache als nur eine wie auch immer geartete Ansicht zur politischen und moralischen Ordnung der Dinge. Das Entscheidende am Kunstwerk überschreitet diese Perspektive, weil der Mensch selbst sie überschreitet. Literatur, die diesen Namen verdient, vergegenwärtigt Ewig-Menschliches, veranschaulicht Seinsbestimmungen, die unter allen Staatsformen fortbestehen: die unerschöpflichen Variationen der immer wieder neuen Erfahrung des Lebens, eines jeden Kindheit, Jugend, Reife, Macht, Ohnmacht, Hoffnung, Verzweiflung, Altern, Liebe, Krankheit, Tod und noch einiges mehr. »Die wahre Resonanz«, sagt der Philosoph Hans-Georg Gadamer, »ist die Unveränderlichkeit der menschlichen Natur und der Menschlichkeit inmitten aller Veränderungen«.

Strittmatters Werk hat gute Aussichten, nicht im Meer der Vergessenheit zu versinken. Und falls es doch einmal darin untertauchen sollte, wird es wieder auftauchen. Der Grund dafür liegt vor allem in seiner Poesie des Erzählens, in den vielen Facetten seiner agrarischen Welt, in seiner Philosophie des naturnahen Lebens in kleinen Ordnungen und des nachbarschaftlich gestützten Selbsthelfertums der Einzelnen. Das alles könnte vielleicht eines gar nicht allzu fernen Tages lebenspraktisch wieder aktuell werden.

Die Poesie des Erzählens ist eines der schwierigsten Kapitel der Ästhetik überhaupt. Niemand kann es einen lehren. Es muss ganz aus dem eigenen Erleben, dem eigenen Lebenskosmos kommen. Strittmatter brachte gute Voraussetzungen dafür mit. Zum einen die Herkunft aus dem bäuerlichen Milieu mit seinen Traditionen mündlicher Überlieferung, des ländlichen Idioms, der mühelos herbeizuzaubernden Geschichten, zum anderen die für diese Welt ganz und gar untypische Naturromantik eines sensiblen, melancholischen Einzelgängers. Strittmatter hat sich sein Leben lang darum bemüht, beides zu verbinden. Nicht immer gelang das überzeugend. Zu vieles in der Zeit und im Denken stand dem entgegen. Sein größter Widersacher in diesem Punkt war er selbst. Sein naiver politischer Optimismus, sein Vertrauen in die neue Ordnung, seine Bekehrungs- und Selbstbekehrungswütigkeit, seine an die große Vorwärtsbewegung geknüpfte Hoffnung – das alles hat literarisch nicht immer nur zum Vorteil gewirkt. Es gibt einen Vers von Volker Braun vom August 1990, der lautet: »Die Hoffnung lag im Weg wie eine Falle.«

In den Tagebüchern 1954 bis 1973 legt Strittmatter Zeugnis ab von so mancher Falle, in die er über die Jahre getappt ist. Aber natürlich ist er nicht nur in Fallen getappt. Er hat, durch alle Widerstände und Fährnisse hindurch, auch seinen Weg gefunden, und zwar einen Weg, der ans Ziel führte, ein Ziel, von dem viele träumen, das aber nur wenige erreichen, nämlich sich im Leben und im Geist einen eigenen, einen ureigenen Platz in der Welt zu erschaffen, praktisch und poetisch, als Landmann und als Dichter. Besonders das ist es, was an diesem schönen und reichen Buch so berührt.

Als Strittmatter das Tagebuch beginnt, ist er zweiundvierzig. Er lebt seit kurzem mit seiner dritten Frau Eva in Schulzenhof, einem Vorwerk von sieben Häusern, gelegen in einem sonnendurchfluteten, umwaldeten Wiesental nicht weit von Rheinsberg. Vieles liegt hinter ihm. Vieles liegt vor ihm. Hinter ihm liegen vor allem die Kriegsjahre 1941 bis 1945. Das Motiv taucht wiederholt in den Aufzeichnungen auf. Am 6. August 1963 während einer Reise nach Leningrad notiert er:

»Ich kann mich dem Ansturm der Kollektiv-Scham nur entziehen, wenn ich daran denke, dass den ganzen Krieg über keine Kugel meinen Gewehrlauf verließ. Auch muss ich hilfsweise daran denken, dass die Massengräber, die auf Stalins Konto kommen, nirgendwo gezeigt werden. Morde unter der eigenen russischen Bevölkerung. Die Bevölkerung aber musste es zulassen, bis der große Einzelmörder starb. Wer darf wem Vorwürfe machen?«

Es hat inzwischen eine große Diskussion gegeben über Strittmatters Kriegsdienst im Polizei-Bataillon 325. Ich kann diesen Punkt hier nicht ausführlich erörtern. Das geschieht übrigens in wünschenswerter Klarheit in der Strittmatter-Biografie von Annette Leo, die 2012 erschienen ist. Was ich sagen will, ist folgendes. Strittmatter hat nicht nur Schuld auf sich geladen, wie wohl alle deutschen Soldaten im zweiten Weltkrieg, er hat sie auch aus der Unruhe des Gewissens heraus vielfach reflektiert, in fiktiver und nichtfiktiver Form. Zugleich war die Scham darüber so groß, dass er verschiedene heikle Punkte seines Lebens nach 1945 auch vor engsten Familienangehörigen und Freunden verschwieg. So die Tatsache, dass er 1940 einen Aufnahmeantrag in die kurz zuvor gegründete Waffen-SS gestellt hatte, dass er gemustert und für tauglich befunden, aber nicht genommen wurde: die kriegswichtige, ihm verhasste Zellwolle AG Schwarza, in der er seit Oktober 1938 an hochgiftigen Rührbottichen arbeitete, stellte ihn nicht frei. Der Umstand wird in den Tagebüchern nicht erwähnt. Annette Leo teilt ihn in ihrer Biografie mit. Inzwischen hat Joachim Jahns herausgefunden, dass Strittmatter seine Freiwilligenmeldung kurze Zeit darauf widerrief, weil er nicht an die Front geschickt werden wollte.

Nicht nur diese Sache machte ihm später moralisch zu schaffen. Und so fiel sein Votum für den Kommunismus nach 1945 umso entschiedener, was ja auch heißt, umso unduldsamer aus. Das ging bis hin zur Bereitschaft, sich eine Zeitlang (1958–1961) als Informant des Ministeriums für Staatssicherheit einspannen zu lassen. Auch das wird im Tagebuch nicht verzeichnet.

Der Zusammenhang von Mitläufertum vor 1945 und kommunistischer Parteinahme nach 1945 ist nicht nur bei Strittmatter evident; hier liegt ein Schlüssel zum Verständnis der DDR und ihrer inneren Unfreiheit. Die Generation, die den Aufbau des neuen Staates ins Werk setzte, war mehrheitlich in einem schlechten Gewissen und einer damit verbundenen Angst gefangen, einer Angst, die tief saß und die man sich nicht eingestand. Viele waren mitschuldig geworden und wollten wiedergutmachen, traten in die Partei ein und wagten es nicht, den auf die Sowjetunion schwörenden Emigranten bzw. Widerständlern zu widersprechen. Strittmatter hat das Dilemma von Schulddruck und Feigheit als einer der ersten gesehen. Und nicht nur das. Im Eintrag vom 4. Oktober 1968 ist unter der Überschrift »Anfrage« zu lesen:

»Ihr lehrtet uns die Unmenschlichkeit des Faschismus begreifen. Ihr führtet uns vor Augen, was für Grausamkeiten wir mit Konzentrationslagern und dem Töten und Totquälen politischer Gegner durch unser Schweigen und durch Mangel an Aufbegehren duldeten. Wir sahen ein und waren den Genossen Lehrern, die ihr schicktet, uns einsehend und einsichtig zu machen, dankbar. Wir wirkten von Stund an in eurem Sinne. Als wir uns nach einiger Zeit nach unseren Genossen Lehrern erkundigten, hieß es, sie seien in einem Lager, hieß es, sie hätten sich bei uns mit euch nicht genehmen Gedanken infiziert. Was sollen wir denken? Werdet ihr sie auch töten, unsere damaligen Lehrer? Ihr seid nicht ungeübt darin, wie wir inzwischen erfuhren. Was sollen wir von euch denken, da ihr nicht politische Gegner umbrachtet, sondern gute und beste Genossen. Seid ihr da nicht im Inhumanen über die hinausgegangen, die ihr uns hassen lehrtet?«

Strittmatter hat diesen Punkt auch später immer wieder berührt. Besonders hat ihn das Prekäre der geistigen Situation bedrückt. Unter dem Datum des 8. April 1978 (nachzulesen in *Die Lage in den Lüften*) notierte er:

»Der Roman (gemeint ist *Wundertäter III* – S. K.) ist abgegeben, aber ich gehe umher wie ein Mörder, der bangt, dass man seine Tat bald entdecken wird. Kann es soweit kommen, dass ein Mensch fürchtet, zur Rechenschaft gezogen zu werden, wenn er aufschreibt, was er in seiner Umgebung und in seiner Gesellschaft, in der er lebt, durchschaute und erkannte? Das ist so, weil ich bereits in der zweiten Diktatur lebe und weil in beiden Diktaturen (auch in der zweiten, von der ich etwas erhoffte) nach dem Grundsatz gehandelt wird: Wer nicht für uns ist, ist gegen uns, und wer uns kritisiert, ist ein Abgesandter des Feindes. Ob Rechts-, ob Links-Diktatur, in beiden wird der Geist vergewaltigt. In der einen wird der anderen vorgeworfen, dass sie den Menschengeist knechtet, und umgekehrt. Wie kann ein denkender Mensch das gutheißen? Er heißt es nicht gut, doch allmählich bildet sich in ihm das Gefühl heraus, ein Ketzer, ein Verbrecher zu sein. Er ist allein, und derer, die der Diktatur lobsingen, sind viele.«

Kein anderer DDR-Schriftsteller hat um diese Zeit so klare, so entschiedene Worte zu Papier gebracht. Das Tagebuch bietet lehrreiche Innenansichten der zweiten deutschen Diktatur. Es fehlt nicht an harten Worten über den »mittelalterlichen Stalinismus« und »die finsteren Labyrinthe der Politik«. 1972 fragt er sich, ob er nicht aus der Partei austreten sollte, verwirft jedoch den Gedanken. Von den Dissidenten hält er sich fern, seine Loyalität zur DDR kündigt er nicht auf. Aber innerlich zieht er sich mehr und mehr vom Marxismus und der in seinem Namen vollzogenen Vereinnahmung des öffentlichen Bewusstseins zurück.

Seine Erfahrungen mit der DDR, mit der Partei, mit dem Schriftstellerverband haben am Ende dazu geführt, dass er sich generell von allem Politischen verabschiedete. Er fand wieder zurück in philosophische Gefilde, die er schon in seiner Jugend durchstreift hatte, zu den Mystikern, zu Thoreau, zu Emerson, zu Schopenhauer, zu Buddha und Laotse. Das alles vertrug sich besser mit seiner Hirtennatur, seiner Landschaftsliebe, seiner Garten-, Hof- und Wiesenseele, seiner ganzen naturpoetischen Existenz. Er hätte mit Stendhal sagen können: »Die Politik ist ein Mühlstein am Hals der Literatur.«

Das hat ihm nach seinem Tod den Vorwurf des »doppelten Konvertiten« eingetragen. Erste Konversion: vom Nazi-Mitläufer zum engagierten Kommunisten. Zweite Konversion: vom engagierten Kommunisten zum entpolitisierten Fatalisten. Die Formel stammt von dem 2012 verstorbenen Germanisten Dieter Schlenstedt. In einer öffentlichen Diskussion zur Militärbiografie Strittmatters sagte er im Frühjahr 2009, der Autor sei nach seiner zweiten Kehrtwende davon ausgegangen, dass die Welt nicht veränderbar sei und die Weisheit darin bestehe, sich nicht einzumischen. Auf diese Weise habe er »die Verantwortungslosigkeit zu einer Tugend erklärt«.

Wofür ist ein Schriftsteller verantwortlich, möchte man da fragen. Der Bescheid hängt davon ab, wie man auf ein paar andere, tiefergehende Fragen antwortet. Sie könnten lauten: Wie bist du gemeint? Wofür willst du Zeuge sein? Wie bereitest du dich dafür? Strittmatter hat in seinem Leben die Erfahrung gemacht, dass ideologische Leidenschaft und politisches Streiten ihn von sich selbst entfremden, ihn von den Quellen abschneiden, aus denen sich seine Schöpferkraft speist. 1993 sagte er: »Ich bin in Wirklichkeit ein apolitischer Mensch. Aber da war die große Schuld, der Wiedergutmachungszwang gegenüber der Sowjetunion. Ich habe mich der Sache vertrauensvoll angeschlossen und bin eine Weile in die Politik hineingerutscht. In Wirklichkeit bin ich apolitisch, ein poetischer Mensch.«

Wie er gemeint war, das entzifferte sich ihm in den unerschöpflichen Geschichten seiner Kindheit und Jugend, in den Lebensverstrickungen der träumerischen, fantasiebegabten Helden seiner Romane, den Sonderlingen Ole Bienkopp, Stanislaus Büdner und Esau Matt, im gelegentlichen Ausleben seiner zirzensischen Neigungen und in der Liebe zur Natur.

Wie in Jules Renards berühmtem Tagebuch die Naturstücke – »Histoires naturelles« – die Juwelen sind, so in Strittmatters Diarium die Tier- und Landschaftsschilderungen. Hier ist der Autor ganz in seinem Element. Überall eindrucksvolle Beschreibungen der ihn umgebenden, tragenden, heilenden, tröstenden und immer erfreuenden Natur. Und auch die Schilderung des eigenen, für ihn selbst wie für andere schwierigen Naturells, seiner Schwermut, seiner Launen, seines Jähzorns beeindruckt.

Dagegen half nur eins: das Reiten. Es war die Leidenschaft seines Lebens. Es gibt eine kleine Erzählung, darin spricht er von einem seiner Pferde:

»Ich wusste, wie schwer es mir fallen würde, mich vom arabischen Hengst Galba ben Afas zu trennen. Mit ihm war ich viele Tausende Kilometer durch Wälder und Felder geritten. Er war auf mich und ich auf ihn eingestellt. Er ging mit mir auf schmalen Stegen durchs Moor. Ich redete sanft mit ihm, und er war willig, ich war so etwas wie sein älterer Bruder. Wenn er an einer Maschine, die er für ein Gespenst hielt, zum Beispiel einem Mähdrescher, oder an einem Waldfeuer stutzte und zwei Schritte rückwärts tat, so brauchte ich meine Stimme nur ein wenig zu steigern, und er ging, wenn auch wachsam, an Gespenstern und Rauch vorbei.

Den arabischen Pferden, deren Vorfahren aus den Wüsten Nordafrikas kamen, ist die Wasserscheu eingeboren. Man muss ihr Vertrauen haben, viel Überredungskunst aufwenden, muss in Gummistiefeln vorweg waten, wenn man ihnen nach großen Gewitterregen im Sommer die Ungefährlichkeit der Pfützen erklärt. Ich wollte, dass Galba auch in unsere Seen gehe. Es wäre da ein leichtes gewesen, ihn zu waschen. Ich verbrauchte viele sanfte Worte und Hartbrotbrocken, bis er den ersten Schritt in einen See hinein tat; erst mit der Vorderhand, dann mit der Hinterhand, schließlich der ganze Kerl, die beiden Keile, denn ich saß auf dem Hengst, er trug mich, und er war im Wasser bis an die Vorderfuß-Wurzel-Gelenke, und soweit ich deuten konnte, schien er an der Kneippkur Gefallen zu finden.

Ich gab ihm die Zügel hin, und er ertastete und fand mit den Hufen, wo der Seegrund fest genug war, sich und mich am Seerand entlang zu tragen. Das Schilf raschelte, und die Steigbügel klangen von seiner Berührung wie Glasglöckchen an Weihnachtsbäumen. Es gab Stellen, da schlug das Schilf über mir zusammen, und wenn es auf den Herbst zuging, schlug es mich mit seinen braunen Kolben. Die Drosselrohrsänger protestierten, und oft zuckten wir beide zusammen, wenn

Stockenten vor uns aufflogen. Wolkenbäusche spiegelten sich im Wasser, und das Wasser war blau und wie ein zweiter Himmel, und weiter draußen fuhren Schwäne dahin, und ich fiel in einen Sommerrausch und hielt die Schwäne, die über die gespiegelten Wolken glitten, für Getier des Himmels, und alle Dinge des Himmels und der Erde waren aus dem gleichen Stoff und unterschieden sich nur in ihrer Dichte voneinander.«

Das letzte Buch, das er schrieb, heißt »Vor der Verwandlung«. Es ist das einzige, das von dem Ort handelt, an dem er vierzig Jahre lang arbeitete und lebte und an dem die meisten seiner Bücher entstanden. Im April 1973 notiert er im Tagebuch: »Alles was wir sind, sind wir aus unserem Winkel Schulzenhof heraus.«

Ich habe im August 2009 das Anwesen noch mit eigenen Augen gesehen, ich sah das weiße isländische Pony vor dem Pferdestall stehen, es hatte seinen treuen Herrn schon sechzehn Jahre überlebt. Es war wie mit der Schildkröte von Ernst Jünger, die auch noch lange nach dessen Tod im Geräteschuppen des Hausgartens in Wilflingen weiterlebte. Apropos Ernst Jünger. Ich weiß nicht, wie Strittmatter über ihn dachte, im Tagebuch wird er nur einmal erwähnt. Wie vieles sie auch unterscheiden mag, in einem waren sie verwandt. Was dem einen das Käfersammeln, war dem andern die Pferdezucht. Und noch etwas war ihnen gemeinsam, das Tagebuchschreiben und die ländliche Existenz. Ja, und auch reiten konnten sie beide. Am 27. September 1956 notiert Strittmatter: »Reiten verleiht ein Gefühl von Sieghaftigkeit«. Und am 19. August 1964 heißt es: »Im Reitrhythmus ordnet sich die Verfassung. Die kleinlichen Gedanken werden aus dem Hirn geschüttelt. Reiten erhöht; nicht nur um den einen Meter Pferdeleib. Man muss viel mehr Jagd auf kleine und kleinliche Gedanken machen. Sie unter die Pferdehufe stampfen lassen!«

Das sollten wir uns gesagt sein lassen. Jeder lerne reiten, der es noch nicht kann, auch wenn er schon sechzig ist. Strittmatter hat mit sechzig noch schwimmen gelernt. Und zwar in dem

See, durch den er so oft mit Galba ben Afas geritten ist. Er hat überhaupt, wie es sich für einen Autodidakten gehört, bis an sein Lebensende gelernt. Was er gelernt hat? Ich würde sagen: gerechtes Anschauen, gerechtes Erzählen, nach und nach. Das, was auch wir zu lernen hätten, wenn wir über ihn schreiben.

Vom Unheil des Erkennens
Hartmut Langes erster Novellenband

Wer einen geistigen Zusammenbruch wie den Nietzsches 1889 in Turin uns mit solcher Vorstellungskraft vor Augen führen kann, wer den Doppelselbstmord von Henriette Vogel und Heinrich von Kleist im November 1811 am Kleinen Wannsee bei Berlin mit solch seelischer Resonanz zu schildern vermag, wer das tragische Ende des vergessenen jungen Philosophen Alfred Seidel in einer psychiatrischen Klinik mit solcher Einfühlungsgabe zu vergegenwärtigen versteht, der muss mehr von diesen Menschen wissen als das, was sich in ihren Biografien, Werken und Briefen finden lässt.

Was Hartmut Lange in den fünf Erzählungen seines ersten Novellenbandes mit großer Compassion an Stimmungen und Motiven, Schicksalen und Gedanken zur Sprache bringt, ist Erfahrungen geschuldet, durch die er selbst hindurchgegangen ist. Angst und Unheimlichkeit, Irritation und Erschrecken, Wahnsinn und Tod sind keineswegs Phänomene, die ihm erst durch Bücher bekanntgeworden sind. Bei E. T. A. Hoffmann oder Edgar Allan Poe, bei Kafka oder Heidegger hat er sie nur wiedererkannt. Ursprünglich begegnet sind sie ihm schon in seiner Kindheit und Jugend.

Aber muss man die Biografie eines Schriftstellers kennen, um sein Werk zu verstehen? Von Shakespeares Leben wissen wir so gut wie nichts, von Homers schon gar nicht. Und selbst da, wo die Biografie gut erforscht ist, wie bei Schiller, wie bei Kleist, gibt sie für den Gedankenbogen ihrer Werke nicht viel her. Denn Kleist dichtete aus der Existenz heraus, nicht aus der Biografie. Und auch der Zusammenhang von Schillers Werk ist eher gedanklicher als lebensgeschichtlicher Art. Bei Hartmut Lange können wir von beiden Einwirkungen ausgehen. Obwohl in seinen literarischen Texten nur die Existenz dichterisch spürbar gemacht wird und die Lebensgeschichte verborgen bleibt, ist sein Werk sowohl autobiografisch als auch existenziell, sowohl psychologisch als auch philosophisch beeinflusst.

Lange wurde am 31. März 1937 in Berlin-Spandau als Sohn eines Fleischers und einer Verkäuferin geboren. Nach dem deutschen Überfall auf Polen und der Besetzung des Landes durch die Wehrmacht lebte er von 1939 bis 1945 im sogenannten Warthegau in der Nähe von Posen, wo der Vater als Gendarmerieoffizier eine Polizeidienststelle auf dem Lande leitete. Im Januar 1945 floh die Familie vor der Roten Armee Richtung Westen. Aber sie kam nicht weit. Als die Russen den Treck erreichten, nahmen sie den Vater gefangen und übergaben ihn den einheimischen Polen. Er wurde kurzerhand erschossen. Die Mutter und ihre zwei Söhne wurden interniert. Dem älteren Bruder gelang die Flucht, er schlug sich auf eigene Faust durch. Im Herbst 1945 wurden die Mutter und der jüngere Sohn nach Berlin abgeschoben. Sie landeten im sowjetischen Sektor der Stadt. Drei Jahre nach Kriegsende fiel der ältere Bruder einem Raubmord zum Opfer.

Lange hat erst in fortgeschrittenem Alter Auskunft über diese Erlebnisse gegeben. In dem Essay *Meine Realitätserfahrung als Schriftsteller* schildert er einige Szenen aus der Kriegszeit:

»Ich erinnere mich, dass oft Leute von der SS bei uns zu Besuch waren und mich auf den Knien schaukelten. Man hörte von der Front Geschützdonner, und sie erzählten, dass die Russen den Kindern die Bäuche aufschlitzen würden, und das machte mir angst. Ich sah auf die Totenköpfe ihrer Mützen, die sie auf dem Tisch abgelegt hatten, aber was da in Wirklichkeit vor sich ging, gehörte nicht meiner Vorstellungswelt an. Ich spielte mit der Ritterburg, die mir mein Bruder aus Holz geschnitzt hatte und die ich 1944 als Weihnachtsgeschenk bekam. Zwei Wochen später mussten wir vor der Roten Armee fliehen, und die Irrfahrt bei minus dreißig Grad auf einem Pferdewagen gab mir keine eigentliche Vorstellung von der tödlichen Gefahr, in der wir uns befanden. Sicher, da explodierte eine Munitionsfabrik, so dass Wagen und Pferde durcheinanderrasten, Tiefflieger tauchten auf, wir waren immer wieder gezwungen, unter den Wagen Schutz zu suchen. Zuletzt, als wir schon von der Roten Armee eingekesselt waren, versuchte mein Vater durchzubrechen. Es war Nacht, wir fuhren mit dem Pferdewagen durch den Wald, man hörte ununterbrochenes Maschinengewehrfeuer, und als wir den Wald hinter uns hatten, sahen wir brennende Gehöfte. Ich erlebte auch, wie russische Soldaten meinen Vater gefangennahmen, das heißt, ich sah, wie er ihnen mit erhobenen Händen entgegenging, aber ich wusste nicht, was das zu bedeuten hatte. Und irgendwann nahmen mich russische Soldaten, genauso wie vorher die Leute von der SS, auf die Knie und gaben mir Kekse zu essen.«

In den *Erinnerungen an meine Mutter* berichtet Lange noch von anderen, kaum weniger prägenden Schrecknissen. Er spricht von ihrem cholerischen Temperament, ihrer Unberechenbarkeit und davon, wie sie, die doch zu ihren Kindern sehr liebevoll sein konnte, ihn und seinen Bruder oft geschlagen hat. »Was mir am meisten angst machte, und was die schlimmste Erinnerung an meine Mutter bleibt, war, wenn sie mir nach Streitereien drohte, mich mit in den Keller zu nehmen. Ich hatte das Gefühl, dass sie, wenn sie derart in Zorn geriet, jede Kontrolle über sich verlor und zum Äußersten fähig war.«

Und dann kam das schreckliche Jahr 1948:

»In Berlin hatten wir meinen Bruder wiedergefunden, dem es gelungen war, vor den Russen zu fliehen. Eines Abends, er war inzwischen achtzehn Jahre alt, ging er zu einer Tanzveranstaltung und blieb die ganze Nacht fort, was er noch nie getan hatte. Am Morgen sagte meine Mutter, dass sie einen seltsamen Traum gehabt hätte – von Todeskränzen und Gräbern. Sie ging zur Arbeit und traf unterwegs zwei Polizisten, die von einem jungen Mann erzählten, den man im Wald tot aufgefunden hätte, und sie erwähnten den Namen meines Bruders. Meine Mutter brach zusammen. Als ich aus der Schule kam, war sie bei Nachbarn, die sie aufgenommen hatten. Sie fiel dauernd in Ohnmacht, und ich hatte Angst, dass sie sterben könnte. Dann sagte man mir, dass mein Bruder ermordet worden sei. Dies war für mich unbegreiflich.«

All das ist nicht wenig an Furcht und Entsetzen, nicht wenig an Unheimlichkeit, was sich hier vor der Seele eines Menschen aufgetan hat. Um so erstaunlicher ist es, dass in Langes erster Schaffensphase von diesen Dingen so gut wie nichts zur Sprache kam. Nach Kriegsende herrschte im Osten Aufbruchsstimmung, und auch in der Literatur wandte man sich der Zukunft zu. Nach einem Studium an der Filmhochschule Babelsberg, das kurz vor Abschluss mit seiner Exmatrikulation endete – er konnte eine in der Nacht vor dem Abgabetermin mit der Hand geschriebene Semesterarbeit am nächsten Morgen nicht mehr entziffern –, bekam Lange eine Dramaturgenstelle am Deutschen Theater und begann im Stile Brechts Stücke zu schreiben. Er war gewillt, sein Talent in den Dienst der Weltveränderung zu stellen. Und das gelang ihm mit *Marski*, einer Art Lustspiel über die Kollektivierung der Landwirtschaft, auf beeindruckende Weise. Doch es wurde kurz vor der Uraufführung von den staatlichen Instanzen verboten. Aber das warf den Autor nicht aus der Bahn und tat seiner intellektuellen Leidenschaft keinen Abbruch. Im Gespräch mit Matthias Bormuth sagte er: »Ich machte in der jungen DDR begeisternde Erfahrungen eines ideologischen Denkens.«

Von der Ästhetik der Revolution, die kein Tremendum kennt, und vom prometheischen Menschenbild, das bei Lange anfangs einen erkenntnisfreudigen, komödiantischen Zug besaß, hat er sich später in einer langwierigen, schmerzhaften Konversion getrennt. Ausgelöst durch Chruschtschows Geheimrede über Stalins Verbrechen auf dem XX. Parteitag der KPdSU 1956 und die schockierende Lektüre von Isaac Deutschers Stalin- und Trotzki-Biografien Anfang der sechziger Jahre – die Bücher standen in der DDR auf dem Index, Lange las sie heimlich im Wald –, überkam ihn eine bodenlose Enttäuschung über die Realitäten des Sozialismus. Er hat einmal davon erzählt: »Diese Lektüre zerstörte meinen intellektuellen Lebensentwurf, aber das wurde mir später erst bewusst, und noch viel später zeigte es sich, wieviel Kraft die Bewältigung dieser Enttäuschung gekostet hatte.« Mitte der sechziger Jahre flüchtete er nach Westberlin, blieb aber noch für lange Zeit ein angriffslustiger Linker, der allerdings zwischen allen Stühlen saß. Am Ende standen der Abschied von der kommunistischen Utopie und der Abschied vom Marxismus als Philosophie der Geschichte und der Kunst. Der Autor war zurückgeworfen auf seine Subjektivität, und er musste die Erfahrung machen, dass ein an der von Marx und Hegel traktierten Logik der Geschichte geschultes Fragen nicht weiterhalf, dass er der irritierenden Wirklichkeit des eigenen rätselhaften Selbst und was es an Spaltung und innerer Not in sich trägt auf diese Weise philosophisch und poetisch um keinen Schritt näherkam. Man kann es am besten mit einem Bild Kierkegaards sagen: Jemandem, der das Hegelsche System studiert hat, ist zumute wie einem, der eine Fußreise durch Dänemark machen will und sich zu diesem Zweck, weil es nichts anderes gibt, eine Weltkarte kauft, auf der ganz Dänemark so groß ist wie die Unruhe in einer kleinen Damenuhr. Eine Weltkarte – aber was hilft mir das, wo ist das, wohin ich gehe, wo ist das, woher ich komme?

Diesen Punkt hatte Lange nun erreicht. Das Sich-Verrennen in einer Ideensackgasse hatte er hinter sich, ein Nebelmeer der begrifflichen Unsichtbarkeit hatte er vor sich. Hinter ihm lagen die hegelianische Universalgewissheit und das objektivierende Denken, vor ihm die existenzielle Ungewissheit und das subjektive Empfinden. Eine Art Taumel plötzlicher Freiheit und Weltverlorenheit erfasste ihn. Und ein Pascalsches Erschrecken, wie er selbst sagt, nämlich ein Erschrecken über die irdische Endlichkeit des Einzelnen und die kosmische Unendlichkeit des Ganzen, in der sich der Einzelne wie ein Staubkorn verliert. Doch im Unterschied zu Pascal fand er keine Zuflucht vor der Leere, die ihn ängstigte. Es gab keinen neuen Halt, kein Heimatnehmen in der Religion und der theologisch verbürgten Transzendenz. Und da versuchte er, so sein paradoxes Wort, im freien Fall zur Ruhe zu kommen. Das wurde für ihn als Schriftsteller zu einem in jeder Hinsicht halsbrecherischen Unterfangen, einem Unterfangen, das seine eigene Poetik, seine eigene Figurenwelt, seine eigene Phänomenologie der Stimmungen hervorruft.

Die in seinem Debütband versammelten Novellen zeigen die ersten Schritte auf dem neuen Kontinent. Doch ehe der Autor sie gehen konnte, musste noch ein Letztes und Äußerstes geschehen. Waren die Traumata seiner Kindheit und Jugend Schreckenserlebnisse der Außenwelt, kam es nun zu einer Schockwelle im Innern. Das Zusammenbrechen kollektiver Ideenwelten kannte er, jetzt sollte er das Zerbersten des individuellen Bewusstseins kennenlernen. In *Meine Realitätserfahrung als Schriftsteller* gibt er einen kurzen Bericht:

»Existenzielle Angst erlebte ich das erste Mal bewusst, als ich mich entschloss, LSD auszuprobieren. Wir hatten einen Freund, der regelmäßig Drogen nahm, und er versicherte, man könne den LSD-Rausch mit einem starken Willen erträglich halten. Das traute ich mir zu. Wir nahmen jeder eine Tablette, und die Folgen waren fürchterlich. Ich hatte einen Horrortrip: Wir versuchten unsere Haustür zu erreichen, ich sah einen Mann mit einem Schäferhund, es gelang mir nicht, an dem Hund vorbeizukommen. Ich versuchte es immer und immer wieder, und nun kam ich von der Einbildung nicht los, dass sich diese vergeblichen Versuche bis in alle Ewigkeit fortsetzen würden und dass dies überhaupt nur eine wahnhafte Vorstellung sei, in Wirklichkeit hätten wir das Zimmer, in dem wir LSD eingenommen hatten, nie verlassen.«

Lange hatte das Glück des Rausches gesucht und das Elend der Halluzination gefunden. Er wollte hinaus in die Freiheit des Bewusstseins und landete in der Gefangenschaft seines Gehirns. In einem Flashback zwei Jahre später kehrten die Horrorbilder wieder. Er musste sich wegen Phobien für längere Zeit in psychiatrische Behandlung begeben. Im Gespräch mit Ralph Schock sagte er: »Das war die Situation. Und so ist mir die

Angst schließlich zur Triebfeder meines Schreibens geworden.« Auf die Frage, ob er sie als Antrieb brauche, ergänzte er: »Ja. Die Angst ist wie ein Bottich Salzsäure, die nicht nur den Narzissmus, sondern das gesamte Selbstwertgefühl zerfrisst. Und im Schreiben schaffe ich es, die Angst zu sublimieren.«

Die Erfahrung der Angst war für ihn am Ende eine philosophische Begegnung mit dem Nichts. Und zwar ganz so, wie Heidegger es versteht, nämlich als ein Entgleiten des Seienden im Ganzen und als ein Mitentgleiten des eigenen Ichs. Alles werde einem unheimlich, man selbst inbegriffen: »Die Angst offenbart das Nichts.« Das hatte für Langes geistige Biografie Konsequenzen: unwiderrufliches Ablassen von der Sinngebung der Welt und radikales Bedenken der unaufhebbaren Endlichkeit des Einzelnen. Er war im Schattenland des Nihilismus angekommen.

Die Erzählungen des ersten Novellenbandes zeigen die neue Sicht. Sie stehen unter dem Motto von Wittgenstein: »Die Welt des Glücklichen ist eine andere als die des Unglücklichen.« Damit ist ihre Stimmung kongenial bezeichnet. In der Musik würde man von der Moll-Tonart sprechen. Wir wissen, wie tief das Elegische gehen kann und wie sehr es uns zu berühren vermag. Langes Novellen verweisen, philosophisch betrachtet, auf eine metaphysisch grundierte Poetik der Schwermut und der inneren Heimsuchung. Alle Protagonisten leiden am In-der-Welt-Sein. Alle stehen unter dem Torbogen des Todes.

Nehmen wir die Kurznovelle *Seidel*. Man könnte sie Langes *Lenz* nennen. Sie ist eine kompromisslose Erzählung über nihilistische Verzweiflung. Wie bei Büchners *Lenz* ist auch hier die Figur keine Erfindung. Der wirkliche Alfred Seidel war ein junger, monomanisch grübelnder Philosoph, der unter Depressionen litt und an einem Werk arbeitete, das den Titel »Bewusstsein als Verhängnis« trug. Es enthielt eine Lehre von der Auflösung der Kultursublimationen und den ihr zugrunde liegenden unbewussten Triebkräften, die, so die These, durch Erkennen und begriffliches

Bewusstmachen zwangsläufig zerfallen. Diese Auflösung ergreife auch die Religion, die stärkste Sublimation und älteste Kulturträgerin, und dies sei »bedingt durch den Wahrheitssadismus der Wissenschaft«. Nicht von ungefähr endet Seidels Kritik am modernen Rationalismus mit einer verzweifelten Hoffnung auf »Nihilisierung des Nihilismus« und mit einer an Dostojewski gemahnenden Formel: »Und wenn einer sagte, Christus wäre Gegner der Wahrheit, so würde ich doch mit Christus ziehen – und gegen die Wahrheit.«

Das sachliche und zugleich düstere Werk blieb Fragment und ist heute vergessen. Der Kunsthistoriker und Arzt Hans Prinzhorn, der durch seine Heidelberger Sammlung von Bildwerken Geisteskranker berühmt wurde, hat das Buch 1927 aus dem Nachlass des Autors herausgegeben und mit einer ausführlichen Einleitung versehen. Prinzhorn kannte Seidel, der 1924 im Alter von neunundzwanzig Jahren Selbstmord beging. Er erhängte sich in einer psychiatrischen Anstalt in Erlangen. So vollendete sich, was der Philosoph – Prinzhorn zufolge – oft genug frei heraus gesagt hatte, nämlich dass sein Weg konstitutionell vorgezeichnet und sein Denken eine Art von sublimiertem Dauer-Selbstmord sei.

Langes Novelle gibt ein gleichsam van Goghsches Bild von Seidels letzten Tagen. Alles Inwendige spiegelt sich im Äußeren, das Dunkelreich des Grams und der Erschöpfung erweckt eine Atmosphäre, so dicht, so undurchdringlich schattenhaft, dass auch der Heiterste davon ergriffen wird. Die Erzählung trägt, ebenso wie Büchners Lenz-Novelle, unverkennbar Züge einer autobiographie intérieure. In der Formel »Bewusstsein als Verhängnis« und in ihrem unglücklichen Urheber hat der Autor die eigene psychische Not gespiegelt, das Irrewerden am Intellekt, die Empfindung der Sinnlosigkeit und wie der Nihilismus zum Wahrheitsgrund einer areligiösen Existenz werden kann.

Etwas anders liegt die Sache bei der Nietzsche-Novelle. Auch sie ist eine Spiegelung von Langes Befindlichkeit. Er hat wiederholt erklärt, von welch entscheidender Bedeutung die Lektüre von Nietzsches Briefen für ihn gewesen ist. In dem Essayband *Irrtum als Erkenntnis* schreibt er:

»Nietzsche gibt uns ein Beispiel, wie man alle intellektuelle Konvention, alle historisch verfestigten Urteile und Meinungen mit der Willkür eigener Gedanken über den Haufen werfen kann. Das Streben nach geistiger Unabhängigkeit gipfelt mit Nietzsche in dem Versuch, den Menschen auch in seiner existentiellen Struktur, also als Evolutionsprodukt, kritisch zu überblicken. Und Nietzsche scheut sich nicht, den Intellekt, also das Werkzeug seines eigenen Denkens, als mögliches Verhängnis auszumalen. Wer wagt das heute noch? Wer wagt es, aus einem Übermaß an Intelligenz alle Intelligenz als Gefahrenphänomen ernsthaft in Frage zu stellen?«

Und im *Tagebuch eines Melancholikers*, 1983 kurz vor der Novelle erschienen, heißt es:

»Nietzsche ist für mich kein Philosoph, sondern ein reflektierender Poet. Seine Reflexe auf die Umwelt werden nicht vom Verstand, sondern von der Emotion bestimmt, und hier reagiert er narzisstischer als Goethes *Tasso*. Der Erfolglose ist gekränkt. [...] Es ist die Qual desjenigen, der nicht anerkannt wird und also gezwungen ist, sich selbst nochmals ausdrücklich anzuerkennen, um zu erfahren, dass diese Selbstanerkennung auch nicht anerkannt wird. Ein Circulus vitiosus, der zu *Ecce Homo* und zum Wahnsinn führen muss.«

In der Novelle *Über die Alpen* treffen wir den angefeindeten Nietzsche auf dem Höhepunkt seiner Krise an, einer Krise der Anerkennung und des Selbstwertgefühls. Die meisten seiner Zeitgenossen begegneten ihm mit Unverständnis, nicht selten begleitet von einem geringschätzigen Lächeln. Er hatte alle Höllen der persönlichen Niederlage durchschritten. Das letzte, was ihm noch blieb, war der geistige Zusammenbruch. Lange hat die Szenen in Turin mit großem Feingefühl und einer so engelhaften Demut vergegenwärtigt, wie es nur derjenige kann, der das alles selber kennt.

In *Meine Realitätserfahrung als Schriftsteller* hat er erzählt, dass er in den Jahren nach seiner Flucht aus der DDR den Westen nicht nur positiv erlebt hat:

»Da ich die Bedingungen des westdeutschen Kulturbetriebs nicht akzeptierte, erlebte ich die neugewonnene Freiheit ganz so, wie Buñuel sie in seinem berühmten Film beschreibt, nämlich als zynisches Gespenst. Ich versuchte einem mir feindlich gesinnten Feuilleton durch Aggressivität zuvorzukommen. Es war ein törichtes und vergebliches Bemühen, und ich konnte für die Ermüdung, die mich erfasst hatte, letztendlich keine Gründe mehr geltend machen. Meine Freude am Rationalismus war verschwunden, es gelang mir aber auch nicht, in den Irrationalismus zu flüchten, das heißt, ich hatte ausschließlich rationale Gründe, vom Rationalismus zu lassen, und befand mich nun in einer Quadratur des Kreises. Normalerweise umschreibt man mit der Quadratur des Kreises einen logischen Widerspruch. Auf das konkrete Leben bezogen, würde dies bedeuten: Es ist ein Zustand von Absurdität, den man überwinden will. Das war auch mein ständiges Bemühen. Und erst als ich die Briefe Friedrich Nietzsches las, bekam ich eine Ahnung davon, dass das Leben tatsächlich eine Quadratur des Kreises genannt werden kann, und alle Sinngewissheit, die mir der Marxismus und Hegelianismus vorgegaukelt hatten, gehörte offenbar der Wahnwelt des gesunden Menschenverstandes an.«

Langes Nietzsche-Novelle endet so:

»Am folgenden Tag kam Overbeck, um den kranken Freund abzuholen. Nietzsche wehrte sich heftig, denn er sah keinen Grund, über die Alpen nach Basel zu reisen. Man bestand darauf. Als er das Gebirge sah, war es ihm, als näherte er sich einer Wand, hinter der es nichts mehr gab, um dessentwillen es sich lohnte, so übermäßig besorgt zu sein. Er wurde ruhiger. Aber es war der Beginn jener Ruhe, in der die Gedanken sterben.«

Während Nietzsche im Alter von fünfundvierzig Jahren dem Wahnsinn verfiel und noch ein Jahrzehnt lang in geistiger Umnachtung dahinvegetierte, war der unglückliche Heinrich von

Kleist mit vierunddreißig Jahren entschlossen, seinem Leben ein Ende zu setzen. Langes Novelle *Im November* zeichnet ein eindringliches Bild seiner melancholischen Verfassung und wie er, verbittert und durch Kränkungen seelisch wund geworden, zusammen mit der krebskranken Henriette Vogel auf einem Hügel am Ufer der Havel in den Tod geht. Sie gehen im Bewusstsein der Freiheit aus dem Leben, halb wehmütig, halb ausgelassen, und seltsam durchheitert vom Gedanken der Erlösung.

War in der Seidel-, der Nietzsche- und der Kleist-Novelle das Bodenlose der Angst, des Wahnsinns und der Sterbeseligkeit das große Motiv, so in der *Waldsteinsonate* und der *Heiterkeit des Todes* das Abgründige der Schuld und der Irrealismus der Versöhnung.

Besonders die *Waldsteinsonate* zeigt die unnachahmliche Kunst Langes, Begebenheiten und Figurenkonstellationen zu erfinden, die in der Realität des Lebens undenkbar sind. Die Szene spielt am Abend des 1. Mai 1945 im Bunker der Reichskanzlei, wo es zum Zusammentreffen des toten, im Priestergewand auftretenden Franz Liszt mit Magda und Josef Goebbels kommt, die zur Ermordung ihrer sechs Kinder entschlossen sind, was Liszt durch den Vortrag von Beethovens Klaviersonate – einer im ersten Satz fieberhaft andrängenden, ins Bedrohliche vorstoßenden Musik, die immer wieder strebt, ins Ruhige und Heitere zu gelangen – vergeblich zu verhindern versucht. Die tragische Fantastik des Ganzen löst beim Leser Empfindungen und Reflexionen aus, wie er sie bisher nicht kannte. Unfassbares wird fassbar, Unvorstellbares vorstellbar. Ohne dass Lange psychologisiert oder philosophiert, erscheint unversehens ein tieferes Verstehen menschlicher Abgründe möglich. Hier ist ein Autor tatsächlich durch die Schule Kafkas gegangen, und er hat ihn ›angewendet‹, ohne ihn nachzuahmen.

In der Kurznovelle *Die Heiterkeit des Todes* steigert Lange das Transreale seiner Erzählwelt bis hin zum Unausdenkbaren. Das Geschehen spielt am winterlichen Grunewaldsee in Berlin, wo in dämmriger Nacht eine tote Jüdin und ihr toter Mörder in SS-Uniform als liebendes Paar das Ufer umwandern. Der Ich-Erzähler kann nicht begreifen, was er da sieht. Der Mörder sagt zu ihm: »Ich verstehe, dass Sie die Liebe zu der Frau, die ich ermordet habe, nicht billigen wollen. Aber ich habe gebüßt. Und wann mein Herr, wenn nicht im Tod, soll die Schuld, die wir am Leben haben, endlich einmal beglichen sein?« Der Uniformierte wendet den Kopf zur Seite, und der Erzähler sieht, dass jener ein Wundmal am Hals hat und also gerichtet ist. Der gesamte Vorgang, von dem der Erzähler nicht weiß, ob er irreale Realität oder eingebildete Erscheinung ist, berührt jenseits aller Fiktion eines der schwierigsten moralphilosophischen Probleme überhaupt, nämlich das der Aussöhnung zwischen Opfern und Tätern und das der Vergebung von geschichtlichen Untaten der NS-Zeit. In der Novelle ist sowohl die Vergebung als auch die Aussöhnung vollzogen. Aber eben nicht im Leben, sondern erst nach dem Tode. Es ist die tote Jüdin, die dem lebenden Erzähler zuruft: »Man soll die Toten in Ruhe lassen, besonders, wo sie euch überlegen sind! Da uns das Leben unglücklich macht, geschehen im Tod die Zeichen und Wunder!«

Gegen Ende der gespensterhaften Novelle scheint der Ich-Erzähler wieder allein zu sein. Die beiden Toten sind verschwunden. Die abschließenden Sätze der absichtsvoll unwirklichen Erzählung lauten: »›Es war eine Erscheinung‹, denke ich und bin erleichtert. Denn ware, was ich gesehen und gehört habe, wahr, dann gäbe es die Heiterkeit des Todes, und ich wünschte, keine Minute länger zu leben.«

Auch in dieser Figur steckt etwas vom Autor Hartmut Lange. Ist es verwunderlich, dass aus ihr untergründig der Wunsch eines traumatisierten Kindes nach Erlösung spricht, eines Kindes, das im Krieg erleben musste, wie sein Vater, den es liebte, hingerichtet wurde, und das, als es begriff, dass er schuldig war, seine Liebe als unerlaubt empfand und daher nichts mehr ersehnte, als dass dem Geächteten eines Tages vergeben werde, damit die eigenen schmerzhaften und irritierend gegensätzlichen Gefühle endlich zur Ruhe kommen?

Lange hat zwei Jahre nach der *Heiterkeit des Todes* das Thema Schuld und Vergebung noch einmal aufgenommen, und zwar in der Novelle *Das Konzert*. Sie spielt gänzlich unter Toten. Auf der einen Seite die jüdischen Opfer, auf der anderen die nationalsozialistischen Täter. Der Autor wirft die Frage auf, ob das Leben der Ermordeten und das Leben der Gerichteten im Tode nachgeholt und so das toxische Verhältnis zwischen ihnen gleichsam metaphysisch entgiftet und geheilt werden könne. Der Theologe Jan-Heiner Tück sagt, Lange gebe im *Konzert* der paradoxen Forderung von Jacques Derrida, wonach gerade das Unverzeihliche die Verzeihung auf den Plan rufe, ein literarisches Gesicht. Die Novelle zeige bei den Opfern drei unterschiedliche Haltungen: die Unversöhnlichkeit, die Wandlung hin zum Aufgeben der Unversöhnlichkeit und die Aussöhnungsbereitschaft. Die Täter würden als bußfertig und reumütig gezeichnet. Durch den Tod werde ihnen die Abgründigkeit ihrer Taten bewusst. Sie litten an der Last ihrer Schuld und wollten das Geschehene ungeschehen machen, könnten es aber nicht. Sie suchten Verzeihung, fänden diese aber nicht.

Tück hat vor nicht allzu langer Zeit *Das Konzert* zusammen mit seiner Deutung an den emeritierten Papst Benedikt XVI. geschickt. Der hat sich am 15. Januar 2015 in einem Brief dazu ausführlich geäußert: »Die Novelle von Hartmut Lange zeigt die Mühsal der Vergebung in den Opfern des Bösen eindringlich auf. Was mich wundert, ist die Asymmetrie im Vergebungsprozess, wie er ihn darstellt. Denn er setzt voraus, dass die Täter nun nach dem Tod alle reumütig sind und Vergebung verlangen. Gerade dies ist aber die Frage.« Und der Briefschreiber fährt fort:

»Ob aber in den Tätern die Fähigkeit der Verwandlung und inneren Reinigung und Umgestaltung da ist oder wachsen kann, ist schwer zu sehen. Denn in ihnen muss doch die Lüge ausgebrannt werden, die Wahrheit aufgehen. Wenn aber das ganze Leben mit der Lüge identifiziert ist, sieht man nicht, was bei ihrer Beseitigung bleibt. Dies ist für mich die eigentliche Frage, die wir nicht beantworten können: Gibt es in den eigentlichen Häuptern des Bösen jenen Rest von Wahrheit und Liebe, der sie verwandlungsfähig macht oder nicht?«

Es spricht für ein literarisches Werk, wenn es solche Reaktionen hervorruft. Dass sie von theologischer Seite kommen, ist in diesem Fall besonders interessant. Tück zeigte sich nämlich erstaunt darüber, dass in Langes Überlegungen zu Schuld und Vergebung die Gottesfrage im Grunde keine Rolle spielt. Er meinte das nicht vorwurfsvoll. In der Tat, Gott ist hier so gut wie nicht zugegen, und zwar deshalb, weil der Autor Agnostiker ist. Er wäre wohl gern ein gläubiger Mensch, und er hat in schweren Zeiten nach Gott gesucht, aber es war eine Suche, die keinen Erfolg hatte. Mehr als einmal in seinem Leben hat er Pascal zitiert: »Dies verrät äußerste Geistesschwäche, wenn der Mensch nicht erkennt, wie groß sein Elend ohne Gott ist.« Langes Roman *Die Selbstverbrennung*, erschienen 1982, ist ein beeindruckendes Zeugnis religiöser Unerfülltheit. Sein Autor gehört zu jenen Menschen, die ein starkes Transzendenzbedürfnis fühlen, aber zu keinem Transzendenzerleben gelangen.

Hier schließt sich der Kreis. Für den Schriftsteller Hartmut Lange gibt es aus dem Leben heraus keine Transzendenz, keine Erlösung. Die Religion, die sie verheißt, ist nur ein Versprechen. An einem Agnostiker wird es sich nicht erfüllen. Für Lange ist die Kunst der legitime Erbe der Religion. Überall in seinem Œuvre spürt man das. Seine Novellen kann man lesen als Epiphanien des nihilistischen Zwielichts, als Aufscheinen der Schwermut im Erleben der Vergänglichkeit. Seine an Kleist und Kafka geschulte Erzählkunst beschwört Atmosphären herauf, in denen sich die Angst des mit Bewusstsein geschlagenen Erdenkinds vor der Endlichkeit verbirgt und doch enthüllt, enthüllt und doch verbirgt. Für den Autor ist es gleichsam ein Anschreiben gegen die eigene metaphysische Unruhe und das Schwanken des Realitätsbodens. Hier ist die innerste Vibration eines außergewöhnlichen Werks, eines Werks, dessen Sprache von hoher Musikalität, großer Anschaulichkeit und wunderbarer Einfachheit ist.

Der Pfeil des Lebens und der Pfeil der Werke
Laudatio zum Günter-Eich-Preis für Hörspiel
auf Jürgen Becker

Der polnische Dichter Adam Zagajewski hat vor vielen Jahren ein langes, wehmütiges Gedicht mit dem Titel »Elektrische Elegie« geschrieben. Es beginnt so:

> Leb wohl, deutsches Radio mit dem grünen Auge,
> du schwere Kiste, zusammengesetzt – fast –
> aus Körper und Seele (deine Lampen glühten
> lachsfarben, rosig, wie das tiefe Ich
> bei Bergson).
>   Durch den dicken Stoffbezug über dem
> Lautsprecher (mein Ohr presste sich an dich wie ans
> Gitter des Beichtstuhls) hatte einst Mussolini geflüstert,
> Hitler geschrien, Stalin etwas ruhig erklärt,
> Bierut gezischt, Gomulka ohne Ende geredet.
> Dennoch wirft dir niemand Verrat vor, Radio,
> nein, deine einzige Sünde war der unbedingte
> Gehorsam, die zärtliche Treue zu den Megaherzen:
> Wer kam, wurde gehört, wer sendete –
> empfangen.

Zagajewskis Großvater war Germanist, er besaß einen Rundfunkapparat. Von diesem deutschen Erbstück erzählen die Verse.

Auch Jürgen Becker könnte vom Radiohören erzählen, ebenso elegisch, ebenso erinnerungstreu. Und er hat 2003 in *Schnee in den Ardennen* davon erzählt:

»Jetzt sind es vier Jahrzehnte her, dass ich die beiden Kammern bezog, die früher der Heuboden waren. Manchmal drehte ich abends am Radio, ein kleiner cremefarbener Philips, eines der ersten Nachkriegsgeräte. Einmal blieb ich im Bereich der Langwelle, wo sonst keine Sender zu empfangen waren, an einer weiblichen Stimme hängen, die Zahlen aufsagte, in unregelmäßiger Reihenfolge, vorwärts und rückwärts, zwischen eins und zehn. Es war eine merkwürdig tonlose Stimme, die mechanisch, fast maschinenhaft in einem gleichbleibenden Rhythmus sprach. Auffallend war, dass sie die Zahl fünf mit einem eingefügten e artikulierte: *fünnef*. Irgendwann brach die Stimme ab, und man hörte nur noch das kaum merkliche Rauschen des Nichts, das am Ende der Skala beginnt. Mehrere Abende lang, in der Stunde vor Mitternacht, wartete ich auf die geheimnishafte Stimme, die sich nicht regelmäßig meldete; dann wohnte ich wieder woanders und dachte nicht mehr daran.«

Ist das nicht auch eine elektrische Elegie? Nur diesmal in erzählender Prosa, doch nicht weniger poetisch.

Der Rundfunk, gab Jürgen Becker einmal zu Protokoll, habe ihn seit Kindertagen begleitet, zuerst als Problem in der Ehe seiner Eltern. Seine Mutter war lebensfroh, hörte gern Musik und wünschte sich immer ein Radio. Sein Vater, ein unmusikalischer Mensch, konnte damit nicht viel anfangen. Er erzählte ihm eine Anekdote aus den zwanziger Jahren: Im Haus der Schwiegereltern, in dem seine Eltern wohnten, war es üblich, dass man abends zusammensaß und plauderte. Als der Schwiegervater sich ein Radiogerät zulegte, hörten die Gespräche auf. Plötzlich saß alles um den Apparat herum, die Sendungen waren damals noch schwer zu verstehen. Keiner durfte in der Kaffeetasse rühren, weil das Krach machte. Für seinen Vater sei diese Erfahrung ein Schock gewesen: das Ende der Gespräche.

Das hätte auch eine Urszene in Jürgen Beckers Biografie sein können. In seinem Buch *Im Radio das Meer* steht der Satz: »Seine Kindheit war eine Schule des Schweigens. Vielleicht, sagt er, ist das der Grund, warum er nie habe richtig erzählen können.« Aber könnte man nicht in der Schule des Schweigens auch eine Schule des Hörens sehen? Was wir aus Beckers Werk kennen, das Klangkino der Sprache, die akustische Landschaft, den Hall und Schall der Geschehnisse, Facetten aus der Geschichte der Geräusche, Stille und Sprechen, die Vielstimmigkeit, in uns und außer uns, Stimmen aus der Ferne, Stimmen, die sich widersprechen, den schönen Vers »die Richtung des Windes entscheidet, / welchen Geräuschfilm die Nacht durchs Zimmer zieht«, all das war, ehe es durch die Avantgarde der fünfziger und sechziger Jahre eine Bestätigung fand, bereits den Erlebnissen des Kindes inskribiert, es war, bevor es Einzug hielt in Jürgen Beckers Schreiben, zu einer sein Bewusstsein prägenden Selbsterfahrung geworden.

Und das nicht nur auf die Familie bezogen. In einem Interview erzählte er, dass er als kleiner Junge intensiv das Kriegsgeschehen verfolgte. Es kamen ständig Sondermeldungen mit den Siegen der Wehrmacht. Das Radio lieferte ihm die Kriegsberichterstattung. Da gab es Berichte von der Front mit Kampfgeräuschen, heulenden Stukas, die er fasziniert hörte. Zugleich hatten sie den »Drahtfunk«, der über den Telefonanschluss lief. Der für Thüringen zuständige Sender informierte dort über die Luftlage; sie erfuhren also, wo ein feindlicher Bomberverband im Anflug war. »Der ›Drahtfunk‹«, erinnert er sich, »war geisterhaftes Radio. Man hörte erst ein merkwürdiges tickendes Geräusch und dann die monotone Stimme der Sprecherin. Natürlich habe ich auch die sogenannten Feindsender entdeckt. Als ich eines Abends am Radio spielte, fand ich sogar zwei dieser Sender: BBC London und Radio Luxemburg. Da bekam man Meldungen mit, die man im großdeutschen Rundfunk nicht hören konnte. Ich konnte diese Sender nur heimlich hören, mein Vater durfte es nicht erfahren. Mein Vater hörte aber auch heimlich, was ich wiederum nicht wissen durfte. [...] Mein Verhältnis zum Radio ist früh durch Geheimnisse und Verbotenes bestimmt worden.«

Die Welt des Hörspiels tat sich damals für den Heranwachsenden noch nicht auf. Das geschah erst nach dem Krieg, Anfang der fünfziger Jahre, als er wieder in Köln war. Jetzt kam es auch zur Begegnung mit den Hörspielen von Günter Eich. Zu einem Gedenkbuch für ihn hat Jürgen Becker 1973 ein Gedächtnisgedicht beigesteuert. Es vergegenwärtigt eine Frühstücksszene in der Westberliner Akademie der Künste. Zeilen aus

Eichs Versen und Satzfragmente aus dem Gespräch mit ihm durchziehen den Text. Das Gedicht offenbart Respekt und Distanz und auch etwas von dem, was Sibylle Cramer später ein »Gegenprogramm« genannt hat.

Vom Hörspiel war in dem Gedicht nicht die Rede. An anderer Stelle aber hat sich Becker auch zum Radioautor Eich geäußert: »Wenn ich von Günter Eich gelernt habe, welche Kraft der Imagination dem Hörspiel eigen sein kann, dann habe ich zugleich gelernt, dass es nicht unbedingt nötig ist, dem Hörspiel eine Szene, eine unsichtbare Bühne einzurichten, sondern es allein im sprachlichen Vorgang entstehen zu lassen.« Auch hier Respekt und Distanz, auch hier ein Stück Gegenprogramm.

Eines der ersten Hörspiele von Jürgen Becker heißt »Häuser«. Es wurde 1969 im WDR ausgestrahlt. Hier zeigte sich, was mit Gegenprogramm gemeint war. »Früher, in den fünfziger Jahren«, schreibt der Autor, »war das Hörspiel eine literarische Gattung, so wie es die Erzählung gibt, das Gedicht und das Theater. Ich meine aber, dass zum Hörspiel nicht unbedingt eine literarische Vorlage gehört, sondern dass Hörspiel alles sein kann, was man hörbar machen kann.« Das Neue Hörspiel, so der Autor weiter, erlaubt es, »jeden Artikulationsimpuls zu berücksichtigen; dabei steuert das Schreiben in einen Bereich, in dem von vornherein jeder Gattungszwang aufgehoben ist. Das Hörspiel ermöglicht so eine besondere Art des offenen, unbestimmten und freien Schreibens, wie ich es in meiner Prosa versuche.«

Was hören wir, wenn wir das Hörspiel *Häuser* vernehmen? Wir hören Tonfetzen aller Art, moderne Musik, Schlager der fünfziger Jahre, Klaviermusik von Schumann, eine Amsel, männliche Stimmen, weibliche Stimmen, eine Kinderstimme. Stimmen aus der Nähe, aus der Ferne, hohe und tiefe, ruhige, einschmeichelnde, erregte, erzürnte, ernste, alberne, fröhliche, betrübte. Wir hören das akustische Leben der Dinge, Türenschlagen, zerspringende Fensterscheiben, Zuggeräusche, Baugeräusche. Wir vernehmen Wörter, Sätze, Satzteile. Alles dreht sich um das Wortfeld, das Motivfeld Haus: Auszug, Einzug, Umzug, mein Elternhaus, dein Elternhaus, Zimmer, Teppichböden, Polsterstoffe, Vorhänge, Fenster, Stockwerke, Fahrstühle, Nachbarn, Gärten, Hausordnung, Hausverwaltung, Hausherren, Hausfrauen, Hausfreunde, Haustiere, Hauskauf, Finanzierungsberatung, Zwischenkredite usw. usw. Die Sprache des Alltags, der Werbung, der Politik, des Tourismus, des Ressentiments, des Klischees. Zitate über Zitate. Mittendrin akustische Kulissen, Radio im Radio: Seewetterberichte, Wasserstandsmeldungen, Geräusche von Tiefffliegern, Maschinengewehrsalven. Irgendwann einmal Christian Anders' »Geh nicht vorbei, als wär nichts geschehn, es ist zu spät, um zu lügen«. Am Anfang die Stimme eines alten Mannes: »Hier gehe ich jetzt nicht mehr weg.« Dann eine Frauenstimme: »Wie, hier willst, Du willst hier immer bleiben?« Dann wieder der alte Mann: »Hier will ich immer bleiben. Hier ist Ruhe. Hier kann man atmen. Der Wald ist nah. Die Wiese ist grün. Die Nacht ist dunkel.« Im Hintergrund das Geräusch eines Krankenwagens. Am Ende – nach vierzig Minuten metrischer Montage, Zitatstakkato, Collagegewitter – wieder die Stimme des alten Mannes: »Das Haus zerfällt und die Ruhe ist hin. Hier kann man nicht atmen. Die Luft ist schwer und grau. Der Wald ist nicht mehr nah. Die Wiese ist weg.« Im Hintergrund das Geräusch eines näherkommenden Krankenwagens.

Von diesem Hörspiel hat man zu Recht gesagt, es habe einen radikal antimimetischen, nichtnarrativen Charakter. Keine Figuren, keine Handlung, kaum Szenen. Stattdessen ein surrealistisches Panorama der Koexistenz, Serien, Summen, Reihen, additive Simultaneität, Bewusstseinsstenogramme, Assoziationsprotokolle, furios neutral und rhythmisch durchgearbeitet wie ein modernes Orchesterstück. Kein Dur, kein Moll. Gewissermaßen atonal.

So sah sie aus, die Beckersche Programmmusik für das Hörstück im Radio.

Für das Buch sah sie nicht anders aus. Vergleicht man seine ersten drei Hörspiele *Bilder*, *Häuser* und *Hausfreunde* (alle 1969) mit seinen ersten drei Prosabüchern *Felder*, *Ränder* und *Umgebungen* (1964, 1968, 1970), springt einem die Formverwandtschaft regelrecht ins Auge. Am Anfang stand der Verdacht gegen den Roman, gegen das Erzählen überhaupt. Der Autor war der Ansicht, man müsse »den Ruin der erzählerischen Kategorien betreiben«. Er hatte sich zuvor eine Weile darin versucht, es dann aber sein gelassen und alles Geschriebene vernichtet. Jetzt hieß die Devise: Kamera-Blick und Rekorder-Gehör contra Oldtimer-Epik. Die trüben Strahlen der Welt nicht länger im Prisma der Gattungen brechen. Die uns umgebende Realität literarisch nackt zur Sprache bringen. Das Wirkliche artikulieren als unaufhörliches Anbranden von Bewusstseinswellen, als ständiges Überfluten durch Redeflüsse. Den Text montieren als Wahrnehmungsschleife, als phänomenologische Registratur. Geräusche der Gleichzeitigkeit gegen Melodik der Sukzession, Authentizität gegen Fiktionalität, Material gegen Erfindung. Jürgen Becker hat später einmal von sich gesagt: »Der junge Autor war ein Dogmatiker. Ehe er wusste, was er will, wusste er, was er nicht will.« Aber das war, wenn überhaupt, ein Dogmatismus besonderer Art. Zugrunde lag kein von sich und der Wahrheit seiner Weltauslegung überzeugtes Ich, sondern eines, das sich die Latenz seiner Krise vor sich selbst verbarg – der Krieg war zu Ende und mit ihm der Staat, der ihn führte und verlor –, ein Ich der Entzweiung, der Verstörung, der Skrupel, ein Ich des Vertrauensverlusts, der Erkenntnisunruhe, der Unbehaustheit, der Fremdheit, ein Ich, das durch einen fundamentalen familiären und historischen Bruch seiner Identität unsicher geworden war und den schweren Rucksack Vergangenheit abwerfen wollte. Jürgen Becker gab zu Protokoll: »Als ich zu schreiben anfing und in jungen Jahren beschloss, eine literarische Existenz zu führen, interessierte mich Vergangenes nicht, und es behelligte mich auch nicht, was die Last der Geschichte war.« Und so stürzte er sich, die Kinder- und Jugendjahre im Ungedächtnis, gleichsam herkunftslos und ichverloren in eine Art neues Sprechen. Das klang so:

»Und hier auf dem schrägen Platz, ja auf dem unaufhörlichen Platz, was machen, mein Sprechen im dauernden Scharren und Kreisen rund und quer im Wechsel von Lampen und Beinen und Flächen schräg über Flecken und Pflaster und städtischem Grün unter plötzlichem Niesel von Leuchtstoff und Nebel, so war es also November, so schmierte schon Laub, notieren, November und noch anwesend auf vorhandenem Platz und stehengeblieben. Es ist ein genauer Ort. Er ist nicht zu beschreiben.«

Ein neuer Ton war in der Welt. Ein neuer Schriftsteller betrat die literarische Bühne. Er versetzte die Zunftgenossen in Erstaunen. Er hatte sich nicht nur seine eigene Gattung geschaffen, ein Cross-over in alle nur denkbaren Richtungen, eine Art Prosarhapsodie, temposcharf, atemlos, gleichsam ohne Punkt und Komma, er verkörperte auch eine neue Form des literarischen Ichs: dezentriert, polymorph, ungreifbar. Das Abnabeln von der Tradition hatte dem Dreißigjährigen die Zunge gelöst. Ein neues Terrain der Schreibkunst war erobert, ein neuer Satzbau, ein neuer Tanz der Adjektive und Adverbien, eine neue Gangart des Sprechens.

Man verweist im Zusammenhang mit Beckers experimenteller Prosa zu Recht auf ästhetische Einflüsse: Heißenbüttel, Beckett, Uwe Johnson, Peter Weiss, Joyce, die Neue Musik der Stockhausen, Boulez, Kagel und Cage, Bilder von Andy Warhol. Was seltener zur Sprache kommt, ist der lebensgeschichtliche Untergrund seiner Künstlerschaft. Am Anfang nämlich steht ein Schmerz, ein seelischer Bruch, eine Erschütterung in der Tiefe, die dem Autor erst nach und nach zu Bewusstsein kam und über die er erst spät zu sprechen begann. Ich erinnere an einen Satz von Elias Canetti: »Ein Schriftsteller, der keine immer offene Wunde hat, ist für mich keiner. Er mag es vorziehen, sie zu verbergen, wenn er aus Stolz kein Mitleid will, aber er muss sie haben.«

Mitten im Krieg, 1943, als Jürgen Becker elf Jahre alt war, haben sich seine Eltern scheiden lassen. Die Familie stammte aus dem Kölner Raum und lebte seit 1939 in Erfurt. Er war das einzige Kind. Er wollte nach der Trennung bei der Mutter bleiben, aber das Gericht entschied, dass er zum Vater kam. Die Mutter hatte den Vater wegen eines anderen Mannes verlassen, dann begriff sie den Fehler und wollte zurück, doch es war zu spät, der Vater hatte sich eine neue Frau genommen, die Mutter wurde schuldig gesprochen. Doch damit nicht genug. Drei Jahre später – der Krieg war zu Ende, sie hatte noch einmal und wieder vergeblich versucht, den Sohn gerichtlich zurückzubekommen – nahm sie sich an einem Augusttag das Leben.

1982, mit fünfzig Jahren, schrieb Jürgen Becker ein Hörspiel, in dem es erstmals um diese Dinge ging. Es heißt »Im August ein See«. In der ersten Minute nur Stille, dann Möwenschreie, Wellengeplätscher. Bald setzt die Stimme des Erzählers ein: »Am Ende des Korridors im Halbdunkel stand, groß und blond, der fremde Mann, spielte Akkordeon. Laura, die vor ihm stand, Laura stand vor ihm, der Mann hörte auf zu spielen, er beugte sich über sein Akkordeon, beugte sich über Laura und küsste diese kleine Frau, die ihren Kopf, ihr Gesicht zu den Sternen hinhielt. Laura, die meine Mutter war.« So die Szene, die das Kind einst heimlich sah und die es zutiefst beunruhigt hat. Jetzt ist dieses Kind ein erwachsener Mann, und der Erzähler einer, der selbst in einer Ehekrise steckt, der selbst vor einer Scheidung steht und sich nun an die Ehekrise und die Scheidung seiner Eltern erinnert. Und an die Tragödie seiner Mutter, daran, wie er mit seinem Vater und dessen neuer Frau an den See gereist war, in dem die Mutter ertrank, daran, wie man ihm damals gesagt hatte, dass sie die Nacht in einem Zelt am Ufer des Sees verbrachte und früh um sechs ins Wasser stieg, um schwimmen zu gehen. Aber das Kind wusste, dass die Mutter nicht schwimmen konnte ...

Das Hörspiel ist eine bewegende Vergegenwärtigung dieses traumatischen Geschehens. Es markiert den Beginn einer neuen Ära in Jürgen Beckers Schreiben, den Durchbruch zu sich selbst. Von nun an artikulierte sich das autobiografische Ich, das, was Bergson das »Moi profond« nannte, das Tiefen-Ich.

Und es äußerte sich als Erzählen, auf eine Weise, die Jürgen Becker zu Beginn seiner Laufbahn aufs Heftigste angegriffen hatte. Hätte er früher von sich sagen können: Ich schreibe, was ich sehe, könnte er jetzt von sich sagen: Ich schreibe, was ich sah. Eine neue innere Weite seiner Dichtung war gewonnen. Von nun an sprach das melancholische Herz des Autors und hörte nicht mehr auf zu sprechen. Das »Ausweichmanöver der Ängste« war beendet. Im Stimmenschotter erwachte die Stimmenfuge, im Nebeneinander das Nacheinander, aus Ansammlung wurde Fülle, aus abstrakt konkret. Die imaginierte Welt fing an zu einem individuellen, einem unverwechselbaren Universum der Anschaulichkeit zu werden. Als wäre der Autor endlich durchgebrochen zum Kern seines Ausdrucksverlangens, zum ursprünglichen Antrieb seines Schreibens. Weg von Heißenbüttel und Joyce, hin zu Johnson und Proust. Weg vom »multiplen Ich«, hin zur Mitte der personalen Identität. In dem Hörspiel *Ahrenshooper Holz* (2000) gibt es eine Stelle, wo über den Maler Achim, eine dem Autor J. B. nicht unähnliche Figur, gesagt wird: »Achim, das waren immer mehrere Personen in einer Person. Ich glaube, manchmal hatte er Probleme damit. Einmal stöhnte er regelrecht: ›Ich komme mir vor wie eine dicht besiedelte Landschaft.‹ Vielleicht, dass er zuletzt nach der einen Landschaft unterwegs war, in der er sich ganz alleine finden würde.« Ja, darum ging es. Nicht länger Heißenbüttels »Wie lässt sich das beschreiben, worin ich nur ein Teil-Ich bin, aber zu Teilen auch Anderes«. Von jetzt an Johnsons »Lebt der Schauplatz, lebt auch die Figur«. Nicht mehr Joyces Bewusstseins- und Redeströme der vielen, sondern Prousts Erinnerungs- und Erzählstrom des einen. Es war wie eine Bekehrung, wie eine Konversion im außerreligiösen Sinn. Konversionen sind ja Wendungen, Abwendungen, recht besehen aber Hinwendungen. Als wären sie ein Akt des Nachgebens. Endlich Erinnerung, endlich »das Gedächtnis aus seinem Schlaf gerissen«.

Nachdem der elegische Stoff im Hörspiel gehoben war, hat er sich auch in Beckers Prosa Geltung verschafft. Zuerst in der

Erzählung *Der fehlende Rest* (1997) und dann, eindrucksvoll elegisch und mit langem Atem, in dem Roman *Aus der Geschichte der Trennungen* (1999), dem für viele und auch für mich eindringlichsten epischen Buch über das geteilte und das wiedervereinigte Deutschland. Eindringlich, weil es das eine als Verwundung und das andere als Heilung fühlbar macht. Auf der Suche nach der entschwundenen Kindheit und Jugend und auf den Spuren der Zeitgeschichte, eingebunden in die Gegenwart des Schreibens, eines Schreibens, das sich dabei gleichsam selbst über die Schultern schaut, geht der Schreibende den unbekannten, auf keiner Landkarte des Lebens eingezeichneten Weg vom verlorenen Ich zum wiedergefundenen Ich.

Dieses Schreiben hat schon lange einen festen Ort: das Fachwerkhaus in Odenthal im Bergischen Land. In der Erzählung *Der fehlende Rest* wird es beschrieben: »Das kleine Fachwerkgehöft lag, umgeben von Obstwiesen, Feldern, Waldstücken, Gartengelände und vereinzelten, seit Jahrzehnten schon nicht mehr als Bauernhöfe anzusehenden Anwesen, inmitten einer wald- und wasserreichen Hügellandschaft, deren Ausläufer sich an den ausfransenden Rändern der in der Rheinebene liegenden Städte entlangzogen.«

Im Atelier dieses zweihundert Jahre alten Hauses sitzt ein Mann, in der Linken hält er die Zigarette, in der Rechten den Stift. Ohne den leise über das helle karierte Papier kratzenden Stift gibt es für ihn kein Schreiben. Er sagt: »Ich schreibe eigentlich nur, um herauszufinden, was ich schreibe.« Es ist wie Zeichnen, ein »Sprechen aus der Hand«. Er wäre gern Landschaftsmaler geworden. Doch er wurde Schriftsteller und schrieb die Bücher, die wir kennen und die uns etwas bedeuten. Er ist dem Ich-Erzähler dieser Bücher zum Verwechseln ähnlich. Dieser Ich-Erzähler führt schon lange ein Gespräch mit Jörn, Jörn Winter, seinem Alter Ego. Es ist das Selbstgespräch eines Ichs mit einem literarischen Du, und es kommt an kein Ende. Im Roman *Aus der Geschichte der Trennungen* lesen wir:

»Im vergangenen Winter hatte ich mit Jörn eine Schneenacht lang in einem rheinisch-bergischen Fachwerkhaus gesessen. Er hatte angefangen zu erzählen, und je weiter er dabei in die Vergangenheit vordrang, desto näher kam er, wie er sagte, den weißen Flecken in seinem Gedächtnis. Indem er sich erinnerte, versuchte er, das Erinnerte als Gegenwart wahrzunehmen, nur kam es nie wie gerufen. Seine Erinnerung begann erst zu arbeiten, wenn er ein paar alte Dinge im Haus fand, ein Bild an der Wand hängen sah, draußen in der Nacht ein Geräusch hörte, am Radioknopf spielte. Dann konnte es passieren, dass ihn ein Impuls berührte und sein zögernd beginnendes Sprechen Vergessenes wiederentdeckte, dass er mit seinen Wörtern, so schien es jedenfalls, Eingänge in Vergangenes öffnete, die er wortlos, ohne sein Sprechen, gar nicht gefunden hätte.«

Da ist es, das wohlvertraute, das verhaltene, schmucklose, gleichsam halblaute Andante con moto von Jürgen Beckers geschmeidiger Sprache, das Verweilende, unaufhörlich neue Gesichtspunkte Erwägende, das ruhig Assoziierende und immer ein wenig Wehmütige.

2010 hat er sein letztes Hörspiel geschrieben. Es heißt »Unterwegs im Haus«. Hier dürfen wir uns einmal ganz auf eine Figur, ganz auf eine Stimme konzentrieren. Wir hören einen alten Mann in sein Haus zurückkehren. Er war längere Zeit auf Reisen. Der alte Mann, gesprochen von Otto Sander, führt ein Selbstgespräch. Wir hören seinen warmen, rauen Bassbariton, seine lange, schöne, bald heitere, bald traurige Rede mit den Dingen des Hauses, mit seinen Fenstern und Türen, seinen Zimmern und Fluren, seinen Schränken, Schubladen, Regalen, seinen lange schon toten Bewohnern. Und wir hören den Monolog mit dem Kind, das der alte Mann einmal war. An einer Stelle heißt es: »Zieh die Lippen nicht so ein, hat der Vater gesagt. Dabei hat der Junge nur die Lippen eingezogen, um nicht nach der Mutter zu rufen.« Es spiegeln sich in diesem Haus die vielen andern Häuser aus dem Leben des Erzählers. Auf mich wirkt das Ganze wie eine stille Hommage an Gaston Bachelard, an seine *Poetik des Raumes*, jenes wunderbare Buch, aus dem ein Schriftsteller so vieles lernen kann. Unterwegs sein im Haus heißt unterwegs sein in der Sprache der Räume, von der Kammer auf dem Dachboden bis zum Winkel unter der Kellertreppe. Bachelard sagt: »Hinaufsteigen und Hinabsteigen in den Worten selbst, das ist das Leben des Dichters.«

Jürgen Beckers Dichterleben, das lange Zeit unbehaust war, hat Heimat gefunden im bergischen Fachwerkhaus, und Jürgen Beckers bergisches Fachwerkhaus hat Heimat gefunden in seinem Werk. Der Pfeil des Lebens und der Pfeil der Werke – sie fliegen in dieselbe Richtung. Achtzig Jahre alt ist der Autor 2012 geworden. Ein Leben rundet sich und mit ihm ein reiches, unverwechselbares, in der beweglichen Architektur seiner Formen und Motive uns immer vertrauter werdendes Werk.

Im Osten der Länder
Laudatio zum Uwe-Johnson-Preis auf Lutz Seiler

In einem auf *Youtube* vom Suhrkamp Verlag zu Werbezwecken arrangierten knapp anderthalb Minuten langen Selbstinterview spricht Lutz Seiler über sein Opus magnum, den seit Wochen in allen Buchhandlungen an vorderster Stelle ausliegenden, von allen großen Zeitungen und Radiosendern besprochenen, vierhundertachtzig Seiten umfassenden Roman *Kruso*, für den er nun auch den Uwe-Johnson-Preis erhält. »Worum geht es in Ihrem Roman, Herr Seiler?«, lautet die erste Frage, die der Autor an sich stellt. »Überwältigend unbeantwortbar, hätte Gottfried Benn gesagt«, so die Auskunft, die er sich gibt. Ein solcher Bescheid mag den Philosophen beeindrucken, der Werbung dient er nicht. Deshalb fährt der Interviewte fort: »Aber Stephen Greenblatt sagt, es geht in der Literatur ohnehin nie um die Dinge, die offensichtlich sind.« Auch das taugt nicht für den Verkauf. Endlich kommt der Autor zur Sache: »Also, es geht um die Flucht auf eine Insel, es geht um eine zärtliche, schwierige Freundschaft, es geht um einen toten Fuchs, der spricht und der Ratschläge erteilt, es geht um die Literatur, um Robinson Crusoe und um den Dichter Georg Trakl, es geht um eine sexuelle Initiation mit Hilfe kleiner Tiere, winziger, hochbegabter Tiere, es geht um die ganz und gar fantastische Szene der Saisonarbeiter, der Aussteiger und der Ausgestoßenen auf der Insel Hiddensee im Sommer 89 und um die Geschichte von Kruso, der verspricht, jeden Schiffbrüchigen des Lebens in drei Nächten zurückzuführen zu den Wurzeln der Freiheit.« Mit der Liste dieser acht Antworten erreicht die kleine Selbstbefragung ihren Höhepunkt. Der Roman ist bestens anempfohlen, der künftige Leser aufs Schönste angelockt. Damit hätte Seiler enden können, aber er endet nicht damit. Der letzte Satz lautet: »Kurz gesagt: Worum es eigentlich geht, wäre noch herauszufinden.«

Wie würden meine acht Antworten aussehen, wenn man mich gefragt hätte? Ich hätte die Liste ergänzen können: Es geht um das Meer, um schwimmende Wildschweine, um das Überstehen von Schmerz und Verlorenheit, es geht um das Mysterium des Abwaschs, um schwarze Quartiere, es geht um leuchtende Kiefern und um den großen Inselblick. Auch mein letzter Satz hätte gelautet: Worum es eigentlich geht, wäre noch herauszufinden.

Dieser Satz, Seilers Satz, hat mir gefallen. Er war wie ein Pfeil, abgeschossen vom Autor und gezielt auf den Interpreten. Gezielt auf mich.

Lutz Seilers Roman ist eine Liebeserklärung an Hiddensee. Aber an Hiddensee als was? »Die Insel, ihr Lieben«, schwärmt eine aus der Erinnerung des Haupthelden aufsteigende Nebenfigur, ein gestrandeter Historiker aus Sachsen-Anhalt, der im Winter in den Offenbach-Stuben in Halle und im Sommer auf Hiddensee kellnert, die Insel »hat alles, was ich brauche, immer gesucht habe, bereits wenn sie auftaucht am Horizont, vom Dampfer aus gesehen, ihre schmale zerbrechliche Gestalt, ihr feiner Umriss, im Rücken noch der letzte graue Hahnenkamm des Festlands, Stralsund mit seinen Türmen, das ganze Hinterland mit seinem Dreck, ihr wisst, was ich meine, ihr Lieben, die Insel taucht auf und augenblicklich vergesst ihr das alles, denn jetzt liegt sie vor euch, und etwas Neues fängt an, ja, schon da, auf dem Dampfer!«

Wer jemals vor Öffnung der Grenzen seinen Fuß auf Hiddensee gesetzt hat, kennt dieses Gefühl. Auch ich kenne es. Es ist die Gestalt, die überschaubare Gestalt, vier Orte, drei Häfen, die Heide, das Hochland, die Strände, umgeben von der Weite des Himmels und der Weite des Wassers, umflirrt von Licht und Helligkeit, umtost von Gischt und Brandung, es ist die Seinsvalenz der realen Erscheinung, die Liebe auf sich zieht und Verheißung enthält. Immer sind Gestalt und Erscheinung der Ausgangspunkt der Liebe. Bei Menschen und Tieren ebenso wie bei Dingen, Orten und Landschaften. Gestalt als Selbstoffenbarung, als Signatur, wie Jakob Böhme sagt. Sie ist keine Utopie. Gestalt ist Existenz, erhellte Eigenart, stumm ausstrahlendes Wesen. Einmal gesehen und für immer unvergesslich.

Unvergesslich auch für die Hauptfigur des Romans, für Edgar Bendler, genannt Ed. Auch er ein Schiffbrüchiger des Lebens. Bevor er Richtung Küste aufbrach, studierte er Literatur in Halle und schrieb im stillen Gedichte. Dann geschah ein Unglück. Mit einem Schlag war er einsam und verlassen, nahe daran, seinem Leben ein Ende zu setzen. Schließlich entschied er, sein bisheriges Dasein hinter sich zu lassen. Ohne irgendjemand ein Wort zu sagen, fuhr er ans Meer.

Die erste Nacht verbrachte er unter freiem Himmel, auf einem Hochstand im Norden der Insel. In regelmäßigen Abständen streifte ihn der Fächer des Leuchtfeuers. Das war nicht der einzige geisterhafte Lichtstrahl am Dornbusch. Hiddensee war Grenzgebiet. Nicht weit vom Leuchtturm entfernt der Beobachtungsturm der Küstenwache mit Suchscheinwerfer und Radar. Draußen auf dem Wasser Patrouillenboote mit Bordscheinwerfern und Bordkanonen. Am dunklen Strand Streife gehende Soldaten mit Stablampen, Maschinenpistolen und Meldehunden.

Die zweite Nacht schlief Ed am Fuße des Kliffs. Frühmorgens entdeckte er im Steilhang unter den mannshohen Sanddornbüschen eine Treppe. Als er die zweihundertvierundneunzig Stufen, jede dritte verfault oder zerbrochen, erklommen hatte, stand er oben an der Abbruchkante, sechzig Meter über dem Wasser. »Durch die Kiefern schimmerte ein helles, an den Giebeln mit Holz verkleidetes Gebäude. Auf den ersten Blick erinnerte es an einen Mississippidampfer, einen gestrandeten Schaufelraddampfer, der versucht hatte, durch den Wald das offene Meer zu erreichen. Ringsum ankerten einige kleinere Blockhütten, die das Mutterschiff wie Rettungsboote umgaben.«

Das war der Klausner, ursprünglich Bergschänke mit Pension, jetzt Betriebsferienheim mit Restaurant. Der einst von dem schlesischen Eremiten Alexander Ettenburg erbaute und geführte Gasthof wird zum Zentrum des Romans. Hier im Klausner wird Ed das nächste halbe Jahr als Saisonkraft verbringen. Er hat freie Unterkunft, freie Verpflegung und erhält zwei Mark siebzig Lohn die Stunde.

Krombach, der Direktor, der draußen auf der Terrasse als erster mit Ed sprach, erzählte ihm von der bedrohten Insel, vom ständigen Abbrechen der Küste, von Sturmfluten und starken Strömungen. Den Klausner nannte er »unsere Arche«, seine Mitarbeiter »die Besatzung« und sich selbst »den Kapitän«. Er sagte, dass es hier auf jeden ankomme. Das tat Ed gut, er wollte anheuern, dazugehören. Er erinnerte sich an die Verfilmungen des *Seewolfs* und der *Schatzinsel*, die er als Vierzehnjähriger gesehen hatte, und es gefiel ihm, in den maritimen Begriffen Krombachs zu denken. »Man brauchte nur ein paar Worte auszutauschen und das Ganze war ein Märchen, kaum weniger abenteuerlich als eine Fahrt auf der Ghost oder der Hispaniola.«

Die Besatzung der Arche bestand aus zwölf Leuten, allesamt irgendwie Gestrandete: dem Direktor, zwei Köchen, drei Kellnern, dem Tresenehepaar, dem Eisverkäufer, dem Zimmermädchen und zwei Abwäschern. Vollzählig saßen sie nur einmal am Tag beisammen, morgens um sieben zum gemeinsamen Frühstück am Personaltisch. Hier erfolgte auch Eds förmliche Aufnahme. Er wurde für den Abwasch eingeteilt. Einer der beiden Abwäscher war vor kurzem verschwunden. Er hieß Speiche, war aus dem Heim, ein Waisenkind. Ed bekam sein Zimmer und wurde sein Nachfolger. Der Abwasch war ein schmaler, gefliester Anbau mit zwei großen braunen Steinbecken sowie zwei kleineren Becken aus Stahl, mit einem im Halbdunkel liegenden Durchgang zum Gastraum und einer Schwenktür zur Küche.

Wie es im einzelnen hier aussah, wie es im ganzen hier zuging, lässt sich nicht nacherzählen, wie sich so vieles nicht nacherzählen lässt an diesem wundersamen Buch. Seilers bacchantische Beschreibungen des Abwaschs gehören zu den eindrucksvollsten Partien des Romans. Hören wir:

»In den ersten Stunden wusch und schrubbte Ed, ohne aufzublicken. Die abgeschnittenen Fettstreifen, die ineinandergerührten Reste, die Papiertaschentücher voller Rotze oder Blut, die Schiffstickets, die Merkzettel, die Kaugummis, die verknoteten Haargummis (an denen ein paar ausgerissene Haare hingen), die Kippen, die Kotze, die Sonnencreme, der ganze Abfall, der auf den Tellern von der Terrasse zurückkam in den Abwasch, das alles war jetzt Teil seiner Arbeit. Er betrachtete die Biss-Spuren im Fleisch, große Bisse, kleine Bisse, manche winzig wie von Nagetieren, nicht menschlicher Herkunft jedenfalls. Er schaute sich um, er war allein. Er nahm eine Kartoffel mit dem rot umrandeten Biss einer Frau in die Hand, warf sie in die Luft, fing sie auf und zerdrückte sie langsam in seiner Faust.«

Ed, der einsame, weltverlorene, von Kummer gezeichnete junge Dichter, der gern stumme Selbstgespräche führt (in ihm summten die »Bestände«, Verse über Verse, fremde und eigene), macht die Erfahrung von Handarbeit und Materialität. Wie schon einmal vor Jahren, als er als Maurer und Zimmermann auf dem Bau arbeitete. Er musste nichts denken, nichts reden. Jetzt war es wieder so. Seine Hand sprach mit den Dingen, mit Töpfen und Pfannen, Schüsseln und Tellern, Bürsten und Lappen, seine Ohren vernahmen das Klirren von Gläsern, das Klappern der Bestecke, durch Mund und Nase zogen die fauligen Dämpfe. Die Wahrheit verstand er mit der Haut. Das Spülwasser war Balsam für seine Seele. Nie im Leben hätte er herausgefunden aus Unglück und Leere ohne die Rückkehr zu körperlichen Strapazen. Die Erschöpfung wirkte wie eine Erlösung. Als würde im Mysterium des Abwaschs auch sein verwirrtes, verwundetes Ich ausgewaschen. Und freigespült das Mark des Eigenen, das unerkannt und noch im Werden war.

Alexander Krusowitsch, genannt Kruso, der angestammte Abwäscher, ein Russe, der in Deutschland aufgewachsen war und seit Jahren im Klausner arbeitete, wird ihm zum Freund, zum Blutsbruder. »Kruso«, so sagt der Erzähler, »berührte etwas in ihm, das er entbehrte, vermisste, ein alter Mangel, nagend, eine Sehnsucht nach – er wusste es nicht, es hatte keinen Namen.« Durch Kruso wird Ed in alles eingewiesen, was er wissen muss. Und in weit mehr noch. Ed und Kruso sind Schmerzgefährten, sie vereint das gleiche traumatische Erlebnis. »Dass es beiden unmöglich war, über das zu sprechen, was ihnen am schwersten auf der Seele lag, schien sie enger aneinanderzubinden als jedes Geständnis.« Nach und nach erfährt Ed und mit ihm der Leser das Unglück von Krusos Schwester Sonja. Und nach und nach erfährt Kruso und mit ihm der Leser das Unglück von Eds Freundin G. Krusos Schwester ist ertrunken, Eds Freundin wurde von einer Straßenbahn überfahren. Aloscha, wie Kruso als Kind und später von Freunden genannt wurde, war neun, die Schwester dreizehn, als es geschah. Sie lebten damals auf Hiddensee bei ihrem deutschen Pflegevater, einem Physiker des dortigen Strahleninstituts. Ihre Mutter, eine Zirkusartistin der Roten Armee, war in Potsdam tödlich verunglückt, der Vater, ein KGB-General im »Russenstädtchen Nr. 7«, daraufhin in die Heimat zurückversetzt worden. So waren die beiden Geschwister im Grunde verwaist. Sie hatten nur noch sich. Als Sonja zum Schwimmen ans Wasser ging, sagte sie zu Aloscha, der in der Sandburg spielte: »Hier wartest du so lange und rührst dich nicht weg.« Aloscha wartete. Aber Sonja kam nicht zurück. Nicht lebend und nicht tot. Ihre Leiche wurde nie gefunden. Niemand wusste, was geschehen war. Es gab nur Ahnungen und Gerüchte.

Nur mit Mühe bekamen sie Aloscha aus seiner Sandburg heraus. Er stand dort wie angewurzelt und starrte aufs Meer. Nachts lief er zurück an die Stelle am Strand. Weit draußen schimmerten die Positionslichter der vor Anker liegenden Patrouillenboote. Er schrie. Seit damals führte er eine Art Logbuch. Sieben Jahre lang hat er jede ihrer Bewegungen notiert, Küstenwache, Kanonenschiffe, Minensucher, jedes Manöver. Typ, Zeit, Kurs des Bootes, und immer, ob es Lichter gab auf den Schiffen. Man konfiszierte sein Tagebuch. Er wurde verurteilt, Verdacht auf Grenzdurchbruch, Republikflucht, Landesverrat. Er war siebzehn, kam in einen Jugendwerkhof. Nach einem Jahr entließ man ihn. Er sollte sich in der Produktion bewähren. Aloscha schlug den Klausner vor. Er war schon als Kind oft dort oben gewesen. Die Saisonkräfte mochten ihn. Man bot ihm eine Ausbildung zum Gastronomiefacharbeiter an. Aber er lehnte ab, er wollte als Ungelernter in den Abwasch.

Kruso hat in einer langen Einkehr aus seinem Trauma einen Traum geschmiedet. Aus dem Schock der Einsamkeit und Unfreiheit das Wunschbild von Gemeinsamkeit und Freiheit. Und er hat sich diesen Traum erfüllt. Er erschuf die märchenhafte Wirklichkeit einer zweiten, parallelen Welt: die Welt der Esskaas, der Saisonkräfte, eine durch Initiation auf Freigebigkeit und Verlässlichkeit eingeschworene, durch Patenschaften und Feste miteinander verbundene Gemeinschaft. Keine politische Gegenwelt, kein subversiver Kreis, ein poetischer, naturreligiöser Bund. Legale Illegalität, rituell verfasst und zeremoniell gelebt. Ein Bruderhof innerer Freiheit, der die äußere Unfreiheit links liegen ließ, ja aus ihr erst erwuchs. Die Aussteiger, die Ausgestoßenen, die Gestrandeten, die Degradierten, die Unbotmäßigen, die Abenteurer, die Träumer, die Narren, sie alle, die es aus Sehnsucht bis hierher auf die Insel geschafft hatten, die Schiffbrüchigen vom Festlandsdampfer, sie zeigten, dass man der verordneten Vereinnahmung, der geistigen Bevormundung, der allgemeinen gesellschaftlichen Heuchelei entfliehen konnte, wenn man nichts mehr zu verlieren hatte. Als trüge ein jeder von ihnen auf seine Art Janis Joplins »Freedom's just another word for nothing left to lose« als Erkennungsmelodie in sich. »Wer hier war, hatte das Land verlassen, ohne die Grenze zu überschreiten«, sagt der Erzähler. Jetzt musste diese östliche Pilgerschar nur noch gegen die westliche Verlockung immun gemacht werden, die Verlockung Møns, der dänischen Insel, »den stillen Fels aus Jenseitskreide«, nur fünfzig Kilometer entfernt und bei guter Sicht vom Dornbusch aus zu sehen. Die große Versuchung der Seeflucht – bei Nacht und Nebel im Schlauchboot, im Faltboot, im Neoprenanzug, mit Tauchgerät, mit Luftmatratze, mit Surfbrett –, für Kruso ein todbringender Wunschtraum. Niemand muss fliehen, um frei zu sein, lautet seine Botschaft. Niemand soll mehr ertrinken, weder im weichen Lichtschein der Verlockung noch im harten Lichtstrahl der Bewachung. Als wären die traurigen Verse Wolfgang Borcherts, des Dichters der Verlorenheit, von Kruso ersonnen, dem lautersten Lichtwesen Hiddensees:

Ich möchte
Leuchtturm sein
in Nacht und Wind
für Dorsch und Stint
für jedes Boot
und bin doch
selbst
ein Schiff in Not!

Der schöne Ernst von Krusos Denken, den Toten nah, den Verschollenen nah, den Vergessenen nah, sein Stehen zu seinem Auftrag, zu seinen Pflichten, sein Bild der Freiheit, die inmitten von Unfreiheit gedeiht, der wahren Freiheit, die ein jeder in sich selber finden kann – das war der Geist, aus dem heraus der Inselbund geschlossen war.

Der Zauber der Zugehörigkeit dauerte drei, vier Monate an. Dann erfuhr der Klausner den Einbruch der realen Welt. September, Oktober, November 1989 – die Menschen des Festlands rannten über die ungarische Grenze hinüber in den Westen. Niemand schoss. Die Mannschaft auf der Arche hätte es gar nicht mitbekommen, wenn Viola in der Küche nicht Tag und Nacht gesungen hätte, Viola, das alte, leicht lädierte Röhrenradio der Marke Violetta mit nur einem Sender, dem Deutschlandfunk. So drang der Sirenengesang der äußeren Freiheit bis hierher unter das Obdach der inneren Freiheit. Einer nach dem anderen verließ Schiff und Besatzung. Am Ende blieben nur Kruso und Ed übrig. Robinson und Freitag. Sie machten weiter, Notbesatzung,

Notmenü, alles geschlossen bis auf zwei Luken, Speiseluke und Getränkeluke. Der Klausner als Festung. Für Kruso auch eine Festung gegen die falsche, die Valuta- und Verbraucher-Freiheit. Er glaubte, die Verlockten würden zurückkehren, sobald sie »die Täuschungen der Warenwelt« erkannt hätten. Deshalb hieß es auszuharren. Kruso sah die Arche als Asyl der Fluchtumkehr. Sie würde den Exodus überstehen, wie ihr biblischer Vorgänger die Sintflut überstanden hatte. Den Exodus des halben Landes, von dem Viola Tag für Tag berichtete. Zu guter Letzt warf er mit einem Bierglas nach ihr, um sie zum Schweigen zu bringen. Aber das alles half nichts mehr. Die Tage des Klausners waren gezählt. Schließlich war auch Kruso fort. Ed suchte die ganze Insel nach ihm ab. Aber Kruso war nicht verschwunden. Als hätte ihn der Irrsinn gepackt, war er in den Speiseaufzug des Restaurants gekrochen, um in einem fort zwischen Keller und Küche herauf- und herunterzufahren. Am Ende stand er, keuchend und mit heiserer Stimme, im Abwasch und schrie hasserfüllt: »Verrat, Verrat!« Er stürzte sich auf Ed. Wie ein Paranoider witterte er überall Abtrünnige. Für Ed war es eine Kränkung, die tief ins Fleisch einschnitt. Es kam zum Kampf auf Leben und Tod. Im Tumult schlug Kruso mit dem Kopf am Becken auf und verlor das Bewusstsein. Als er wieder zu sich kam, befand er sich, umsorgt von Ed, als Verletzter in Krombachs Kabuff. Ed wollte die Inselärztin um Hilfe holen. Aber auch sie war verschwunden. Der ganze Ort wirkte wie ausgestorben. Krusos Zustand verschlechterte sich. Hustend, frierend, halb wach, halb schlafend, lag er mit Schüttelfrost in der Koje. Wie Sankt Julian in Flauberts Erzählung sich zu dem Aussätzigen ins Bett legte, so legte sich Ed zu Kruso ins Bett und wärmte ihn mit seinem ganzen Leib. Am nächsten Morgen erschien ein sowjetisches Kommando, ein paar Soldaten in Marineuniform, ein Sanitäter und ein General – Krusos Vater. Alexander Krusowitsch, genannt Kruso, wurde heimgeholt, per Schiff, mit einem Panzerkreuzer und einundzwanzig Schüssen Salut. Es ist eine durch und durch fantastische Szene. Sie lässt sich nicht nacherzählen.

Auch das Schlusskapitel nicht. Es handelt vom Abschied, von der Verriegelung des Klausners, von Eds letztem Abwasch, vom verlassenen Wachturm, von der verlassenen Kaserne, dem verlassenen Hundezwinger, der verlassenen Insel. Es handelt vom Ende der erzählten Wirklichkeit. Der Wirklichkeit der Lebenden und der Wirklichkeit der Toten. Es ist der 12. November. Alle Grenzen sind offen. Auch die unsichtbare Grenze zur Welt der ertrunkenen Flüchtlinge in den Tiefen der Ostsee.

Im Epilog des Buches gibt Ed einen erschütternden Bericht davon. Viele dieser Toten sind unbekannt, namenlos für immer. Nachdem sie an der Küste von Møn angespült oder in den Grundschleppnetzen der dänischen Fischer aus dem Wasser gezogen wurden, übergab man sie dem Gerichtsmedizinischen Institut in Kopenhagen. Dort wurden sie obduziert. Im Hauptquartier der dänischen Polizei wurde alles aufbewahrt und archiviert, was für eine spätere Identifizierung vonnöten sein könnte, Autopsieberichte, Gutachten, Fundprotokolle, Fotos der Leichen bzw. Leichenteile, in Silberfolie gewickelte Bündelchen Haare, auf Pappe geklebte Stoffstückchen von Hosen, von Hemden. Als Ed vier Jahre nach Ende der Hiddenseer Klausnerzeit von Krusos Tod erfährt, beschließt er nach Kopenhagen zu fahren, um dort nach Spuren von Sonja zu suchen. Aber er findet nichts. Was er findet, sind Spuren eines anderen. Ed hatte nicht nach ihm gesucht, er hatte nie an ihn gedacht, er kannte ihn ja nur vom Foto her. Ed sagt: »Zuerst erkannte ich das Hemd.« Es war das Hemd von Speiche, dem Heimkind, dem Waisenkind, seinem verschwundenen Vorgänger im Abwasch des Klausners.

Der Epilog gehört nicht mehr zur Fabel des Romans, doch er gehört zur Dramaturgie des Abschieds. Denn was ist dieses Buch am Ende anderes als ein wunderbares Epos des Abschieds. Des Abschieds von einem Freund, einer Gemeinschaft, einer Insel, einem Land, einer ganzen Epoche. Und darüber hinaus für den Autor – Edgar Bendler ist ja sein Alter Ego – ein Abschied von der Jugend, eine Erinnerung an sich selbst, an den, der er einmal war, ein junger Mann von vierundzwanzig Jahren.

Das ist es, würde ich sagen, worum es eigentlich geht in diesem Roman. Ohne Erinnerung, ohne Abschied verliert das Vergangene seine Gestalt, seine Berührungskraft. Aus dem Leben verschwunden, aus dem Bewusstsein verloren, fällt es in die Vergessenheit und existiert nur noch in einem toten Raum als ein Gespenst der Metarede fort.

Als Lutz Seiler *Kruso* schrieb, war er fünfzig. Der Stoff hat fünfundzwanzig Jahre stumm in ihm gearbeitet. Für ein Gedicht zu episch, für einen Essay ungeeignet, für eine Erzählung zu komplex. Seilers Schreiben kommt ja vom Gedicht her. Schon mancher Schriftsteller, der vom Gedicht her kam, hat sich am Roman versucht. Die wenigsten mit Erfolg. Es ist der riskanteste Gattungssprung, den es in der Literatur gibt. Seiler ging nicht den direkten Weg vom Gedicht zum Roman, vom lyrischen Sprechen zum Erzählen. Seine Brücke zur Prosa war der Aufsatz, die essayistische Selbstauskunft. Man bat ihn, die Bildwelt seiner Verse, deren Melos, deren Rhythmus man bewunderte, ein wenig zu erläutern. Der Autor ist den Bitten nachgekommen. Und so geriet er ganz von allein ins Erzählen. Man kann sein Essaybuch *Sonntags dachte ich an Gott* aufschlagen, wo man will, immer begegnet man plastischen Räumen, einer genau umrissenen Situation und sinnfällig vergegenwärtigter Zeit. Alles Reflexive ist narrativ gebunden, folgt den verwehten Spuren des eigenen Lebenslaufs, des eigenen Selbstgefühls. Von hier war es nur noch ein Schritt bis zum reinen Erzählen, der vom Diskursiven freien Prosa. Schon der Band *Die Zeitwaage* bezeugte, dass Lutz Seiler fähig ist, einen dichterischen Ton auch außerhalb des Versgeländes anzuschlagen. Bei *Kruso* war es nun die Aufgabe, das Dichterische im unerprobten Terrain der Ausführlichkeit zu behaupten, also die Sprache und die Zeitkraft der Erzählung auszuweiten in die riesenhaften Dimensionen des Romans. Die Aufgabe war gewaltig, und Lutz Seiler hat sie auf imponierende Weise bewältigt. *Kruso* ist episch durch und durch und dabei in allem poetisch. So etwas ist selten im Roman. Das Epische braucht die Dynamik der Fabel, das Poetische die Statik der Stimmung. Fabel ist Handlung, spannungsgetriebener Fortgang des Geschehens. Stimmung ist Verweilen, ist Atmosphäre und sich öffnendes Geheimnis. In dem einen regiert das temporale Nach-und-nach, im anderen das immerwährende Jetzt. Gaston Bachelard hat einmal gesagt, Prosa sei dahinströmende, Poesie sei angehaltene Zeit. Beides in Einklang zu bringen ist nicht leicht. Wo es gelingt, entsteht eine besondere Schönheit des Erzählens. In *Kruso* kommt diese Schönheit nicht nur aus der verhalten ins Mythische ausgreifenden Konstruktion, sondern auch aus der Magie der bildhaften, dingnahen, in lebendigem Rhythmus ein- und ausschwingenden Sprache. Als wäre der ganze Roman nichts anderes als ein auserzähltes Gedicht. Das Gedicht, an das ich dabei denke, ist von Lutz Seiler und trägt den Titel »im osten der länder«. Mit ihm will ich schließen.

wind kam auf die grenzland
hunde stiegen an
ihren zart verästelten gerippen

pfiff ein betörend töricht
wanderlied. schnee kam auf
& riss der eisen

vorhang ihrer augen jener
stumpfe blick ins hinterland
zeigte dass wir uns beschieden. ja

wir wären wenn wir hätten
gehen können immer fort
bei uns geblieben

Was für ein paradoxes Requiem. Es ist wie ein Endbild des Vergangenen. Es ist das Inbild des Romans.

Das Vermögen, die Befleckung zu betrachten
Wolfgang Hilbigs fluchbeladene Welt

Wolfgang Hilbig ist nicht einmal siebenundsechzig Jahre alt geworden. Das ist in einer Zeit, in der die Menschen immer länger leben, wahrlich kein Alter. Aber gegen den Krebs, der in den Knochen dieses untersetzten, stämmigen Menschen wucherte, war er machtlos. Hilbig wurde 1941 in Meuselwitz geboren, einer Kleinstadt im sächsisch-thüringischen Braunkohlenrevier in der Nähe von Leipzig. Sein Sternbild war die Jungfrau. Von ihm sagt die Astrologie, der Mensch habe hier das Bewusstsein seines Ausgeliefertseins an die Gewalten der Natur und des Lebens. Hilbigs Vater, vermisst seit 1942, fiel vor Stalingrad, seine Mutter, vergeblich auf die Rückkehr ihres Mannes wartend, konnte den Sohn nicht allein durchbringen. Sie nahm ihn mit in die Wohnung des Großvaters, eines aus einem kleinen Dorf in der polnischen Ukraine stammenden Bergmanns, der nie eine Schule von innen gesehen hatte. So konnte er weder lesen noch schreiben und betrachtete alles Gedruckte mit Argwohn. Am liebsten hätte er allen seinen Nächsten die Bücher verboten. Man kann sich vorstellen, in welche Lage der Enkel geriet, dessen ganze Leidenschaft schon als Kind das Lesen und Schreiben war. Dieses Kind hat übrigens noch die Bombenangriffe auf Meuselwitz erlebt, wie bewusst oder unbewusst auch immer. Da der Großvater unter Tage arbeitete, hatte die Familie das Recht, bei Fliegeralarm Schutz in den Kohleschächten zu suchen, in Schächten, die sicherer waren als Luftschutzbunker. So ist er, Wolfgang, schon als Zwei- oder Dreijähriger Hunderte von Meter tief unter die Erde gefahren, auf dem Höhepunkt der Luftangriffe mehrmals in einer Nacht. Bis zu seinem 37. Lebensjahr lebte er, das Einzelkind, zusammen mit seiner als Verkäuferin arbeitenden Mutter in der winzigen alten Wohnung des Großvaters. Auch später, als er längst in Leipzig bzw. Berlin wohnte, hatte er noch einen Schlüssel, um jederzeit und wann immer er wollte zurückzukehren. Was um ihn herum war, um das Meuselwitzer Mietshaus nebst Außenklo, Hühnerstall und angrenzendem Schrebergarten des Großvaters und um die in der Erzählung *Ort der Gewitter* so wunderbar verewigte Heimatstraße, das hat er gesprächsweise einmal so beschrieben:

»Ich bin in einer Gegend aufgewachsen, in der die Erde andauernd umgeschichtet wurde, Tagebaue und Abraumhalden entstanden. Und es war viel Wald hier. Die Tagebaue soffen mit der Zeit ab, sie wurden von verschiedenen Quellen gespeist und waren teilweise sogar verschiedenfarbig. Die einen leuchteten gelblich, die anderen bläulich und dazwischen lagen weißgelbe Abraumhalden von Sand. Also hatte ich meine ganze Kindheit über Wüste, Wasser und Wald vor Augen.«

Soviel zur Biografie, zum Ursprungsgefilde des Autors. Nun zum Werk. Ein kluger Mann hat gesagt, Revolutionen hinterlassen der Literatur nur die Klagen ihrer Opfer und die Schmähschriften ihrer Feinde. – Nicht nur die, möchte man mit Blick auf die DDR hinzufügen, sie hinterlassen ihr auch das Bewusstseinsdrama ihrer Anhänger. Seltsamerweise hat das Werk Wolfgang Hilbigs, das ein einzigartiger Abgesang auf die DDR ist, mit diesem Bewusstseinsdrama nichts zu tun. Er, der schreibende Arbeiter, der Heizer, war der Bote des Untergangs. Sein Werk war eine Gegenstimme von Anfang an. Doch nicht die opponierende des desillusionierten Anhängers, nicht die klagende des Opfers und auch nicht die schmähende des Feindes. Hilbig war extremer Außenseiter, eine Art Illegaler, einer, der grundsätzlich abseitsstand, einer, der sich aus dem kollektiven Bewusstsein davonstahl, ungerührt von den Thesen des Staates und demzufolge verschont von Verblendung wie von Ernüchterung. So war er ein Versprengter, ein von Natur aus Abtrünniger – und gewann auf diese Weise eine Wahrnehmungsperspektive, wie sie für Schriftsteller in der DDR eigentlich undenkbar war. Sie ermöglichte ein düsteres, elegisches Werk, das die von der Macht erstellte Beschreibung revidierte und den Aufriss einer Wirklichkeit bot, die das Wir-Ideal, welches Staat und Literatur aneinander band, unterminierte.

Nehmen wir das Gedicht »fragwürdige rückkehr (altes kesselhaus)« aus dem Jahr 1970:

> als wär seither noch keine zeit vergangen
> faulen im salpeterweiß die selben wände
> und in den winkeln wie seit ewigkeiten hangen
> die vagen spinnen noch an ihrer fäden ende
>
> die stühle sind mit staub bedeckt und zeigen
> wie nah sie dem zerbrechen sind im golde
> der sonnenflecken die durch blind zersprungne scheiben
> hereingefallen sind im roten abendneigen
>
> es ist als ob ich wiederkommen sollte
> und etwas auch als wollt es mich vertreiben
> es ist als ob noch keine zeit vergangen wäre
>
> säumnis –
>   als zögerte noch immer in den wänden
> weil ich nicht wegbleib und nicht wiederkehre
> ein feuriger wink von geisterhaften händen.

Das Gedicht hat einen konkreten lebensgeschichtlichen Hintergrund: den Zwiespalt zwischen erster und zweiter Existenz, zwischen Broterwerb und Schreiben. Nach Jahren ständigen Wechselns von Beruf und Arbeitsort – Hilbig war Werkzeugmacher, Erdarbeiter, Außenmonteur, Hilfsschlosser und Aufräumer in Ausflugsgaststätten – kehrte der gelernte Bohrwerksdreher 1970 ins heimatliche Meuselwitz zurück, um im Braunkohlenrevier wieder als Heizer zu arbeiten.

Heizen war eine Tätigkeit für Unqualifizierte, für den »Werktätigen« Hilbig gab es hier wenig zu lernen, für den Autor indes viel. Das alte Kesselhaus, ein unterirdischer Ort wahrhafter Sisyphusarbeit, wurde für den in nächtlichen Pausen über seinen Schreibheften hockenden Dichter zu einem mythischen

Ort: der glutheiße, flammendurchlohte Keller, die schwarzen Brikettberge, die feuerspeienden Einfüllschächte der Kessel, die tanzenden Schatten an den rußigen Wänden, zischende Ventile, tickende Manometer, das Prasseln in den verrotteten Dampfleitungen.

Das Sonett beschreibt die Wiederbegegnung mit dem Kesselhaus als Beginn einer Initiation. Als hätten Raum und Zeit hier schon seit Ewigkeiten auf den Rückkehrer gewartet. Eine mystische Affinität von Dingwelt und Psyche durchgeistert die Szene: »es ist als ob ich wiederkommen sollte / und etwas auch als wollt es mich vertreiben«. Dichter und Heizer ahnen, was sie verbindet, nämlich Feuer und Unterwelt. Denn auch die Sprache ist ein Feuer, das lodert, verzehrt und das reinigt.

Sieben Jahre später, 1977, gibt Hilbig in dem Gedicht »episode« erneut Einblick in das Dunkel seiner Kellerexistenz: »im düstern kesselhaus im licht / rußiger lampen plötzlich auf dem brikettberg / saß ein grüner fasan / ein prächtiger clown / silbern und grün den leuchtend roten reif am hals mit / unverwandtem aug mit dem großen gelben schnabel aufmerksam / zielte er auf mich / so war er herrlicher und schöner / als ein surrealistischer regenschirm auf einer nähmaschine / wie er dort saß genau und furchtlos verirrt / auf seinem schwarzen gipfel«.

Die Lektion des Kesselhauses wurde gelernt. Poesie, fortan, untertage, übertage, aus der Höllenwelt des Industriezeitalters: aufgerissene, verwüstete Landschaften, schwefelige Feuer, stinkende Wasser, verpestete Luft, wie in Dantes Inferno, wie auf den Gemälden von Bosch. Und auf einmal das Aufleuchten einer nie erblickten Schönheit. Dieser Dichter ist ein mythischer Bruder der fluchbeladenen Erde.

Seine besondere Stärke ist die expressive Entblößung des Raumes. Eines gleichsam fiebrigen, geschundenen, im Gewitterlicht oszillierenden Wesens. Denken wir an die gespenstische *Alte Abdeckerei* oder an die auf einer Müllhalde spielende Erzählung *Die Kunde von den Bäumen*: niemand hat die Hymnen der Heillosigkeit, die Psalmen des Verfluchtseins, die Rhapsodien der Fäulnis ekstatischer halluziniert als der schwarze Romantiker Wolfgang Hilbig, der einsame Schiffer auf dem Meer in Sachsen, ein »Schiffer ohne Stern und Glück«.

Wie kommt es, dass wir das alles ohne Abscheu lesen, ja mit Erstaunen und Faszination, und manchmal sogar mit einer Art Hochgefühl? Was geschieht hier? Es geschieht etwas Paradoxes: Der Autor haucht einer abstoßenden Materie, vor deren Ungestalt der gewöhnliche Mensch entweder Ekel empfindet oder die Augen verschließt, Poesie ein, keine idyllische, versteht sich, aber wirkliche Poesie, bitter und herb und lebensecht. Und das, ohne in Gebiete zu geraten, die man Dekadenz oder Perversion nennt. Wie ist das möglich?

Es ist möglich durch Körper-Empathie und morphische Resonanz. Hilbig sieht die aussätzige Natur als Unglücksbruder, er sieht sie mit dem Mitgefühl dessen, der an denselben Symptomen leidet, daran, was Kafka den »inneren Aussatz« nannte. Hilbigs poetische Welt ist eine Metaphorisierung seiner Körper-Ahnungen und Körper-Erlebnisse. Vergessen wir nicht, dass er fast vierzig Jahre die Ascheluft von Meuselwitz einatmete, dass er Raubbau am eigenen Körper betrieb, dass er exzessiv rauchte und trank. Die vergiftete Natur und der vergiftete Leib erkannten einander. Ja, sie konspirierten geradezu miteinander. Konspirieren heißt den Atem teilen, einander anhauchen. Hier ist die Quelle von Hilbigs transrealem, um nicht zu sagen mythischem Expressionismus. Und hier, wie bei allem Expressionismus, gilt: Der Zeuge ist wahrer als das Bezeugte.

Wir sehen einen gehetzten, keuchenden, stolpernden, wie vom Satan getriebenen Engel, der einer bis ins Mark erschöpften Erde das Kleid der Ermattung anlegt. Und auf einmal überkommt uns, den Leser und Betrachter, ein nie gekannter Durst nach Erlösung, ein Verlangen nach Schönheit, an welche die apokalyptische Landschaft der Texte jede Erinnerung verweigert.

Und doch stimmt es nicht, wenn man hier von einer Ästhetik des Hässlichen spricht. Nicht Lobpreis des Abstoßenden, wie bei Lautréamont, ist die Seele des Hilbigschen Werks, nicht *apeirokallía*, die Unfähigkeit zur Schönheit (ein von Platon für die Banausen gebrauchter Begriff), sondern brüderliche Umarmung des Gemiedenen und Verfluchten. Ein Impuls, ein Schreibauftrag, der selbst fluchbeladen ist und in der Beladenheit sein Pathos hat. Nur wer sich selber als Verfluchten weiß, wird zum Dichter dessen, was verflucht ist. Nur wer sich selbst als gemieden erfahren hat, findet dem Gemiedenen eine Sprache. Hiob war ein Aussätziger, aber in seiner Seele reiner und gottesfürchtiger, als Gott selbst es für möglich hielt. Strahlender Aussatz, könnte man sagen, leuchtender Schlamm! Hilbig liebte die Oxymora, die antithetischen Zwillingsformeln. Von Simone Weil stammen die Sätze: »Die Reinheit ist das Vermögen, die Befleckung zu betrachten.« Und: »Die höchste Reinheit kann sowohl das Reine wie das Unreine betrachten; die Unreinheit kann weder das eine noch das andere: die Reinheit ängstigt sie, die Unreinheit verschlingt sie.«

Günstiger Leser, merke den Sinn recht! – möchte man mit Jakob Böhme rufen, dem Autodidakten, Häretiker und Mystiker, dem Geistesverwandten unseres Autors. Denn hier, in den Qualen der Unreinheit, liegt der Schlüssel zum Verstehen von Hilbigs luziferischer Welt. Sie ist wortlos im Lichten und Keuschen, wie die negative Theologie wortlos ist im Göttlichen und Heiligen. Aber wir hören den Atem des Abwesenden.

Pythagoreischer Zauber
Angela Krauß – Dichterin des Enthusiasmus

Neben den zehn, zwölf Prosabänden von Angela Krauß, diesen schlanken, mal hundert, mal hundertzwanzig Seiten umfassenden Erzähltexten, gibt es auch zwei Gedichtbücher von ihr, eines trägt den durchaus philosophisch gemeinten und in bezug auf ihr Gesamtwerk richtungweisenden Titel *Ich muss mein Herz üben*. Es erschien 2009 und ist ausgestattet mit luftigen, traumverwehten, auf subtile Weise mit dem poetischen Geist von Angela Krauß korrespondierenden Bleistiftzeichnungen Hanns Schimanskys, Zeichnungen, in denen die Dinge in einem geheimnisvollen Spiel einander berühren und nicht berühren. Zeichnungen mit »schönen, freien, ungedeuteten Linien«, wie Angela Krauß sagt. In diesem Band findet sich folgendes Gedicht:

> Sei ganz ruhig.
> Das Leben besteht nicht aus Sensationen,
> es läuft nicht davon,
> es bietet keine verpassten Gelegenheiten,
> es wird nicht einmal weniger mit den Jahren.
> Dreh dich nur beiläufig um:
> Es wird mehr.

Wer Angela Krauß kennt und diese ihre Worte hört, wird sich sagen: Ja, das ist sie, wie sie leibt und lebt, staunend, heiter, furchtlos, geistig beschwingt. Die Zeilen lassen auch etwas ahnen von der Feenkunst ihrer Prosa: als verwandele sie lyrische in epische Schönheit, als überführe sie ein kurzes, heftig aufflammendes Entzücken in eine lange, gut eingeteilte Begeisterung.

Immer wieder habe ich gesucht nach einem Namen für die besondere Art von Prosa, wie sie Angela Krauß schreibt, für diese mit tänzerischem Schwung aus ihrer Ich-Achse hervorgezauberte Lebensumarmung, für die Grazie dieser Sprache gewordenen Weltresonanz, für die über alle Register der Anverwandlung verfügende Kraft ihrer seelischen Empathie.

Jedes Kunstwerk ist ja eine Initiative. Angela Krauß' Erzählkunst ist eine Initiative des Lichts und der Helligkeit. Der Quellpunkt von allem ist ihr taktiles, ekstatisches Ich. Mir will scheinen, Angela Krauß ist eine Dichterin des Enthusiasmus. Das Wort kommt aus dem Griechischen und heißt ursprünglich ›Gottesbegeisterung‹. Auf welchen Gott könnte das in ihrem Fall gemünzt sein? Auf denjenigen, der mit größtmöglicher Zugkraft den größtmöglichen Raum in wellenschlagende Bewegtheit versetzen kann. Und da gibt es nur einen, der das vermag, nämlich Eros, der kosmogonische Eros, der Eros der Ferne und der fernsten Nähe, der Gott der Lebenserneuerung und der Verwandlung. Als wolle sie ihm die Ehre geben, hat sie ihre Frankfurter Poetikvorlesungen »Die Gesamtliebe und die Einzelliebe« genannt. Damit sind das Leitmotiv ihrer Arbeit und der Kern ihrer Botschaft auf den Begriff gebracht. Die Vorlesungen sind aufgebaut wie eine große essayistische Erzählung, lebendig und bejahend, ausgereift und zentriert, voll Einsicht und Erfahrung. Als würde der zerbrochene Nimbus der Welt wiederhergestellt. Niemand hätte ein schöneres Gedankenband um ihr Werk und das in ihm sich spiegelnde Leben schlagen können.

Enthusiasmus ist eine der am schwersten zu bewältigenden Aufgaben in der Kunst von heute. Olivier Messiaen sagt: »Wenn Sie die zeitgenössische Musik ansehen: kein Mensch drückt die Freude aus. Die Freude ist sehr viel schwieriger auszudrücken als der Schmerz.« Angela Krauß ist eine Pionierin auf diesem Gebiet. Es ist nicht leicht, das Formgesetz zu finden, unter dem ihre Autorschaft steht. Was sie schreibt, sind keine Romane, keine Novellen, keine nacherzählbaren Geschichten, es sind gleichsam narrative Großgedichte, Prosa-Landschaften, Prosa-Rhapsodien. Dem Leser begegnen erzähltes Anschauungsglück, erzählte Wehmut der Erinnerung, erzähltes Verstehen und Nichtverstehen, erzählte Achtsamkeit, erzählte Erwartung, Augenblicksphilosophien eines von Vorfreude und Nachfreude erfüllten Mediums, Wortkunstwerke aus Rhythmus, Atem und Klang. In all diesen Dingen, so bin ich versucht zu sagen, ist Angela Krauß eine Wahlverwandte Peter Handkes. Eines Peter Handke, wo er ein Lehrer des Sehens ist und wo er sagt: »Der Staunende sieht, was anders ist; der aufhört, zu staunen, sieht nur noch, was gleich ist; nein, er sieht nicht einmal das Gleiche, er hört überhaupt auf zu sehen; registriert nur noch; oder so: wer nicht mehr staunt, der hat die Zwischenräume, oder Durchlässe, verloren.«

Diese Freiheit der Affirmation, eine Freiheit, die wohl weiß, dass jedem Ja sein Nein, jedem Nein sein Ja innewohnt, ist das große Wagnis und die große Kühnheit in der Kunst von Angela Krauß. Als stünde alles, was sie mit Worten berührt, unter Thomas von Aquins Prinzip: »ubi amor, ibi oculus« – wo die Liebe, da das Auge.

Die Liebe ist die Brücke, ist das Tor zur Schönheit, einer Schönheit, von der Angela Krauß sagt, sie sei das Urmuster, auf das ihr Schreiben zielt, und sie müsse es suchen, wo immer es verschüttet, vermüllt, verramscht, überbrüllt wird. Das ist das Eigentliche ihrer Kunst: dieses Perlenfischen und Perlenverschenken, das Erschaffen von Festlichkeit in der kleinsten Zelle, das Einhauchen von Zustimmung bis ins kosmische All. Das alles muss der Mode, dem Design, dem Kitsch, dem Kommerz, der Werbung entrissen, es muss buchstäblich geraubt werden. Wie die Wahrheit, die auch ein Raub ist, wie die Liebe, die immerdar räubert. Die Kunst irrt, wenn sie glaubt, dieses Terrain aufgeben zu können, wenn sie die Schönheit, dieses höchste Ja, geringschätzt, wenn sie das Einverständnis flieht, nur weil sie den Konsens fürchtet.

Angela Krauß flieht weder die irdische noch die himmlische Harmonie. Harmonie ist ein Begriff, der heute leicht und ganz zu Unrecht unter Kitschverdacht gestellt wird. Man muss ihn jedoch der Trivialisierung durch Wohlfühlphilosophen entreißen und ihn zurückrufen in die Obhut derer, die verstehen, was gegenstrebige Fügung, spannungsgeladene Einheit, nicht ruhendes Gleichgewicht bedeuten. Die schönste Harmonie ist die verborgen pulsierende, konspirative; durch ein Geheimnis besiegelt und der Verschwiegenheit der Mitverschwörer anvertraut.

Angela Krauß weiß um solche Dinge. Und es ist dieses Vordringen hin zur Verborgenheit, zu den Quellen, dieses Verschmelzen von Sehen, Fühlen und Denken, von Sinnlichkeit und Abstraktion, von Gedicht und Gedanke, von Musik und Geometrie, was den pythagoreischen Zauber ihres Schreibens ausmacht. Eine durch routinierte Betrachtung und stumpfe Sprache dürr gewordene, an Übermaß von Meinungsrede erstickende Welt erwacht zu neuem Leben. Es ist wie die Rückkehr zum Glanz der ersten Blicke, zur Freude der Erstbegegnung, eine Art wiedergeschenkte Schönheit des Anfänglichen. In Angela Krauß' magischer, von hingebendem Staunen belebter Sprache gewinnt die Welt wieder Gestalt, Gleichnis-Charakter und Selbstheit. Manchmal gelingt ihr das mit einem einzigen Satz, zum Beispiel so: »Schön sind Libellen, wenn sie in der Luft kurz und fragend innehalten.« Oder wenn sie sich in *Der Dienst*, einer Schmerzensmesse für ihren Vater, einen durch Freitod aus dem Leben gegangenen Offizier der sächsischen Bergbaupolizei, eine Szene ihrer Kindheit ins Gedächtnis ruft:

»Mein Vater beugte sich über mich, während ich schlief, und sah mich an. Er roch gut. Manchmal nach feuchtem Filz oder nach warmer, verschwitzter Wolle oder trocken nach Graphit und Leder, nach schweinshellem Koppelleder, Stiefelleder, Pistolentaschenleder, nach Kragenbindenschweiß, sogar nach den kalten Aluminiumknöpfen konnte er riechen oder nach den Stempelfarben in den Ausweisseiten, die leicht zusammenklebten unter dem Einfluss der Körperausdünstungen. Er strömte eine starke, gleichmäßige Wärme aus, die im Innenfutter der Uniform zunahm und stärker wurde bis in die Taschenzipfel hinein, wo die Börse für Kleingeld steckte, die ich ihm aus einem Lederrest gebastelt hatte. Seiner Aktentasche, seinen Händen, seiner Halsgrube, allem entströmte der trockene, tiefe, warme Geruch seiner Uniform, wenn er sich früh, während ich noch schlief, über mich beugte.«

Das ist schönster Proustscher Sensualismus, die reine Sinnenbejahung, keine Bilder, keine Metaphern, keine Gedanken, nichts anderes als ein Luftstrom, der Hauch einer Erinnerung, alle Worte betörend frisch, das Gefühl lebendig und nah am Gegenüber. Wenn wir erkennen, worin diese Sprache besteht, eine Sprache, in die Angela Krauß ihr ganzes Wesen gelegt hat, werden wir begreifen, warum sie schreibt und worin die Wahrheit ihrer Bücher besteht. Und werden auch einen Namen gefunden haben für ihre Prosa-Hymnen, das Rätselhafte ihrer Daseinsbeschwörung, diese sich allen Gattungsdefinitionen entziehende Selbsterzählung, diese ins Rühmen gestellten, der bedrohten und bedrohlichen Welt abgetrotzten, hell und klar wie nächtliche Sterne leuchtenden Wortkunstwerke.

Man darf annehmen, dass Angela Krauß um den Negativpol alles Seienden weiß, um die Abgründe der Welt, um das Zerstörerische und Selbstzerstörerische im Menschen – das alles gehört ja zum vibrierenden Untergrund ihres Erzählens. Aber sie vertraut auf einen anderen Begriff von Fülle, ein anderes Verhältnis von Leben und Kunst. Wie Novalis, der sagt, dass an einem wilden Baum die Blüten duften und an einem veredelten die Früchte. Diese Botschaft hat in ihr einen freudigen Überbringer, diese Wahrheit hat in ihr einen Zeugen.

Ich muss an den großen polnischen Dichter Czesław Miłosz denken, der einmal schrieb: »Auf der einen Seite herrscht Helligkeit, Vertrauen, Glaube, Schönheit und Begeisterungsfähigkeit, auf der anderen Dunkelheit, Zweifel, Unglaube, die Grausamkeit dieser Erde, menschliche Schlechtigkeit. Wenn ich schreibe, ist die erste Seite real, wenn ich nicht schreibe – die zweite. Also muss ich schreiben, um mich vor dem Zusammenbruch zu bewahren. In dieser Behauptung steckt keine große Philosophie, dafür ist sie experimentell bewiesen.«

Hieran, und nicht nur hieran, lässt sich das Ausmaß an Arbeit und Entgiftung erkennen, das in den schmalen Büchern von Angela Krauß steckt. Denn längst wissen wir: Auch das Immunsystem der Kunst braucht Stärkung. Und zwar heute mehr denn je.

Der Zirkelschlag des Gedichts
*Laudatio zum Heinrich-Mann-Preis
auf Adam Zagajewski*

Adam Zagajewski zu loben ist für mich nicht schwer. Ehrliches Lob kommt aus innerem Einverständnis und aus der Unschuld der Bewunderung. Und was das Seelische am Einverständnis und was das Geistige an der Bewunderung ist, weiß niemand besser als dieser skeptische, weltfreudige, der Suche nach der Wahrheit und der Frage nach sich selbst treu gebliebene Dichter aus Krakau.

Er hat einmal ein Gedicht geschrieben, das »Die Seele« heißt. Darin steht:

Deinen Namen dürfen wir nicht mehr gebrauchen. [...]
Wir wissen, dass du nicht mehr wohnen darfst
in der Musik, noch in den Bäumen, wenn die Sonne erlischt.
Wir wissen – besser, man hat uns gesagt –,
es gibt dich überhaupt nicht mehr, nirgendwo.

Wer denkt, die Szene spiele im finsteren Osten, täuscht sich. Sie spielt in der westlichen Wissensgesellschaft, im großen, hellen Saal der Vernunft, wo jeder metaphysische, jeder romantische, jeder theologische Gedanke als töricht gilt.

Im dunklen, aber lichtbesessenen Osten, wo der vom Feuer der Revolution erleuchtete Geist einen Pakt mit der Geschichte geschlossen hatte, um einen neuen Himmel und eine neue Erde zu errichten, lag die Sache anders. Zagajewski hat vor kurzem in *Sinn und Form* noch einmal eindringlich auf den polnischen Dichter Aleksander Wat und sein Buch *Mein Jahrhundert* aufmerksam gemacht. Wat, der im September 1939, als die deutsche Wehrmacht Polen überfiel, in das von der Roten Armee besetzte Lemberg floh, dort im Januar 1940 vom NKWD als »jüdischer Volksfeind« verhaftet wurde, bis 1942 elf sowjetische Gefängnisse durchlief und danach vier Jahre in kasachischer

Verbannung verbrachte, er sagt in diesem Buch, das Mitte der sechziger Jahre aus Gesprächen mit Czesław Miłosz in Berkeley und Paris hervorging, eines der Hauptziele des Kommunismus sei die Demontage des inneren Menschen gewesen, desjenigen Menschen, der sich nicht selbst reduziert, sondern die eigenen Widersprüche duldet. In jungen Jahren erschien Wat der Kommunismus wie ein Engel der Verheißung. Keiner Verheißung von Glück, doch einer Verheißung von geistiger Bruderschaft, des Endes von Entfremdung, Nihilismus und Einsamkeit. Des Versprechens von neuer Ordnung und neuem Sinn. Eines Denkens, das die kühle, verdorbene, relativistische Welt von Grund auf verändert. Es ist eine Konstellation wie bei Brecht, und – in Maßen – auch wie bei Heinrich Mann. Für den Senatorensohn aus Lübeck waren der Bolschewismus und die Oktoberrevolution – die er noch 1919 in dem Essay *Kaiserreich und Republik* als ein »Gebilde aus Blutdunst und Logarithmen« bezeichnet hatte – seit 1935 ein Gegenstand höchster Bewunderung, ein »Phänomen der ausbrechenden Wahrheitsliebe«, die »Verwirklichung einer hundertjährigen Literatur«, das Zeugnis einer »tiefen, ursprünglichen Intellektualität«, die auf »der Idee der neu verstandenen Freiheit« gründete, einer Freiheit, die durch Gleichheit entsteht, durch Abschaffung der Kluft von Arm und Reich. In seiner Autobiografie *Ein Zeitalter wird besichtigt*, abgeschlossen 1944 im amerikanischen Exil, schreibt er über die Sowjetunion:

»Ein neuer Mensch, ein anderes Zeitalter nehmen ihren Anfang hier. Die menschliche Fähigkeit der Verwandlung erreicht ihr relatives Höchstmaß diesmal. Eine sittliche Welt ohne Vorgang und Vergleich entsteigt – unnütz zu fragen, welchen weitläufigen Zusammenhängen. Sie ist da, sie erhält sich – erhält sich nunmehr länger als die Französische Revolution, einbegriffen den Kaiser.«

An diesem Bild hat sich für den gutgläubigen und leichtgläubigen Heinrich Mann bis an sein Lebensende nichts geändert. Er konnte allerdings ungnädig werden, schreibt der Neffe Golo Mann, »wenn einer Zweifel an der ganz und garen

Güte, Humanität und Liberalität des Bolschewismus äußerte. Sofort brach er alle Beziehungen ab.«

Anders die Sicht von Aleksander Wat, der das alles von innen und vom Leid her miterlebt hat. Der Engel der Verheißung – für ihn erwies er sich als Dämon. Wat spricht vom teuflischen Charakter des revolutionären Despotismus. Er war nicht der Ansicht, die Bolschewiki hätten die menschliche Seele geleugnet. Sie wollten sie aber umschmieden. Doch am Ende war es der Kommunismus, der am Atom der Seele zerbrach. Dieses Finale hat der Emigrant Aleksander Wat nicht mehr erlebt. Er ging 1967 in Paris freiwillig aus dem Leben.

Zagajewski hat einmal ein Gedicht geschrieben, in dem es um den großen Nachbarn geht. Es heißt »Wenn Russland«:

> Wenn Russland gegründet worden wäre
> durch Anna Achmatowa, wenn
> Mandelstam Gesetzgeber gewesen wäre
> und Stalin nur eine Rand-
> figur eines verschollenen grusinischen
> Epos, wenn Russland sein sich sträubendes
> Bärenfell ausgezogen hätte,
> wenn es leben könnte im Wort, und nicht
> in der Faust, wenn Russland, wenn Russland

Doch zurück zur Seele. Was auch immer ihr undefinierbarer Status ist, was die rätselhafte Mitgift ihrer Entelechie, dem Lyriker kann sie nicht gleichgültig sein, denn sie umhüllt sein Tiefen-Ich. Wie sollte er ohne sie zum Wichtigsten kommen, zu Melos, Stimmung, Atmosphäre? Zu Worten, die zu Herzen gehen, zu Bildern, die noch keiner fand?

Die Seele, griechisch psyche, lateinisch anima, polnisch dusza – ich sehe sie vor mir: jene zarthelle, tropfenförmige Blase mit den mythischen Flügeln, die Gott in Jean Effels »Erschaffung der Welt« am sechsten Tag dem Menschen eingesenkt hat mit den Worten: »Dich will ich aber wiederhaben!«

Wiederhaben – wie schön. Keinem dürfte sie verlorengehen, niemand dürfte sie sich abkaufen lassen, keiner ihr Ausbrennen hinnehmen. Ein jeder müsste um sich selbst besorgt sein und das Apostelwort befolgen, das da lautet: »In eurer Geduld erwerbet eure Seele.« Die dunklen Mächte, die den Menschen zur Sammlung zwingen, können ihr manchmal weniger anhaben als die hellen und freundlichen, die ihn ablenken und zerstreuen. Wer hält ihr die Treue? Wer hat die Sprache für ihr mystisches Wesen? Wir kennen das berühmte Wort von Schiller »*Spricht* die Seele so spricht ach! schon die *Seele* nicht mehr.« Auch Adam kennt das. Woher sonst käme seine Liebe zum Schweigen, zur Stille, zum Hören, zur Musik? Ja, woher sonst käme sein dichterisches Sprechen?

Er hat einmal eine verhaltene, in eine Reihe von Fragen an sich selbst gekleidete Antwort darauf zu geben versucht. Es ist das Gedicht »Geh durch diese Stadt«:

Geh durch diese Stadt in einer grauen Stunde,
wenn die Trauer sich in schattigen Toren versteckt,
wenn die Kinder mit großen Bällen spielen,
die wie Drachen hochsteigen
über den verdreckten Brunnen der Hinterhöfe,
und die letzte Amsel leise und unsicher singt.

Denk an dein Leben, das immer noch dauert,
obwohl es schon so lange gedauert hat.

Konntest du auch nur einen kleinen Teil
des Ganzen bekunden?

Wenn du Gemeinheit sahst, konntest du sie benennen?

Wenn du jemanden trafst, der wirklich lebte,
konntest du ihn erkennen?

Hast du das hohe Wort nicht verbraucht?

Wer du werden solltest, man weiß es nicht.
Warum du, der du so gerne schweigst
und nur im Schweigen ein Meister bist,
im Hören von Wörtern, in Melodien und Stille,
zu sprechen anfingst – man weiß es nicht.

Warum in dieser Zeit, warum in diesem Land,
das noch nicht geboren ist – man weiß es nicht.
Warum unter Flüchtlingen in einer ehemals deutschen
Wohnung, unter Jammern und Klagen
und vergeblich die Rückkehr zu einem Mythos erhoffend.

Warum deine Kindheit im Schatten von Fördergerüsten
und nicht im Schatten des Waldes,
an einem Bach, wo reglos eine Libelle
über die versteckte Einheit des Kosmos wacht

– man weiß es nicht.

Und deine Liebe, die du verlorst und fandest,
und dein Gott, der denen nicht helfen will,
die ihn suchen,
sondern sich versteckt unter den Theologen,
in den Fakultäten.

Warum gerade diese Stadt in der grauen Stunde,
und die trockene Zunge und die tauben Lippen,
und so viele Fragen bevor du weggehst
und zurückkehrst in dieses Königreich,
aus dem einst das Schweigen kam
und die Begeisterung und der Wind.

Zagajewskis Dichtung hat einen unverwechselbaren Ton, einen Ton der Sehnsucht und der Resonanz, in dem Wahrnehmung und Erinnerung, Außenwelt und Innenwelt lange nachhallen. Zwei Melodien gleichsam, ein trauriges Dur und ein heiteres Moll, zwei Welten, die sich suchen und in den besten Augenblicken finden. Und in allem Nachdenklichkeit, aus der das Verlangen nach Verstehen spricht.

In Zagajewskis Werk begegnen sich, ähnlich wie bei Miłosz, Poetisches, Philosophisches und Theologisches. Das eine als Erleuchtung des Bewusstseins in der Sprache der Anschauung, das andere als Erhellung des Bewusstseins in der Sprache des Denkens, das dritte als metaphysische Unruhe und Transzendenzbedürfnis. Wer sich dem Meditativen seiner Verse, dem Elegischen der Prosa, dem moralischen Ernst seiner Gedanken hingibt, macht die Erfahrung, dass dieser warmherzige, humorvolle, ironische und selbstironische Autor nicht nur behutsam nach dem Sinn der Welt fragt, sondern den Sinn der Welt genauso behutsam beglaubigt. Was freilich bedeutet, dass nicht nur das Gute, sondern auch das Böse, nicht nur das Einleuchtende, auch das Absurde als zur Sinnstruktur gehörend betrachtet werden müssen.

Zagajewski ist ein Dichter der Einfühlung, des liebenden Sehens, des gerechten Anschauens, und das auch dann, wenn klar ist, auf welcher Seite bei einer Kollision er steht, welche Position, welche Denkart und Empfindungsweise ihm die nähere ist. Doch er hat nicht nur Empathie für den Menschen, für Lebende und Tote, Traurige und Fröhliche, Gebundene und Ungebundene, er hat auch Empathie für Pflanzen und Tiere, für Straßen und Plätze, ja für ganze Städte. Für das galizische Lemberg, wo er im Juni 1945 geboren wurde (heute Lwiw, Ukraine), für das oberschlesische Gleiwitz (heute Gliwice), wohin die Familie, als er vier Monate alt war, infolge der polnischen Westverschiebung vertrieben worden war und wo er aufwuchs (das eben zitierte Gedicht spielt dort), für die Königsstadt Krakau, wo er studierte, für das mondäne Paris, wo er zwanzig

Jahre als Emigrant lebte, und auch für das – nicht nur für einen Polen – alles andere als geschichtlich unschuldige Berlin, die so lange geteilte Stadt, mit ihren Museen und Theatern, den Seen, Flüssen und Kanälen, wohin er gern und häufig reist. Er, Adam Zagajewski, hat sogar Empathie für Ideen, plausible und unplausible. Selbst für solche, die auf das Nichts und auf das Unergründliche zielen. Er ist ein Dichter, der das Sein im Ganzen fühlbar macht.

Von so einem lässt man sich bereitwillig durch die Welt führen, Härten, Widerstände, Finsternisse inbegriffen. Dem polnischen Staatswesen der sechziger, siebziger Jahre begegnete er mit Distanz. Als Kind habe er »ein bisschen unter dem Einfluss der Propaganda« gestanden, sagt er. Seine Eltern erinnerten ihn daran, dass er in der Schule weinte, als Stalin starb. »Ich war von den Thesen des Kommunismus beeinflusst. Es konnte nicht anders sein, und ich brauchte viel Zeit, um mich davon ganz zu befreien.« Allzu viel Zeit brauchte er nicht. Er hatte Philosophie und Psychologie studiert und danach eine Weile als Hochschulassistent auch marxistische Philosophie unterrichtet. Seine Erlebnisse mit dieser Welt hat er in dem 1982 publizierten Roman *Das absolute Gehör* verarbeitet. Dessen Held, der junge Lehrbeauftragte Pawel Wolski, interessierte sich, so der Erzähler, »weder speziell für Politik noch für den Maximalismus (das war das Deckwort für den Marxismus – S. K.), es zog ihn eher zu einer mehr poetischen Philosophie, die sich mit dem Menschen beschäftigte.«

Der Roman erörtert Fragen, wie sie in geschlossenen Gesellschaften, die durch Ideenzwang gesteuert werden, jeder Osteuropäer von innen kennt: die nach geistiger Aufrichtigkeit, nach Heuchelei und Selbstbetrug, nach Wahrheit und Lüge, nach Feigheit und Anpassung. Der Roman endet damit, dass Pawel auf Bitten der Studenten eine Vorlesung über die Freiheit hält. »Ich habe«, so beginnt er, »euch gegenüber eine gewisse Schuld abzutragen. Es geht um eure Frage vor einem Monat, die ich damals nicht beantworten konnte. [...] Ihr habt mich nach der Freiheit gefragt, und ich konnte keine sinnvolle Antwort geben. Ihr habt mir eine sehr schwere Frage gestellt. Das Bedürfnis nach Freiheit kann man genauso heftig empfinden wie Durst und trotzdem nicht die entsprechenden Worte finden, sie zu erfassen und zu definieren. Ein gewisser Philosoph hat einmal gesagt, einen Menschen als ein freies Wesen zu definieren sei so, als ob man die Beschreibung der Fische mit dem Fliegen begänne: Fliegende Fische gibt es nicht viele, und freie Menschen befinden sich in der Minderheit. Das, was wir hier tun, ist keine Freiheit, kann keine sein, selbst wenn ich jetzt von Freiheit rede, ist das noch keine Freiheit. Dieses Wort wird zu häufig gebraucht, es wird seit Jahren auf die Standarten geschrieben, es ist träge und flach geworden. Die Maximalisten haben eine besondere Tortur erfunden: Was immer du sagst oder tust, wo sie nicht mit dem Kopf nicken, ist keine Freiheit. Aber selbst wenn es die Maximalisten nicht gäbe, wäre es nicht leichter, und die Definition bereitete die gleichen Schwierigkeiten. Es geht nicht um die Definition, sondern ums Leben. Aber das Leben fragt auch nach Definitionen.« Je länger Pawel redet, desto tiefer gerät er, von den eigenen Worten beflügelt, in die Gefahrenzone des Themas. Seine Studenten gehen mit. Am nächsten Tag wird er entlassen.

Das Romangeschehen ist ein Spiegel für das, was Zagajewski einmal das Therapeutische an der Unfreiheit nannte. »Der therapeutische Wert der Unfreiheit besteht darin«, sagt er, »dass die Unfreiheit entweder versklavt oder zur Rettung treibt.« Das war keine nachgereichte Erkenntnis eines verspätet am Tatort erschienenen Zeugen, sondern ein Gedanke, der unmittelbar im damaligen Erleben gründete.

Ähnlich wie seinem Helden erging es dem Autor: Schon nach wenigen Jahren war seine akademische Laufbahn beendet. Von nun an widmete er sich ganz dem literarischen Schreiben. 1972 erschien sein erster Gedichtband. Zugleich trieb es ihn mehr und mehr ins Lager der Dissidenten. 1975 unterzeichnete er den »Brief der 59«, in dem polnische Intellektuelle sich gegen den Vorschlag der Kommunistischen Partei wandten, deren führende Rolle sowie das Bündnis mit der Sowjetunion explizit in der Verfassung zu verankern. 1976 schloss er sich dem Komitee zur Verteidigung der Arbeiter an, und 1977 wurde er Mitbegründer der »Fliegenden Universität«, einer parallel zum staatlichen Unterrichtswesen aufgebauten halblegalen Hochschule, die in allen größeren Städten des Landes Vorlesungen organisierte, die von prominenten Gelehrten in Privatwohnungen abgehalten wurden. Thema waren vor allem die jüngste polnische Geschichte sowie ökonomische, soziale und literarische Fragen.

Zagajewski hat sich leidenschaftlich in der Opposition engagiert, stolz, furchtlos und entschieden, er hat Flugblätter verteilt, Kopiergeräte geschmuggelt, illegale Zeitschriften unterstützt, er hat diskutiert, demonstriert, protestiert, konspiriert. Aber er wurde als Dichter nie ganz froh darüber. In dem schon erwähnten Essay über Aleksander Wat sagt er: »Ich schrieb offen politische, kritische Gedichte, aber ich spürte, das war nicht der eigentlich künstlerische Weg, die Poesie war anderswo, in Bereichen höherer Komplexität, in der Fähigkeit, die Vielheit der Welt anders als durch moralische Verurteilung des ideologischen Gegners zu erfassen.« Und dann zitiert er aus einem Gedicht von Zbigniew Herbert – es heißt »An Ryszard Krynicki. Ein Brief« – die Zeilen:

> auf die mageren schultern luden wir uns die sache der
>   öffentlichkeit
> den kampf mit der tyrannei der lüge leidensberichte
> doch unsere gegner – gib's zu – waren erbärmlich klein
> lohnte es sich die heilige sprache zum lallen zu mindern
> von der tribüne herab zum schwarzen abschaum der presse

1979 ging Zagajewski für mehrere Monate als DAAD-Stipendiat nach Westberlin, danach in die USA, dann im Herbst 1981 wieder zurück nach Krakau. Ende 1982 emigrierte er nach

Frankreich. Und damit bewies er sich und auch anderen, dass er die Kraft hatte, etwas hinter sich zu lassen. Zwar hat er gelegentlich gesagt, er sei wegen einer Frau nach Paris gegangen, einer schönen Frau, die er liebte, doch für den Entschluss, die Heimat zu verlassen, gab es noch andere Gründe. Am 13. Dezember 1981 wurde über Polen das Kriegsrecht verhängt. Behörden, Betriebe, Funk- und Fernsehanstalten wurden von Militärs besetzt, die TV-Nachrichten von Offizieren verlesen. Mehr als dreitausend Personen wurden sofort verhaftet, über dreizehntausend im Verlauf von neunzehn Monaten interniert. Bei Zusammenstößen mit den Sicherheitskräften kamen fünfundzwanzig Menschen zu Tode. General Jaruzelski rechtfertigte sein Vorgehen damit, dass ohne Ausrufung des Kriegszustands Sowjettruppen in das Land einmarschiert wären und es zu einem Blutvergießen gekommen wäre. Wie sich später herausstellte, war das eine mit dem Politbüro der KPdSU im Geheimen abgesprochene Version. Die Herrschaft des Militärs in Polen war der letzte Versuch der Machthaber, die Demokratiebewegung, die sich um die Gewerkschaft Solidarność herum gebildet hatte, zu zerschlagen. Eine neue, gewaltige Ausreisewelle war die Folge.

Zagajewski blieb zwanzig Jahre in Paris. Mit Frankreich und den Franzosen ist er nie ganz warm geworden. 2002 kehrte er nach Krakau zurück. Er suchte wieder unmittelbaren Kontakt mit dem polnischen Geistesleben und mit der jungen Generation der heimischen Dichter. Er wollte nicht mehr abgeschnitten sein vom Strom der lebendigen, gesprochenen Sprache seiner Landsleute.

Die Früchte der Exilzeit? Nun besser zu wissen, was Einsamkeit bedeutet und warum sie für den Künstler notwendig ist. Jetzt gut Französisch zu können (Deutsch und Englisch konnte er schon). Maßgebenden Menschen begegnet zu sein (Miłosz, Czapski, Cioran, Ola Wat), auf den Spuren der Großen Emigration gewandelt zu sein (Norwid, Słowacki, Mickiewicz, Chopin), eindrucksvolle Landschaften gesehen zu haben (die französische Mittelmeerküste, das Rhonetal). Und nicht zuletzt: das Exil als Erfahrung der Fremdheit.

1986, vier Jahre nach der Ausreise, erscheint der Essayband *Solidarität und Einsamkeit*, ein Buch über die widersprüchliche Beziehung von politischer und künstlerischer Existenz. Das Thema wird Adam ein Leben lang begleiten. Harte Niederlagen, karge Siege, Verhängnisse und Knechtschaften, Aufbegehren, Widerstand, tragische Aufstände, Fluch und Segen der Geschichte – das ist ein großes, Epochen überspannendes Motiv der polnischen Dichtung und bis heute eine Art nationale Obsession. Als Dichter der historischen Erinnerung ist Zagajewski nicht unempfänglich dafür, aber er hat sich dazu entschlossen, der Verführung durch kollektive Perspektiven zu entsagen. Politik als eine Leidenschaft des Willens, in der das Ich zu einem Wir zusammenwächst, zu einem Wir des Kampfes gegen etwas, zu einem Wir des Kampfes für etwas, Politik als Solidarität der vielen, als Interessenbund, als feste Überzeugung, sie baut auf einer Wahrheit auf, die greifbar ist. Auf einer Wahrheit, die verbindet, doch ihre Kehrseite nicht kennt und keine individuellen Züge trägt. Darin liegt ihre Kraft. Die Poesie ist nicht deren natürliche Tochter. Adam hat sich für die Poesie entschieden, für ihr ungreifbares Wesen. Auf ihrem Territorium wandelt er, bei Tag und bei Nacht, im Traum und im Wachen. Ihr Feld ist nicht allein die Sprache, der Bewusstseinsrausch, der helle und der dunkle Glanz der Imaginationen. Das Poetische ist ein Moment der wirklichen Welt, vom Dichter gesehen und gleichsam als Stimme gehört. Im Zirkelschlag des Gedichts umkreist er das Geheimnis. Nach und nach hat Adam gelernt, in allem, was er schreibt, aus dem freien, empfänglichen Ich heraus zu sprechen, immer persönlich, immer kenntlich in den Stimmungen, in behutsamer Unwissenheit seiner selbst, taktvoll, besonnen, offen für Verborgenes und Unverborgenes. Das macht seine Gedichte so beseelt und seine Prosa und Essays so gedankenreich. Der autobiografische Bezug ist frei von Narzissmus und ohne Selbstentblößung. »Alles werde ich sowieso nicht erzählen«, heißt es in seinem Tagebuch *Die kleine Ewigkeit der Kunst*. »Schließlich komme ich aus der osteuropäischen Schule der Diskretion; wir sprechen nicht über Scheidungen und behalten unsere Depressionen für uns.« Er hat einmal von den »Zwei Defekten der Literatur« gesprochen:

»1. Wenn der Schriftsteller sich nur mit sich selbst, mit seinen Schwächen und seinem Leben beschäftigt und die objektive Welt und die Wahrheitssuche vergisst. 2. Wenn der Schriftsteller sich ausschließlich mit der Wahrheit der Welt, mit der objektiven Wirklichkeit, mit der Beurteilung der Menschen, der Epoche und ihren Sitten beschäftigt und dabei sich, seine Schwächen und sein Leben vergisst.«

Adam hat die Mitte gesucht. »In der Mitte sein«, sagt er, »das heißt auch, das ganze Spinngewebe der Widersprüche zu sehen, in dem wir unvermeidlich stecken, und es nicht zerreißen zu wollen.«

Und hier begegnen wir noch einmal und nun auf andere Weise der Welt von Heinrich Mann. Im *Henri Quatre* nämlich, seinem großen Roman der Exilzeit, tritt ein berühmter Denker auf, den der König gern hat und der Erzähler auch, ein gleichfalls die Mitte, die Balance suchender, dem Zweifel zugeneigter Philosoph, der »Ich« sagte und doch nicht wusste, was und wer er eigentlich war, ein Weiser, der sich die Freiheit nahm, die großen Fragen dieser Welt wie ein Privatmann zu besprechen, ein Edelmann, der vom Treiben der Menschen auf der Bühne des Lebens fasziniert war, von ihren Masken und Kostümen, ihrem Steigen und Fallen, und der den Rückzug wählte auf sein Schloss und seine Bibliothek, um sich der Selbsterforschung hinzugeben, ein Autor schließlich, dem erst das Schreiben die ganze Schwierigkeit eröffnete, aufrichtig gegen sich selbst zu sein. Ich spreche von Montaigne, dem Gründervater des Essays. Auch Adam mag ihn, liest ihn immer wieder. Beide verbindet die gleiche Gemütsart, eine kostbare Mischung von Fröhlichkeit und Schwermut, Sanguinischem und Melancholischem. Beide sprechen in ihren Büchern von sich, und indem sie das tun, bringen sie den, der sie liest, zu sich selbst. Sollte es nicht immer darum gehen? Und das in aller Muße und Ausführlichkeit? Canetti hat einmal notiert: »An Montaigne ist am schönsten, dass er sich nicht beeilt. Auch Affekte und Gedanken, die voller Ungeduld sind, behandelt er langsam.«

Die schöne Langsamkeit im Schauen und Betrachten, das Warten, das Verzögern, das Verweilen, sie finden sich in vielen Essays und Gedichten Zagajewskis, auch in einer Reihe von Selbstporträts, die er, wie die Maler es tun, im Laufe der Jahre und Jahrzehnte geschrieben hat. In einem heißt es:

Ich wohne in fremden Städten und unterhalte
    mich manchmal
mit fremden Menschen über Dinge, die mir fremd sind.
Oft höre ich Musik: Bach, Mahler, Chopin,
    Schostakowitsch.
In der Musik finde ich Kraft, Schwäche und Schmerz,
    die drei Elemente.
Das vierte hat keinen Namen.
Ich lese Dichter, die lebenden und die toten,
    lerne von ihnen
die Ausdauer, den Glauben und den Stolz. Ich versuche die
    großen
Philosophen zu begreifen – meist gelingt mir nur,
    die Fetzen
ihrer kostbaren Gedanken zu fassen.

In einem anderen Gedicht spricht er einmal vom »Geschenk der Muse der Langsamkeit«. O ja, das ist ein Geschenk, besonders in einer Zeit, die nur noch einen Wunsch kennt, den nach Schnelligkeit. Eines der schönsten Gedichte, die Adam geschrieben hat, ist ein langes Poem über Musik, über einen seiner Lieblingskomponisten. Es spielt gleichsam in unseren Tagen. In ihm haben wir das ganze Herz des Dichters in *einem* Gedicht.

Es heißt »Franz Schubert, Pressekonferenz«. Mit ihm will ich
schließen:

> Ja, ich habe kurz gelebt, ja, ich habe geliebt,
> habe gespürt, wie das Licht wächst, unter
> meinen Fingern sprühten Funken,
> ja, ich hatte wenig Zeit, hatte nicht gewusst
> wieviel, hatte Mitleid mit Gretchen, mit den jung
> Verstorbenen und schlecht Verliebten.
> Ja, die Flamme war nicht stumm, ja,
> ich lief durch eisige Wälder,
> verfolgt vom Schnee, von gelben Sternen
> und der Fremdheit des Stils; nein, nicht die Polizei,
> ich weiß nicht, ob der Teufel. Es gab keine Epoche,
> grünes Gras, Eschen, reglose
> Dinge, Eintagsfliegen über den Teichen,
> es gab keine Epoche, Holzfußboden,
> wortkarge Stühle, ja, Wien,
> Kaffeegeschmack, der gleiche wie jetzt,
> Tauben auf den Fensterbänken. Nein,
> den Völkerfrühling habe ich nicht prophezeit,
> ich weiß nicht, erinnere mich nicht, diese Frage
> ist zu persönlich. Nein, die Musik Wagners
> kenne ich nicht. Ob wir uns
> verstandigen konnen? Bedauern, sogar Eifersucht,
> ich weiß nicht, ob Schicksal, Handschuh,
> Schneeflocken, so fein, wenn
> sie sich nicht in Schneesturm verwandeln.
> Die grünen Augen dieses Mädchens.
> Das Schicksal war für mich zu groß, wie ein Zelt,
> das Herz hämmerte unbeholfen
> in den großen Zimmern. Ja, Talent,
> bittere Kaffeebohnen, kleingebissen.
> Nein, ich hatte Angst, alles kam auf mich zu,
> Armeen von Söldnern griffen mich an,

ach, wie können Sie nur, meine Herren,
mich mit Admiral Nelson vergleichen,
nein, die Schatten wurden riesig, das Geflüster
dröhnte wie die Glocken der Kathedrale, die Vorwände
bellten, ja, ich gebe zu, ich irrte
manchmal, woher sollte ich wissen,
dass ich Schubert war, ich war im Werden,
suchte den Weg, die Farbe, deshalb
könnt ihr mich nicht kennen, nur das Echo.
Ja, ich war in dieser Schlucht, wo sich
das Leid in ein Lied verwandelt,
ja, ewig grüne Wälder und nie
erwiderte Liebe, Freude
des Gleichmuts, das heißt ich wollte
sagen Glück des Ausdrucks, auf halbem
Wege zwischen Leben und Tod,
genau auf halbem Wege, ja, noch
hier hört man die Rufe der Tänzer,
aber der Knochenleim des Gedächtnisses lässt sie erstarren.
Dreh dich nicht um, verwechsle die Richtungen nicht,
ja, freilich, das Leben hat keinen Platz
im Lied, es ist nur eine kleine Arche Noah,
wissen Sie, nicht Menschen, sondern
Gattungen, nicht Blumen, sondern Exemplare,
nicht Düfte, sondern Namen, und wir
lebten wild und üppig wie eine Wiese,
mit Wind und Unkraut, Löwenzahn und Annemone,
im riesigen Pluralis der Farben und Klänge,
leidenschaftlich und stumm, folgsam den Bitten
atemloser Boten, in der Freude,
in der Sünde und im Gebet, am Morgen
und am Abend, im Stumpfsinn und im Lachen,
dauerte der ewige Tanz, Mai, Juni,
so vieles geschah, Furcht und Spiel,
verletzte Finger, offener Mund,

richtige Küsse oder nur
geträumte, Zöpfe, Ähren,
dein Blick, Veranda, Stille
und nichts, Purpur des Herbstes, ja,
ich erinnere mich an alles, Lerchen an langen Fäden,
Mohnblumen, Haselwäldchen, in der Stadt warme
    Ziegelsteine,
verstummende Stimmen der Dämmerung, Nacht –
Schächtelchen, in dem Kinder ihre Schätze
verstecken, Traum und Wachen, Venus am
blassen Himmel, zitternd vor Kälte.
Ja, jetzt ist es sogar besser, im Gesang,
nur zwei Lippen sprechen miteinander,
daneben der blanke Frack des Flügels,
ja, ich bin schon müde, nein, das ist
keine Klage.

Gedankenabenteuer
Botho Strauß als poetischer Enzyklopädist

Einen wie Botho Strauß, der schon frühzeitig von sich sagte, er habe »sich nun einmal dafür entschieden, sein Leben mit Schrift zu füllen und zu tilgen«, braucht man eigentlich nicht zu fragen, warum er schreibt. Es wäre gleichbedeutend mit der Frage, warum er lebt. Versuchte man es dennoch, bekäme man vielleicht zur Antwort: aus Gewohnheit, aus Passion. Strauß schreibt nicht erst, seit er veröffentlicht. Er schreibt seit Ausgang der Kindheit. In seiner autobiografischen Erzählung *Herkunft* berichtet er, wie er nach der Lektüre von *Der alte Mann und das Meer* mit vierzehn seinen ersten Roman entwarf. Er war Austauschschüler in Schweden und unternahm eines Tages eine Tour in den hohen Norden. Dort traf er an einem stillen See auf einen alten Fährmann, der ihn mit seinem Kahn zu einem abgelegenen Ort ans andere Ufer brachte, wo ein paar Menschen fern der Zivilisation ein einsames Leben führten. Der Roman entstand unter dem Eindruck dieses Erlebnisses. Er blieb Fragment, nur ein paar Seiten lang. Aber sein Held war gut gewählt. Es war der magische Fährmann. »Unerschöpfliches Thema«, so Strauß, »jedenfalls wenn man das mythische Image dieses Mannes einbezieht. Verständlich, dass er schließlich auf unzähligen Umwegen zum lebensbestimmenden Fergen aufstieg und seinen Fähr-Gast über Tausende von Seiten, diesen dunklen nordischen See einer unvollendbaren Schrift, übersetzt bis zum heutigen Tag.«

Autorschaft als Überfahrt, als Traumpassage ohne Ende. Wohin? Ins Unerkundete, in die Verwandlung. Einswerden von Fährmann, Fähre und Fracht. »Mit der Schrift ziehen, wohin sie will, in ein fremdes, unbeschriebenes Land.« Auf diese Weise wächst ein Werk und mit ihm und in ihm das geistige Antlitz des Autors.

»Die deutsche Literatur ist ideell. Sie ist«, sagt Strauß, »reich an Gedankenschönheit.« Und reich an Dichter-Denkern.

Autoren dieses Typs – wie Hamann, Lichtenberg, Carl Gustav Jochmann, Jean Paul, Novalis, Nietzsche, Musil, Jünger, Canetti – folgen nicht dem Kodex literarischer Gattungen bzw. wissenschaftlicher Disziplinen, sondern dem Formimpuls der eigenen Erkenntnisintention. Sie wirken nicht nur über ihre Werke, sondern gleichermaßen über ihre Existenz. Einer Existenz, die durch den Mut zur Sezession und einen hohen Grad an Unabhängigkeit beeindruckt.

In dieser Reihe steht auch Botho Strauß. Nicht als Dramatiker oder Erzähler (das ergäbe andere Vergleiche), sondern als Il Penseroso, als Meister des Gedankenfragments. Der große Reichtum und die einzigartige Subtilität seiner Betrachtungen offenbaren ihn als einen der reflektiertesten Menschen unserer Zeit. Imponierend besonders in *Paare Passanten* (1981), *Beginnlosigkeit* (1992), *Anschwellender Bocksgesang* (1993), *Die Fehler des Kopisten* (1997), *Der Untenstehende auf Zehenspitzen* (2004), *Vom Aufenthalt* (2009) und *Lichter des Toren* (2013).

Strauß' Fermenta cognitiones unterhalten wahlverwandtschaftliche Beziehungen zu den *Pensieri* Leopardis, den *Cahiers* von Valéry, den *Adnoten* Jüngers und den *Aufzeichnungen* Canettis, aufs Schönste aber zu den *Vermischten Bemerkungen* Friedrich von Hardenbergs, der sich Novalis nannte, de Novali im Sinne von: der Neuland Bestellende. Selten verkörperte ein Dichter inniger und musikalischer das Kreisen der Gefühle und Gedanken, die alchemistische Verschmelzung aller Gaben des Geistes: Wissen und Ahnen, Forschen und Beschwören, Sehnen und Erinnern, Glauben und Träumen. Kaum einer hatte so frische, anmutige, okkasionelle, so wundersam enzyklopädische und zugleich intuitive Begriffe vom poetischen Denken wie dieser achtsame, lernfreudige, erkenntnishungrige, auf den Geheimsinn der Dinge lauschende Romantiker mit dem klangvollen Namen.

In der Ars litteraria des Botho Strauß, seiner Spontaneität von Schauen und Denken, seiner Metaphysik der Anwehung, seiner Technik des sujetlosen Nachsinnens, der assoziativen, gattungsoffenen Reflexion, ist dieses Erbe wiederbelebt worden. Die Dinge so ansehen, als hätten sie selber Augen, die Sachen so denken, als hätten sie selber Gedanken. Als wäre man nicht nur Betrachter und Gegenstand in einer Person, sondern auch der Erbauer, eine Art poetischer Ingenieur. Verstehen durch Erschaffen, in der Vorstellung und in der Sprache. Vico redivivus. Das sind die Resonanzen, um die es geht. Das sind die Abenteuer, die locken. Gedankenabenteuer. Um sie zu bestehen, muss man aus allen Quellen des Wissens schöpfen, hellen wie dunklen, Umgang pflegen mit der Summa theologiae wie mit der Summa technologiae, mit Meister Eckhart wie mit Norbert Wiener, mit der Phänomenologie wie mit der Dämonologie des Bewusstseins.

Strauß ist ein Autor, der dank seiner Auffassungsgabe und Belesenheit über ein solch feines Antennensystem verfügt. Das ermöglicht ihm außerordentliche Entdeckungen und eine Form von Zeitgenossenschaft, wie sie in seiner Generation einmalig ist. Er wusste zeitig genug, wer er ist und wie er gemeint war, er wusste, wofür er Zeuge sein wollte und wofür nicht und mit welchen Mitteln er sich auszurüsten hatte. Es war dieses Selbstgefühl, das ihm die innere Freiheit gab, sich der Elastizität seines forscherischen Geistes hinzugeben und in Zeiten ideologischen Eifers, profaner Heilsversprechen, geschichtsphilosophischer Verblendung und ubiquitärer Konformität ein Beispiel für Offenheit zu setzen. Eine Offenheit, zu deren Kern die Überzeugung gehört, dass nicht Politik, sondern Wissenschaft das Schicksal ist. Voranstürmende, zukunftsbesessene Wissenschaft. Und dass deren Konsequenzen für die Transformation des Menschen, seinen Umbau zum artifiziellen Geschöpf, seine mehr und mehr technomorphe Art zu existieren, kurzum für sein neues In-der-Welt-Sein nur der ermessen kann, der sich hineinbegibt in den Strudel des Erkennens, in die Feinrationalität der kybernetischen, neurophysiologischen, biochemischen Episteme und der die Grenzen des terminologischen Wissens mit Hilfe der Dichtung, der Theologie und des metaphysischen Selbstdenkens von innen her überwindet.

Das ist allerdings nicht der Normalfall des heutigen Schriftstellers. Strauß sagt:

»In einer Wissensgesellschaft kann es den Antityp, der auf die schädlichen Folgen des Fortschritts verweist, nicht geben, wie ihn der Intellektuelle in der Industriegesellschaft vorstellte. Hier wäre der Außenseiter oder Widersacher schnell als ein Zukurzgekommener angesehen, einer, dem mitzuwissen nicht gelang. Gegen das Können hilft kein Könnenverweigern. Sondern einzig die Novalis-Schlegelsche Divination, das große freie und poetische Abirren im Wissentlichen selbst. Sowenig der gesammelte Tagesverstand ohne das Lose und Lösen des Traums ›kreativ‹ werden kann, sowenig kann das Überprüfbare ohne die Schwerkraft des Unüberprüfbaren Gewicht erlangen.«

Botho Strauß ist ein moderner Romantiker, begabt mit geschwisterlichem Staunen für Wissenschaft und Technik. Ein Mann des auf Erkenntniseinsicht und Sinnzusammenhänge zielenden Begreifens, ein Mann des Innestehens. Und doch ein zutiefst Befremdeter vom prometheischen Programm.

Doch einer mit besonderer Erwartung:

»Was für eine Welt, da sich der Dichter noch der Anschauung hingeben durfte, um das Wesen der Dinge zu ergründen! Ein Sommerwald, ein Mineral, ein pockennarbiges Gesicht – und nun in die konturlose Schwingung der Materie verstoßen, da alles Wesentliche im Unsichtbaren geschieht. Seit langem sind Einsichten in die Natur nicht mehr eidetisch, sondern technisch inspiriert. Der Computer ist das Mikroskop der heutigen Naturforscher. Aber ist Sprache dem Unsichtbaren nicht wesensnah verwandt? Hat sie nicht eindrucksvoll vom Numinosen gezeugt, vom Denken selbst und dem geheimsten Gefühl? Nun tritt eine physische Wirklichkeit hinzu, die sich dem Auge entzogen hat. Die Sprache, die von ihr zeugt, entfernt sich von den äußeren Umrissen der Gegenstände, wird Teil des Nebels, der Wolke und des Winds. Der Hof und die Streuung von etwas wird ihr wichtiger als seine ›Festigkeit‹, seine Feststellbarkeit. Die Anklänge, das Mitverstehen wichtiger als die ›konkrete

Bedeutung‹. Sie spricht gewissermaßen selber hochgradig zerstreut.«

Was die Suche nach der eigenen Sprache angeht, könnte Strauß mit Novalis sagen: »Ich behandle meine Schriftstellerei nur als Bildungsmittel. Ich lerne etwas mit Sorgfalt durchdenken und bearbeiten – das ist alles, was ich davon verlange. Kommt der Beifall eines klugen Freundes noch obendrein, so ist meine Erwartung übertroffen.«

Wer den Dichter will verstehen, muss in Dichters Lande gehen. Aber wie steht es mit dem Denker? Gilt Goethes Diktum auch für ihn? Oder ist der Ort hier nicht von Belang? So schien es der Anekdote zufolge Heidegger zu meinen, als er in Freiburg eine Aristoteles-Vorlesung mit den Worten begann: »Aristoteles wurde geboren, arbeitete und starb. Und nun zu seinen Werken!« Herkunft, Alltag, lokale Umstände, alles nebensächlich. Allein das Gedachte zählt. Warum aber interessiert uns dann Heideggers Hütte in Todtnauberg im Schwarzwald oder Montaignes Studierzimmer im Bibliotheksturm seines Schlosses im Périgord? Doch nicht nur um die Bücher und die in die Deckenbalken geritzten Weisheiten zu sehen, sondern um in den Raum einzutreten, in dem sich das Denken vollzog, um durch die Fenster hinauszublicken in die Landschaft, die dieses Denken umgab.

Botho Strauß hat sich Anfang der neunziger Jahre sein Château de Montaigne inmitten einer hügeligen Landschaft im Nordosten Brandenburgs erbaut, ein schlichtes, weißes, lichtdurchflutetes Haus. »Seit zwanzig Jahren«, schreibt er 2004, »habe ich nach einem solchen Ort gesucht, wo niemand mir zu nahe wohnt, der Ausblick weit und wunderbar gestaffelt ist, Wiese, Senke, Brüche, Solitäre, Wald und Himmel. Nicht mal ein Dorf, nur ein Vorwerk ohne Kirche.«

Wenn man auf dem Umschlag seines 2014 erschienenen Buches – es heißt »Allein mit allen« und ist eine thematisch geordnete Sammlung von Reflexionen – das Wolkenbild betrachtet und sich fragt, warum es so gut zu den Texten passt, ist die Antwort einfach: Weil der Himmel über der Uckermark ebenso schön ist wie auf dem Bild von Johann Georg von Dillis, weil der Zug der Wolken dem Zug der Gedanken gleicht, weil das Flüchtige, das Schwebende auf das Formgesetz und die Empfindungsweise des Autors anspielen. Der Untenstehende als Aufblickender. Himmelsweite, unendliche Räume. Höhenzüge, auf denen nichts geschieht. Hebungen und Senkungen, wie der Hügelschwung der darunterliegenden Landschaft. Farbnuancen, Schleier, Figurationen. Ars combinatoria ohne Ziel und Absicht. Lichtbahnen, dunkle Vorhänge. Leichtes, Schweres. Zarter Durchschein, Vagheit, Fluidum. Sehnsucht ohne Verheißung. Stimmungsparallelen, atmosphärische Analogien. Von Carl Gustav Carus der schöne Vergleich: »Wie ziehende Wolken im steten Wandel begriffen, so die inneren Zustände des Menschen. Alles, was in seiner Brust widerklingt, ein Erhellen und Verfinstern, ein Entwickeln und Auflösen, ein Bilden und Zerstören, alles schwebt in den Gebilden der Wolkenregionen vor unseren Sinnen.«

»Allein mit allen« ist nicht nur ein schöner Buchtitel, es ist auch eine Formel des Lesens, des Für-sich-Seins von Mensch und Schrift. Und es ist eine Formel des Denkens.

Strauß gehört ja zu dem Typus Autor, der vor allem ein Leser ist, einer, der von sich weiß: »Nur was man liebt, überlebt. Heute liebt nur noch der Autor Autoren schrankenlos. Er ist der Russe, wie es ihn zu Tschechows oder Puschkins Zeiten gab.« Aus dieser Liebe heraus wird er zum Stilisten, zum »Arbeiter am Satz«. Strauß' Kunst der Syntaktik zielt auf eine Suggestion des Rollentauschs, auf Sätze, die nach seiner Ansicht nur von denen angemessen verstanden werden, denen sie wie selbst geschrieben vorkommen. Ihre geheime Wirkung sei es, dass sie in einer Art subtilen Irreführung den Leser zu einem Autor und den Autor zu einem Leser eines anderen Autors machen. Der Autor hat den Traum vom idealen Leser und der Leser den Traum vom idealen Autor, einen Traum der Ebenbürtigkeit und Gleichheit. Zueinander finden sie nur, wenn auf beiden Seiten Aufrichtigkeit herrscht. Den Anfang hat natürlich der Autor zu machen. Und in der Tat, wer das Gesamtwerk der Straußschen Reflexionen in den Blick nimmt, wird feststellen, dass ihr entscheidendes Charakteristikum die Aufrichtigkeit, ja die Lauterkeit ist. Sie steht für ihn gänzlich neu zur Definition: der Lautere als jemand, der unverbraucht und unverdorben ist vom Angesehenwerden, von Außenwendung und Außensteuerung.

»Allein mit allen« ist auch eine Formel des Rückzugs, der Absonderung, der klausnerischen Existenz. Strauß hat als einziger deutscher Schriftsteller das petrarkische Erbe der Vita solitaria angetreten. Genau betrachtet ist sie auch in der modernen Welt nicht gänzlich ausgestorben. »Die Weltvermeidungsenergie bleibt auf Erden erhalten: vom Anachoreten bis zum PC-Autisten. Allein mit allen, in der Klause ›Zur ganzen Welt‹, wird das Mysterium vollzogen« – heißt es in *Die Fehler des Kopisten*.

Ein Lobgesang auf die Einsamkeit, stolz bei Petrarca, entschieden bei Schopenhauer, tragisch bei Nietzsche, ist bei Strauß nicht daraus geworden. Es liegt ihm fern, den Ungeselligen vom Lande als glücklichen Eremiten zu verklären und den Geselligen der Stadt als kollektiv Gestressten zu bedauern. Schließlich kennt er das Gefühl der Verlassenheit, das Alleinsein mit sich bringt. Zurückgezogenheit ist für ihn wohl einfach die Bedingung des schöpferischen Arbeitens. Leben in der Montaigneiade heißt Leben in der Sammlung auf sich selbst. Erst dann öffnet sich unerzwungen die Welt.

Doch »Allein mit allen« hat noch den weiteren Sinn, dass in der digitalen Welt von heute nicht nur die alte Einsamkeit verlorengeht, sondern auch die alte Geselligkeit. »Die Verbindungen haben das Verbundensein jäh unterbrochen«, sagt Strauß. Wo die Geselligen unentwegt online sind und nur noch auf ihre Displays starren, dort gilt: *mit allen allein*. Und wo der Einsame dasselbe tut, ist die Lage nicht anders: *allein mit allen*. Das ist die neue Paradoxie.

Das schön gegliederte Notate-Buch ist eine poetische Enzyklopädie Straußscher Wissenskunst, einer Kunst des intuitiven

Gedankenbaus und der reflexiven Unmittelbarkeit. Was ist neu an dieser Sammlung? Sie enthält sechsundachtzig unveröffentlichte Einträge. Und neu ist, dass das Gedankenensemble, das bisher bei Strauß in romantischer Mischform, in bunter Dispersion, in offener, gleichsam themenloser Szenerie auftrat, hier in einem klassischen Gewand erscheint. Was zuvor in Roman und Erzählung, Drama und Essay, Rede und Gespräch verstreut war, tritt jetzt thematisch fest gefügt zutage. Die siebzehn Kapitel lauten:

I Poetik der Reflexion: Formen, Figuren, Gesten
II Vom Geist: Verstehen, Gestimmtheit
III Von der Person: Gesicht, Stimme, Blick
IV Menge, Typus, Einzelner
V Menschenart, Bewusstsein, Verhalten
VI Vom Gespräch: Schweigen, Hören, Fragen, Sprechen
VII Kommunikation, Gegenkommunikation
VIII Technik, Medien, Künstlichkeit
IX Kunst, Religion, Philosophie
X Liebe, Sexus, Mann und Frau
XI Politik, Freiheit, Geschichte
XII Unruhe des Wissens
XIII Von der Erziehung
XIV Traum, Gedächtnis, Erinnerung
XV Autorschaft, Sprache
XVI Zeit und Zeiten
XVII Alter und Tod

Das Ganze bildet eine Ordnung, die den Geist des Urhebers, die Art seines Denkens und Fühlens, seine Weltgestimmtheit, ja die Logik seines Herzens umfassend repräsentiert. Rhythmisch eingewebt ist auch die affektive Polarität seines Zeitempfindens: Affirmation und Aversion, Zugeneigtheit und Abgeneigtheit, Fürsprechen und Gegensprechen. Nicolás Gómez Dávila, auch ein Dichter-Denker, notierte einmal: »Der Schriftsteller, der hasst oder liebt, überzeugt weniger als der, der liebt und hasst.« So ist dies Buch in der Fülle seiner Motive, dem Reichtum seiner Perspektiven eine Summe Straußscher Autorschaft. Selten wird man anderswo ein solches Zeugnis von Kontemporalität finden: keine Chronik der laufenden Ereignisse, keine intimen Geständnisse, kein Protokoll der Skandale, kein Narrativ tönender Namen, kein Empirismus der Banalitäten. Stattdessen eine kühn ins Helle, Dämmrige und Dunkle vorstoßende Auslegung des existenziellen Grundgeschehens, des anthropologischen Umbaus und der sich medialisierenden Welt, und in alldem eine unbeugsame Apologie der hohen Begriffe von Sprache und Dichtung, des gerechten Anschauens, des zeitlosen Fühlens, von Sappho bis Gunnar Ekelöf. »Ich habe«, sagt Strauß mit Blick auf vier Jahrzehnte seines Schreibens, »das Aufkommen des selbstbestimmten Menschen miterlebt und das Ende des Menschen in seiner totalen Selbstbestimmung kommen sehen. Ich bin dem Unterdrückten und dem wahnhaft Freien begegnet ...«

Ein Wort noch zu Form und Gestus der Gedankenstücke. Aphorismen im eigentlichen Sinne sind es nicht, denn nichts ist hier auf Einfall, Überraschung, Witz, Pointe oder Sentenz gestellt, vielmehr alles auf Anklang, Takt, Resonanz, Vibration, Kristallisierung, auf Verstehen und Klärung, auf Wahrhaftigkeit und Tiefe. Eine Tiefe, die nicht den Scharfsinn sucht, sondern das Leben. Eine Wahrhaftigkeit, die immun ist gegen die verführerischen Kräfte von Eitelkeit und Selbstbetrug.

Fragmente streng genommen (von lateinisch frangere, ›zertrümmern, zerbrechen‹) sind es auch nicht, denn jedes einzelne Notat ist in sich vollendet, hat Anfang und Ende, ist ein kleines geschlossenes Ganzes. Das kommt auch der Lektüre zugute. Der Leser kann das Buch aufschlagen, wo er will, kann sich ganz seinen Vorlieben hingeben. Er kann es aber auch auf hergebrachte Weise lesen, von vorn nach hinten, Zeile für Zeile: Die Kapitel sind durchkomponiert und ihre Reihenfolge sinnfällig.

Das erste Kapitel spielt auf die Methode, das zweite auf den Geist der Auswahl an. Alles Folgende ist motivische

Durchführung. Der Prolog stellt Haus und Landschaft des Autors wie eine Naturbühne vor uns hin, auf der die zivile Heerschau der Gedanken statthat. Mit dem Epilog verlassen wir die Szene wieder. Jedes Kapitel endet mit einem kleinen narrativen Abspann, mit Spaziergängen, Naturimpressionen. Der Leser kann ein wenig ausruhen vom enggefügten Diskursiven und dann gestärkt ins nächste Reflexionsgebirge aufbrechen.

Im Anfang war das Wort
Sprachtheologische Possen in Thomas Hürlimanns Novelle Fräulein Stark

Fräulein Stark, Thomas Hürlimanns unvergesslich heitere Novelle über den letzten Feriensommer eines zwölfjährigen Primarschülers bei seinem gelehrten Onkel in einer altehrwürdigen Schweizer Klosterbibliothek Anfang der sechziger Jahre im ungenannt bleibenden St. Gallen, einer wunderbar leichten und wahrhaft freimütigen Erzählung über die aufkeimende und durchbrechende Libido in der männlichen Adoleszenz, eine ins Burleske verpflanzte Vorschule der Erotik – dieses schalkhafte Opus narrativum über die theologischen Mucken des Lustprinzips hatte ich vor Jahren schon einmal gelesen. Es hatte mir sehr gefallen, und was das doppelsinnig Geschlechtliche daran war, nämlich das Jüdische und das Sexuelle, so habe ich bis heute nicht verstanden, was man daran seinerzeit zu skandalisieren versucht hatte. Egal, mich interessierten auch damals schon mehr als nur die Kapriolen des Frühlingserwachens, mich faszinierte eine Art pikaresker Hintersinn des Ganzen, ein zweiter geistiger Raum, der mit den Hunden im Souterrain, wie Thomas Mann die Triebe einmal nannte, eigentlich nichts zu tun hatte. Ich meine den transzendentalen Humor des Buches, die lateinische Grille, die von Anfang bis Ende durch den Text zirpt. Ein Tick, dem sich Onkel wie Neffe mit höchstem Vergnügen hingaben und der in einem gemeinsamen Schlachtruf gipfelte, einer allumfassenden theologischen Parole. Sie lautete: »Nomina ante res.«

Obwohl ich von Beginn an der klangvollen Formel zugetan war, hatte ich doch nicht weiter über sie nachgedacht, außer dass ich dafürhielt, eine solch noble Maxime – nämlich zuerst die Wörter, dann die Dinge – würde nicht nur für den speziellen Fall dieser Erzählung, sondern für jede Art Gottesnarr, Büchernarr und Wortadept in welcher Lebenslage auch immer etwas Wegweisendes haben.

Es empfahl sich also, die elegante, nicht sofort für jedermann einsichtige Formel samt ihrer diversen lateinischen und nicht lateinischen Abkömmlinge selbst zum Thema zu machen. Und genau das will ich tun. Die Sache, um die es geht, begegnet uns gleich zu Beginn der Novelle auf höchst eindrucksvolle Weise:

»Mein Onkel war Stiftsbibliothekar und Prälat, seine Hüte hatten eine breite, runde Krempe, und gedachte er die Blätter einer tausendjährigen Bibel zu berühren, zog er Handschuhe an, schwarz wie die Dessous meiner Mama. An Bord unserer Bücherarche, sagte der Onkel, haben wir schlicht und einfach alles, von Aristoteles bis Zyste. Wie ein Zirkusclown hatte er einige Nummern einstudiert, und seine Lieblingsnummer ging so: Im Anfang war das Wort, sprach der hochwürdige Stiftsbibliothekar, dann kam die Bibliothek, und erst an dritter und letzter Stelle stehen wir, wir Menschen und die Dinge. Dabei zeigte er zur Decke, wohl auf Gott, dann auf sich, die Bibliothek, und war vom Dritten und Letzten die Rede, ließ er den Blick in die Runde schweifen, von einer Besucherin zur andern.«

Der Fingerzeig nach oben und, wie der Ich-Erzähler kundtut, »wohl auf Gott«, von dem übrigens im real existierenden barocken Lesesaal der St. Gallener Stiftsbibliothek direkt und indirekt einiges zu sehen ist auf den Deckengemälden des schwäbischen Kirchenmalers Joseph Wannenmacher, dieser Fingerzeig legt nahe, die Vokabel »Wort« aus dem Satz »Im Anfang war das Wort« biblisch zu verstehen. Verwiesen wird damit auf den Prolog des Johannesevangeliums, auf den nebenbei gesagt auch eins der Gewölbebilder Wannenmachers verweist. Ich meine die berühmten Verse: »Im Anfang war das Wort, und das Wort war bei Gott, und Gott war das Wort. Dasselbe war im Anfang bei Gott. Alle Dinge sind durch dasselbe gemacht, und ohne dasselbe ist nichts gemacht, was gemacht ist. In ihm war das Leben, und das Leben war das Licht der Menschen. Und das Licht scheinet in der Finsternis, und die Finsternis hat's nicht begriffen.«

Niemals zuvor, möchte man meinen, wurde auf die Macht, die Würde und das Geheimnis des Wortes ein Hymnus von solcher Erhabenheit gesungen. Doch vergessen wir nicht, mit ›Wort‹ war das ›Wort der Worte‹ gemeint, der Heilssinn alles Wirklichen, die christliche Lesart des Logos, das göttliche, nicht das menschliche Wort, das spirituelle Vermögen, mit dem Gott sich selbst denkt in seiner trinitarischen Gestalt und seiner Welten generierenden Potenz. Im johanneischen Urtext steht denn auch an entsprechender Stelle das griechische Wort ›Logos‹ Und erst in der lateinischen Übersetzung steht ›Verbum‹, zu deutsch ›Wort‹. Was aber für ein Wort dieses ›Wort‹ ist, dieses Wort katexochen, und wie wir es in Analogie bringen können zur Sprache des Menschen und vielleicht auch zur Sprache des Erzählens, darauf kommen wir noch zurück.

Als ich die Novelle nun zum zweiten Mal las, war ich fest entschlossen, mich mit Eifer auf die Spuren der Parole des Onkels zu begeben und genauestens zu verfolgen, wie sie als Fanfare im Text figuriert. Ich habe nachgezählt: Sie kommt zehnmal vor, sechsmal beim Prälaten, zweimal beim Nepos und zweimal beim Erzähler. Man hat den Eindruck, dass sie aufseiten des Onkels auch eine Art Botschaft an den Neffen war, an den Neffen und seine Entelechie, gleichsam das Zeichen einer unumstößlichen Gewissheit. Und der mimetisch begabte Nepos wusste es in diesem Sinne zu nehmen, denn auch er war jemand, der etwas vom Geist verstand. Doch hat er die Evidenz des Zeichens gerade nicht als unstrittig erfahren und zwischenzeitlich sogar arg daran gezweifelt. Und so hat er sich in einen Gedankenkrieg mit dem Onkel begeben, hat er die ehrwürdige Formel immer wieder durch Gegenformeln attackiert und so für frischen Wind und zügige Fahrt in der Erzählung gesorgt. Und diese Fahrt hat sie beide auf ein Meer geführt, von dem keinem der Beteiligten bewusst war, wo es lag, wie es hieß und wie tief es war. Ich spreche von einem philosophischen Meer, dem Meer des mittelalterlichen Universalienstreits, einer Disputation unter erlauchten monastischen Gelehrten, hohen Doktoren mit höchst wundersamen Beinamen. Der Neffe konnte nichts davon wissen, der Onkel ließ sich nichts anmerken und der Erzähler hat mit Wohlbedacht nichts davon verraten.

Auch ich wusste nicht viel von der fünfhundert Jahre anhaltenden Auseinandersetzung, habe mich aber kundig gemacht. Es ging um das Problem, ob das Begrifflich-Allgemeine oder das Sinnlich-Einzelne real sei, ob den Universalien oder den Einzeldingen wahre Wirklichkeit zukomme. Das war der Prüfstein, an dem sich die Geister schieden. Die Sache ist in etwa folgende: Der antike griechische Philosoph Porphyrius, ein Neuplatoniker, hatte in seiner Einleitung zu den logischen Schriften des Aristoteles die Frage aufgeworfen, ob die Gattungsbegriffe, die genera und species, zusammengefasst unter dem Namen universalia, zum Beispiel Mensch, Tier, Pflanze, Eiche, Pferd, Haus, Tisch usw., wirklich, das heißt dinglich, oder nur in unseren Gedanken bestehen, ob sie körperlich oder unkörperlich seien, ob sie gesondert von den Sinnesdingen oder nur in und an ihnen existieren. Die Antwort darauf hatte Porphyrius offengelassen. An diese seinerzeit nur in der lateinischen Übersetzung durch Boethius vorliegende Stelle knüpfte sich der vom 9. bis zum 13. Jahrhundert andauernde Streit. Die einen, die extremen Realisten, die sich auf Platos Ideenlehre beriefen, behaupteten, dass die Gattungsbegriffe das Ursprüngliche und Wirkliche, also die wahrhaften Dinge seien, die res, die das Besondere und Einzelne aus sich heraus erzeugten. Ihre Formel lautete universalia ante res und stützte sich auf den Gedanken: universalia sunt realia ergo ante rem. Demgegenüber behaupteten die Nominalisten, die Allgemeinbegriffe seien bloße Worte, Abstraktionen des Verstandes, subjektive Zusammenfassungen des Ähnlichen, während in Wirklichkeit nur die Einzeldinge existierten. Der Gedanke war: universalia sunt nomina ergo post rem, und die Formel hieß, auf den Singular von res bezogen, universalia post rem. Zwischen beide schob sich später eine vermittelnde, auf Aristoteles sich berufende Ansicht (der sogenannte gemäßigte Realismus), wonach das Begrifflich-Allgemeine eine Geltung ante rem hinsichtlich des Plans der Welt, in re hinsichtlich der Natur und der uns umgebenden Welt und post rem hinsichtlich der abstrahierenden

Erkenntnis des Verstandes hätte. Hier war die Hauptformel: universalia in re.

Die bekanntesten unter den extremen Realisten waren Johannes Scotus, genannt doctor subtilis, und Anselm von Canterbury, genannt doctor marianus; unter den Nominalisten Johannes Roscelin (der ohne Beinamen ist, da er in Sachen Trinität eine ketzerische Position bezogen hatte) und Wilhelm von Ockham, genannt doctor singularis et invincibilis; unter den gemäßigten Realisten Peter Abälard, genannt doctor scholasticus, Albertus Magnus, genannt doctor universalis, und Thomas von Aquin, genannt doctor angelicus.

Während der Realismus das Sein Gottes, die höchsten Wahrheiten der Kirche und den wunderbaren Stufenbau der mittelalterlichen Glaubenswelt deduktiv verteidigte und damit auch das kathedralengleiche Gefüge der feudalen Ständegesellschaft, zielte der Nominalismus auf Wahrnehmung und konkrete Untersuchung des Einzelnen. Er setzte auf Analyse, auf materiales Wissen und untergrub, ob willentlich oder unwillentlich, die Autorität des geglaubten Allgemeinen. Die ontologische Wirklichkeit des Geistigen und die Metaphysik der apriorischen Erkenntnis begannen zu bröckeln. So hat denn auch Anselmus Roscelin und den Seinen vorgeworfen: »In ihren Seelen ist das Denken so von körperlichen Dingen umsponnen, daß es sich aus ihnen gar nicht herauszuwickeln vermag.«

Wir wollen uns hier nicht in die Feinheiten des Disputs vertiefen und auch nicht in die nachfolgende historische Transformation des Problems, aber gesagt sein soll, dass die Realisten mit ihrer Ansicht universalia sunt realia auf spekulative Weise gottes- und ideentreu waren, dass die Philosophie für sie ancilla theologiae blieb, Magd der Theologie, während die Nominalisten bereits auf den späteren Positivismus und Säkularismus vorauswiesen. Die einen befestigten das Band zwischen Glauben und Wissen, die anderen lockerten es. Und so wurde der Standpunkt des Realismus denn auch die via antiqua und der des Nominalismus die via moderna genannt. Der wunderbare

Egon Friedell schreibt in seiner unvergleichlichen *Kulturgeschichte der Neuzeit*:

»Der Sieg des Nominalismus ist die wichtigste Tatsache der neueren Geschichte, viel bedeutsamer als die Reformation, das Schießpulver und der Buchdruck. Er kehrt das Weltbild des Mittelalters vollständig um und stellt die bisherige Weltordnung auf den Kopf [...]. Der Nominalismus hat ein Doppelantlitz, je nachdem man das Schwergewicht in sein negatives oder sein positives Ergebnis verlegt. Die negative Seite leugnet die Realität der Universalien, der Kollektivvorstellungen, der übergeordneten Ideen: aller jener großen Lebensmächte, die das bisherige Dasein erfüllt und getragen hatten, und ist daher identisch mit Skepsis und Nihilismus. Die positive Seite bejaht die Realität der Singularien, der Einzelvorstellungen, der körperlichen Augenblicksempfindungen: aller jener Orientierungskräfte, die das Sinnendasein und die Praxis der Tageswirklichkeit beherrschen, und ist daher identisch mit Sensualismus und Materialismus.«

Das ist ein guter Punkt, um zu *Fräulein Stark* und den liebgewordenen nomina ante res zurückzukehren. Beim frommen und gelehrten Onkel gibt es in dieser Hinsicht keinerlei Schwanken. Seine Parole ist eine enge Verwandte des scholastischen Bekenntnisses: universalia ante res. Der Prälat ist und bleibt dezidierter Realist, das heißt Begriffsrealist, nach heutigem Verständnis also Idealist, allerdings einer der gemäßigten Art. Die Welt der Körper und der Sinne anzuerkennen, bereitet ihm theologisch keine Schwierigkeiten. Denn als Realist weiß er: das Wort und die Worte, sie wollen sich inkarnieren. Was auch immer in puncto puncti im Neffen rumorte, im Denken des Onkels war es durch das göttliche Wort und seine Verkörperungen in der irdischen Welt und in der menschlichen Natur gerechtfertigt. Beim Nepos lagen die Dinge schon anders. Zunächst war auch er Realist, und zwar rein aus Nachahmung, aus Freude am Nachsprechen dessen, was der Onkel an lateinischen Wendungen zelebrierte. Alsbald aber machte er bestimmte

Erfahrungen mit der unregierbaren Diesseitigkeit seiner Sinneswerkzeuge, die ihn an der Alleinherrschaft von Gottes Wort und am Apriori der sittlichen Vernunft zweifeln ließen. Und so geriet er zwangsläufig ins nominalistische Lager der Ideenskeptiker. Er sang auf einmal Loblieder auf die Macht der Dinge, vorzüglich der verführerischen, auf die Arabesken und Dekore des weiblich gegliederten Körpers. Doch am Ende kehrte der von Duft und Glanz der Fleischlichkeit betörte Freigeist zurück zur Strenge der platonischen Ideen. Warum? Nun ja, die Ferien gingen zu Ende, er würde demnächst einrücken in die Klosterschule nach Einsiedeln, und das bedeutete: acht Jahre Kutte, acht Jahre Latein. Da war es besser, sich an das überlegene Sein Gottes zu halten. So wie Anselmus sagt: Nicht die Existenz Gottes ist unfassbar, sondern seine Nichtexistenz. Das könnte der eine Grund gewesen sein. Und der andere? Der Neffe trug in sich den Keim zum schöpferischen Sprachgebrauch. Er hörte auf Worte, und er glaubte an Worte. In ihm regte sich nicht nur das Samenplasma männlicher Säugetiere, es regten sich in ihm auch die logoi spermatikoi des künftigen Autors. Der Onkel hatte, wenn auch mit anderem Sinn, in heikler Situation und an pikanter Stelle schon darauf hingewiesen. Aber das können wir getrost beiseitelassen. Uns geht es um den wirklichen und echten logos spermatikos. Hier steckte des Neffen Entelechie, seine Zielgestalt, sein »Werde, was du bist«. Denn das würde er künftig sein: ein Schriftsteller, ein Erzähler. Und Erzähler sein heißt auf der via antiqua marschieren und einen gänzlich überholten Glauben zelebrieren, einen Glauben, der da lautet: Im Anfang war das Wort. Glauben meint etwas für wahr halten und überzeugt sein, dass diese Wahrheit ewig währt. Da mag der Held von Goethes *Faust* noch so sehr daran herumdeuten in seinem Studierzimmer:

> Geschrieben steht: »Im Anfang war das *Wort!*«
> Hier stock ich schon! Wer hilft mir weiter fort?
> Ich kann das *Wort* so hoch unmöglich schätzen,

> Ich muss es anders übersetzen,
> Wenn ich vom Geiste recht erleuchtet bin.
> Geschrieben steht: Im Anfang war der *Sinn*.
> Bedenke wohl die erste Zeile,
> Dass deine Feder sich nicht übereile!
> Ist es der *Sinn*, der alles wirkt und schafft?
> Es sollte stehn: Im Anfang war die *Kraft!*
> Doch, auch indem ich dieses niederschreibe,
> Schon warnt mich was, dass ich dabei nicht bleibe.
> Mir hilft der Geist! auf einmal seh ich Rat
> Und schreibe getrost: Im Anfang war die *Tat!*

Um es geradeheraus zu sagen: Uns ist es *nicht* unmöglich, das Wort so hoch zu schätzen. Was sind die Taten des Erzählers? Sie sind nichts anderes als Worte, das unermüdliche Setzen von Worten, rein aus Lust am Fabulieren. »Im Anfang war das Wort« – das ist auch der Prolog zum Evangelium des Erzählens.

Und damit haben wir das Thema endlich an die Stelle bugsiert, an die wir es haben wollten. Prüfen wir also das Wort des Johannes, und prüfen wir die drei Positionen im Universalienstreit auf ihre Bedeutung für das Erzählen, die Kunst des Fabulierens. Was gilt hier? Nomina ante res? Nomina post res? Oder nomina in rebus?

Was die Differenz zwischen Menschenwort und Gotteswort angeht, so hat Thomas von Aquin, ein von Hurlimann übrigens gern gelesener und hoch respektierter Autor, hervorgehoben, dass das menschliche Wort potenziell ist, bevor es aktualisiert wird. Es ist formierbar, aber nicht formiert. Unser Denkvorgang setzt ja damit ein, dass uns etwas aus dem Gedächtnis in den Sinn kommt, aber was uns so in den Sinn kommt, ist noch nicht das Zu-Ende-Gedachte. Vielmehr setzt jetzt erst die denkende Bewegung ein, in welcher der erkennende Geist vom einen zum anderen eilt, dieses und jenes erwägt und so den vollendeten Ausdruck seiner Gedanken erst sucht. Ist er gefunden, so ist in ihm die Sache, die gemeint war, präsent. Das vollendete Wort ist die perfekte Spiegelung der Sache. Es hat den Weg des Denkens hinter sich gelassen, dem es doch allein seine Existenz verdankt. Dergleichen gibt es im göttlichen Geist nicht. Das Wort Gottes ist stets im Stand der Wirklichkeit. Der göttliche Geist, indem er sich selbst und seine absolute Selbstgegenwart erkennt, erkennt zugleich alles Seiende. Sein und Erkennen ist hier ein und dasselbe, es gibt keinen zeitlichen, keinen reflexiven Verlauf, kein Hin und Her des ›Denkens‹, kein Ringen um Ausdruck und Wahrheit.

Im Unterschied zum göttlichen Wort, welches in höchstem Maße vollkommen ist, ist das menschliche Wort wesensmäßig unvollkommen. Es ist unvermeidlich in das Meinen von diesem und jenem zerstreut, denn der Intellekt ist unvollkommen. Und so ist auch das Wort des Menschen nicht gleichen Wesens mit dem Menschen, wie es bei Gottes Wort gleichen Wesens mit Gott ist. Das Wort des menschlichen Denkens zielt zwar auf die Sache, aber kann sie nicht als ein Ganzes in sich enthalten. Und so geht das Denken den Weg zu immer neuen Konzeptionen fort und ist im Grunde in keiner ganz vollendbar, während das Wort Gottes das Wort des alles in *einer* Intuition schauenden und schaffenden Geistes ist.

Soweit die Ansicht des heiligen Thomas zum verbum dei und zu seiner Differenz zum Menschenwort. Wir sehen, die Dinge sind nicht so leicht zu verstehen, und es besteht die Gefahr, dass wir Unverständliches durch Unverständliches erklären. Dabei haben wir die Inkarnation und das Problem der Dreieinigkeit Gottes, auf das der Prolog des Johannesevangeliums ja hinausläuft, noch gar nicht berührt und können das hier auch nicht tun. Vielleicht ist bei den Unterscheidungen innerhalb des menschlichen Wortes eher Land in Sicht. Nehmen wir nur die Lehre vom inneren Wort, dem verbum interius oder verbum mentis. Thomas von Aquin geht dabei von einer weitgreifenden Bedeutung des Terminus ›Wort‹ aus. Wort werde das genannt, was der erkennende Geist, indem er erkennt, in sich selber gestaltet. Und dies im Geiste Gestalt gewordene Wort, »das nichts anderes ist als eine Art Empfängnis im Gedanken«, nennt er das »innere Wort«, ein Wort, das dem äußeren, dem geäußerten Wort als bewirkende und ermöglichende Ursache voraus liegt. Sodann wird weiter expliziert. Im Sprechenden finde sich dreierlei Wort. Erstens das verbum cordis, das Herzenswort. Damit ist das allererste Konzept gemeint, das sich völlig lautlos (sine voce) in der Seele bildet. An zweiter Stelle nennt Thomas das »innere Wort«, worin schon ein Vorausbild von Stimme und Formulierung ist. Und danach kommt, drittens, das nach außen hin laut werdende Wort, das verbum vocis. Thomas vergleicht diesen Dreischritt, also den vom verbum cordis über das verbum interius zum verbum vocis, mit dem, was beim Hervorbringen eines Kunstwerks geschieht. Auch da ist das zeitlich Erste die noch kaum formulierbare Intention. Dann folgt der Entwurf, und am Ende steht das nach außen hin wahrnehmbare Opus. Im Falle der Sprachkunst der schriftlich fixierte Text.

Wenn wir für den Moment einmal eine etwas freiere Anwendung des Begriffs verbum cordis vornehmen dürfen, eines Terminus, der schon bei Augustinus eine Rolle spielt und den er auch als verbum animae impressum auffasst, könnten wir vielleicht sagen, dass das, was man beim Erzählen den eigenen Ton nennt, im verbum cordis des Erzählers seinen Quellpunkt hat. Es ist die seelische Disposition des Autors, die ihren Grund in einer spezifischen Weise des Wert- und Welterlebens, des Wert- und Weltgefühls besitzt. In ihr zeigt sich durch Klang und Anklang, was er liebt, was er hasst und was ihm gleichgültig ist. Das verbum cordis ist der Ort des Selbstgefühls und damit auch der Ort der Empathie, die Stelle in der Syntax, an der das ›Mitfühlen‹ geschieht. Wo für die ›Temperatur‹ gesorgt wird, für die Affektlage, für die Passionen des Ja und des Nein. Es ist ein Raum der Gestimmtheit, wo alle Dinge einander rufen und alle Dinge einander antworten. Und in diesem Raum sind die Wörter in re und post rem. Sie bilden sich im Erleben der Dinge und nach dem Erleben der Dinge. Und erst wo daraus wieder eine Welt ersteht, eine imaginierte Welt, wie im literarischen Text, erst dort gilt: Im Anfang war das Wort! Und nomina ante res. Denn die Wörter generieren die Dinge. Das ist der logos spermatikos! Und hier haben wir den Dichter als Schöpfungsrivalen Gottes. Beide erschaffen sie die Welt aus dem Wort. Der eine die seiende, der andere die vorgestellte. Und es zeigt sich, dass das zeugende Wort, die Wunderkraft der Sprache, voller Geheimnis und Magie ist. Der russische Theologe Pawel Florenski hat einmal geschrieben:

»Wir vergleichen also das Wort mit dem Samen, die Rede mit dem Geschlecht, das Sprechen mit dem männlichen und das Hören mit dem weiblichen Geschlechtsprinzip, die Einwirkung auf die Persönlichkeit mit dem Prozess der Befruchtung. Dieser Vergleich ist nicht neu, und es gibt kaum einen antiken Schriftsteller mystischer Denkrichtung, dem solche Gleichungen fremd wären. Denken wir an Plato, der in der Nachfolge von Sokrates konsequent und entschieden eine erotische Theorie des Wissens entwickelte; das Streben nach Wissen – Liebessehnsucht; die Unausgesprochenheit des noch nicht herangereiften Wissens – Schwangerschaft; die die Äußerung ermöglichende Hilfe – Hebammenkunst; die Mitteilung von Wissen – Befruchtung; die Lehre – das Bestreben, in den Seelen zu gebären usw. usw. – so hören wir es auf Schritt und Tritt von Sokrates und Plato. Und wenn wir daran denken, dass die Akademie ganz auf den Prinzipien erotischer Gnosis aufbaute, dann wird es uns nicht schwerfallen, dem Gedanken zu folgen, dass Platos Aussagen nicht einfach Metaphern sind, oberflächliche Analogien, sondern dass sie das Wesen der Sache ausdrücken: Tatsächlich sah auch Plato das Samenhafte des Wortes.«

Wenn der hochwürdige Stiftsbibliothekar unter der üppig ausgemalten Decke des barocken Lesesaals dem Nepos so vom Wort, so von den nomina ante res gesprochen hätte wie der orthodoxe Priester Pawel Florenski, ich bin sicher, der Neffe wäre nicht ein einziges Mal abgedriftet ins Lager der nominalistischen Verräter.

Zurück zum verbum cordis. Das Wort des Herzens im Erzählen Thomas Hürlimanns zu fassen ist verlockend, doch nicht ganz leicht. Vielleicht darf ich soviel sagen: Es hat die Heiterkeit der Seele und wie sie überm Abgrund schwebt von Tod und Sterben, es hat die Abenteuerlust des jung gebliebenen Geistes und wie er sich vom Schmerz des Lebens nicht beirren lässt, es hat das kindhaft philosophische Verwundern und wie es nie zum Weltenrichter wird – all das hat es und noch so manches mehr. Freigiebigkeit, geistige Tapferkeit und Liebe zum Leben kommen hinzu. Hier ist der motus animi continuus von Hürlimanns Erzählen, die unaufhörliche Seelenbewegung. Cicero hielt sie für das Wesen der Beredsamkeit. Es ist eine Art Grundrauschen des inneren Sprechens, mal in Dur, mal in Moll, im Träumen wie im Wachen, ein ewig währendes Gespräch des Denkens mit sich selbst. Und was ist Schreiben anderes. Hier, am Urgrund von Empfinden und Erleben, bildet sich die Melodie der Sprache, ihr Rhythmus, ihre Klanggestalt. Es spricht aus ihr das Wesen dessen, der da spricht.

Zum Erzählen aber gehört noch mehr. Erzählung ist immer Erzählung von etwas. Hans-Georg Gadamer hat einmal gesagt, in allem Erzählen liege, dass auch noch anderes davon erzählt werden könnte, und dass man den als einen guten Erzähler bezeichnet, der immer noch etwas zu erzählen weiß und sein Garn gewissermaßen endlos fortzuspinnen in der Lage wäre. Man braucht also einen besonderen Stoff, einen Stoff, der nicht endet. Und der wurde Thomas Hürlimann gleichsam in die Wiege gelegt. Es sind die dicht beschriebenen Seiten im Geschlechterbuch der eigenen Familie, der weitverzweigte Stammbaum der Verwandtschaft, Großvater, Vater, Onkel und Bruder, Großmutter, Mutter und Schwester. Es ist die schweizerische Herkunft, ihr Segen und ihr Fluch. Es ist die sichtbare und unsichtbare Welt des Glaubens und wie man sie verliert, ohne ihr für immer den Rücken zu kehren. Es ist die unerschöpfliche Fülle des eigenen Erlebens. Und es ist des Autors ausgezeichnetes Gedächtnis. Alles steht ihm in der Rückschau lebendig vor Augen. Er hat einmal in einem Interview gesagt: »Wissen Sie, es ist ganz einfach. Ich möchte schreiben. Ich weiß auch, dass es mir bis zu einem gewissen Grade gelingt, Sätze zu bauen. Aber über den Inhalt, der sich in diese Sätze ergießt, habe ich keine Macht, da kann ich nicht wählen. In ihn wurde ich hineingeboren.«

Und das ist nun der Boden, auf dem gilt: nomina post res. Die Wörter nach den Dingen. Hier lautet die Wahrheit: Nicht am Anfang, sondern am Ende ist das Wort. Denn die Worte des Erzählens müssen wie Erz herausgeschlagen werden im Bergwerk der Erinnerung. Dort lagern sie und warten auf den Hauer. Es sind Worte in und an den Dingen, nomina in rebus. Alles Erzählen ist ein Geschehen und zugleich Bericht eines Geschehens. Wer erzählt, spricht nicht über ein Ereignis und nicht von ihm, sondern aus ihm. Anima quaerens verbum heißt es bei Bernhard von Clairvaux, die Seele auf der Suche nach dem Wort. Hier ist der Punkt, wo mit der Parole nomina ante res nichts ausgerichtet werden kann.

Und damit haben wir – Erzähler und Leser – den Onkel und seinen unerschütterlichen Platonismus doch noch in die Schranken gewiesen. Der Theologe hat alles von Gottes Wort her zu betrachten, das ist sein Amt. Der Künstler betrachtet alles, Gott inbegriffen, von den Menschen her. Das ist der Beruf der Kunst. Wer ihn ausübt, ist kein Platoniker und sollte keiner sein. Ideen und Begriffe definieren Wirklichkeit, und mit Ideen und Begriffen wird sie auch gerichtet. Erzählte Wirklichkeit aber ist begrifflich unmarkiert, und sie muss undefiniert bleiben, wenn sie nicht gerichtet werden soll. Nur so ist sie ein höherer Raum von Freiheit. Das mag im Himmel gefallen oder nicht. In der Welt, die uns das Fabulieren des Klosterschülers Thomas Hürlimann geschenkt hat, gefällt es außerordentlich.

Weitverzweigte Wissenslust
Friedrich Dieckmann und der Geist des Geltenlassens

Es gibt nicht viele Menschen, die es verdienen, ein freier Geist genannt zu werden. Und bestimmt sind sie nicht dort zu suchen, wo lautstark und selbstgewiss davon die Rede ist. Freiheitssinn ist eine Charakterfrage und Selbstbestimmung ein Vermögen von Reife. Friedrich Dieckmann besitzt beides in hohem Maße. Drei Jahrzehnte Autorschaft unter DDR-Bedingungen waren nicht unbedingt eine gute Schule, aber wahrlich eine harte Prüfung.

Doch wer hätte ernstlich gedacht, dass innere Freiheit sich auch unter den Auspizien äußerer Freiheit zu bewähren hat? Dieckmanns Schriften seit dem Revolutionsherbst 1989, seine vielfachen Ost-West-Interventionen in Sachen Wiedervereinigung, Grundgesetz, deutsche Nation, Literaturstreit, PEN-Querelen, Berliner Stadtgestaltung und vieles mehr zeugen auch unter völlig veränderten historischen Vorzeichen vom Kraftfeld eines Autors, der nicht aus Ressentiment, nicht aus polemischem Naturell Einspruch erhebt, sondern weil es etwas zu berichtigen gibt.

In ihrer ganz auf Stoff und Gegenstand bezogenen Leidenschaft des Richtigstellens hat Dieckmanns Autorschaft etwas beinah Konfuzianisches. Ein feiner Sinn für Benennungen, Beschreibungen und Bewertungen sowie die Überzeugung, dass den Komplikationen, mit denen wir es im Prozess der deutschen Einheit zu tun haben, spezifische Bewusstseinsfallen zugrunde liegen, in die man aus Vorurteil, Anmaßung oder falscher Parteinahme gerät, zwingen ihn immer wieder zur Gegenrede. Doch nicht Rechthaben ist sein Ziel, sondern Entkrampfung, Befreiung aus Gefangenschaften, Aufstören aus der Gedanken Trägheit.

Aufklärung dieser Art ist immer willkommen, denn das Terrain historischer Täuschungen und Selbsttäuschungen ist allzeit unerschöpflich. Aber im Grunde ist er gar kein Mann des

Widerspruchs, es sind die Umstände, die ihn immer wieder treiben. Von Haus aus scheint er eher das Einverständnis zu lieben. So spiegelt sich sein Wesen am meisten, wenn er über Goethe, Bach, Mozart oder Schubert schreibt, über Menschen also, die er verehrt. Und nicht selten macht man die erstaunliche Entdeckung, dass Dieckmanns Bildnisse verborgene Selbstbildnisse sind, natürlich stets unter neuem Blickwinkel. Einverstandensein hat etwas Unerschöpfliches. Das Fundament ist Freundschaft mit sich selbst. Erst sie macht Freundschaft überhaupt möglich.

Die Frage ist, ob Dieckmann dem Typus des Kritikers tatsächlich zugehört. Auch Theaterrezensionen und Buchbesprechungen zeigen ihn als Mann der bedachtsamen Wertung, der Empathie, des Verstehens und Entschlüsselns. Fürs Bellen und Beißen, fürs professionelle Mäkeln ist er viel zu vornehm. Hinzu kommt der auffällige Mangel an Bosheit gegen Zunftgenossen. Und nicht zu vergessen jene schöne Gabe spielerischer Versöhnung, die ansteckende Herzlichkeit seines Humors. Dies alles spricht zwar nicht für den Kritiker, aber es spricht für den Schriftsteller, für den Charme eines heiteren, mit sich im Einvernehmen stehenden Menschen. Auf Dieckmann trifft zu, was Leibniz von sich gesagt hat: dass ihn Kritik nicht interessiere und dass er aus jedem Buch etwas lerne. Solcherart Lernen lebt vom Genuss am Selbstunterricht, vom Streben nach eigener Wesenserweiterung. So zeigt sich, Leben ist die Art, wie man lernt. Dieckmanns Art zu lernen erwächst aus weitverzweigter Wissenslust. Sie gilt von jeher als der wahre Weg zur Bildung, Bildung im umfassenden, im goetheschen Sinne.

Dass er diesen Weg unbeirrt gegangen ist, hat zu einer überaus produktiven, in vielen literarischen Gattungen ertragreichen Autorschaft geführt: zusammen genommen mehr als dreißig Bücher sowie unzählige Beiträge in den bedeutendsten Zeitschriften des Landes. Welche Wohltat diese von Wissenschaftsgläubigkeit und terminologischer Sprachenge freie, in vielen Disziplinen bewanderte Gelehrsamkeit doch ist.

»Ich habe fleißig sein müssen«, lautet ein Wort von Bach, »wer ebenso fleißig ist, der wird es ebenso weit bringen können.«

Dieckmanns vielfältige Interessen haben ihn bis ins Politische geführt. Nicht ideologische Leidenschaft oder der Wille zur Einflussnahme war ausschlaggebend, sondern die Faszination des Dramaturgen durch das Theatrum mundi, die Welt als Bühne, auf der die Menschen – durch welche Mächte zwischen Himmel und Erde auch immer bewegt – ihre mehr oder weniger glanzvollen Rollen spielen. Dieckmanns Wort von der Geschichte als einer unberechenbaren Künstlerin entstammt dieser Anschauung, und es ist durch eigene Erfahrung beglaubigt. Von Anfang an ergab sich für ihn eine Berührung der für gewöhnlich getrennten Sphären: Politik – der Betrieb staatlicher Machtausübung – als Gegenstand der Literatur; Literatur – der Bezirk ästhetisch gefasster Gesellschaftsbeschreibung – als Gegenstand von Politik. Ironischerweise haben die Schriftsteller in der DDR nur die eine, die Herrschenden nur die andere Praxis gewollt, während beide das jeweils Verbliebene mit Argwohn betrachteten. Es versteht sich, dass unter solchen Verhältnissen Dieckmanns Doppelbegabung schlecht auslebbar war. Sein politisches Weltverhältnis wurde, ähnlich wie bei Wolfgang Thierse, erst in und nach der Wende öffentlich sichtbar.

Eng mit dem Politischen ist sein geschichtliches Interesse verbunden. Was wir am meisten an Dieckmanns immergrünem Bewusstseinsbaum bestaunen, sind die historischen Wissensnester, in denen, wie von einer wissbegierigen Elster gesammelt, die wunderlichsten Schätze aller Länder und Zeiten lagern. Wer hier stöbert, wird immer fündig. Historischer Sinn ist Sinn fürs Detail und zugleich Sinn für Rhythmus und Richtung des Ganzen. Ohne sie kein Fingerspitzengefühl und keine Situationsintelligenz. Die aber sind nötig, wenn es gilt, sich Gunst und Ungunst der Umstände, unter denen die Menschen agieren, vor Augen zu führen, damit man begreift, warum etwas ist, wie es ist. Dieckmanns Schriften, nehmen wir nur *Leben in der güldenen Zeit* oder *Erinnerungen an die Zensur*, sind hier von einem tiefen Realismus und einer wunderbaren Gerechtigkeit. Es ist die Liebe zum Konkreten, die ihn gegen das Bretterwerk der Begriffe, gegen den dürren Wanderstock der Theorie feit, die ihn zum Erzählen führt, zum Vergleichen, zum nachdenklichen Vergewissern. Die ihn zu einem der originellsten deutschen Essayisten werden ließ.

Über wen hat der Autor nicht alles schon geschrieben. Über Mozart, Beethoven, Schubert, Goethe, Schiller, Luther, Erasmus, Wagner, Verdi und Brecht, über Johann Sebastian Bach, Paul Dessau, Ernst Bloch, Volker Braun, Heiner Müller, Christa Wolf und Wolfgang Hilbig. Und immer kenntnisreich die genauen Zeit- und Lebensumstände im Blick, stets das Augenmerk gerichtet auf die besondere schöpferische Leistung und den unverwechselbaren Charakter der Protagonisten.

Was kann, was darf man sagen über diesen Mann aus Deutschland Ost? Dass er einer ist, der die Fahne des Geistes hochhält. Und das in Zeiten, in denen sich nicht nur ein Unbehagen in der Kultur, sondern auch ein Behagen in der Unkultur ausbreitet. Wo in entfesselter Kommunikation Nivellierung und Banalisierung um sich greifen, die alles Vortreffliche in den Sprach- und Denkverschleiß zu reißen drohen. Hinzu kommt die Brandung medialen Moralisierens. Canetti hat einmal gesagt: »Es ist das Unglück der Moral, dass sie alles besser weiß und darum nichts erfährt.« In dieses Unglück ist Dieckmann nie gerannt. Er hat ein großes Herz, philosophisch und literarisch. Er ist ein vorurteilsfreier Leser, der die Freiheit Andersdenkender achtet, auch in politischer Hinsicht. Das sagt sich so leicht. Aber jeder weiß, wie lange man braucht, um es dahin zu bringen.

Dass der Mensch an sich eine offene Frage ist, dass kein Geschöpf unter der Sonne es an Fraglichkeit mit ihm aufnehmen kann, ist einem Realisten wie Dieckmann bewusst. Darum ist er in Sachen Menschen- und Ideenverstehen gleichsam zum Reisenden geworden, zu einem Erzähler, der sich am Reichtum fremder Lebenswelten und an der Vielfalt der Geister erfreut. Und so hat er die Kunstform des Essays zu höchster narrativer

Geschmeidigkeit getrieben, zu einer subtilen Könnerschaft, Menschen, Zeiten und Werke zu entziffern und dem Verständnis der nicht immer zugeneigten Gegenwart nahezubringen. Wer in diesem Genre überzeugen will, muss über reich gefächerte Begabungen verfügen. Es gehört nicht nur großes Wissen, nicht nur Fantasie, dramaturgischer Sinn, Takt, Stilgefühl sowie begriffliches Vermögen, es gehört auch souveränes Geltenlassen und die Freiheit der Bewunderung dazu.

Immer neue Reisen in immer neue Geisteswelten fordern nicht nur den Reisenden, sondern fördern ihn auch. Gefordert werden seine Neugier, sein Staunen, sein Erkenntniswille, seine Empathie, sein Fleiß und seine Ausdauer, gefördert wird sein eigenes Wachsen und Reifen. Wer nach fremden Schätzen gräbt, häuft eigene Schätze an. Die Methode ist einfach: Selbstverwandlung durch Einverleibung. Es gibt einen Satz von Wilhelm von Humboldt, der zu Friedrich Dieckmann passt: »Bilde dich selbst, und dann wirke auf andere durch das, was du bist.«

Das hat er über Jahrzehnte getan. Und so ist er nicht nur zu einer von allen Seiten respektierten, vielfach geehrten öffentlichen Person geworden, er war und ist auch jemand, der es versteht, für sich einzunehmen, und zwar durch Charme, Klugheit, Humor, Mut und Liberalität. Dieckmann ist ein Mensch, der um seine geschichtliche Herkunft weiß und seine kulturelle Identität nicht verleugnet. In seinem jüngsten Buch *Kulturnation und Nationalkultur* ist zu lesen:

»Das Bestehen auf dem Eigenen und das Offensein gegenüber Andersartigem waren zwei Seiten einer Medaille; die Vorstellung, dass die Hochschätzung des national Eigentümlichen im Gegensatz zu dem Interesse, der Aufmerksamkeit, der Anverwandlung fremder Kulturleistungen stehe, gehört zu den unsinnigsten Vorurteilen, die sich in das vereinte Deutschland hinübergeschleppt haben.«

Wer Friedrich Dieckmann kennt, hält es kaum für möglich, dass er nun achtzig Jahre alt geworden ist. Er selber dürfte es am wenigsten für möglich halten. Man ist so alt, wie man sich fühlt, heißt es zurecht. Und jung bleibt man im Geist und durch den Geist. Zwei exemplarische Gestalten der deutschen Geistesgeschichte standen Dieckmann immer besonders nahe. Der eine ist Friedrich Schiller, der andere Ernst Bloch. Es ist kein Zufall, dass der eine als Dichter der Jugend, der andere als Denker der Jugend verehrt wird. Um jung zu bleiben, muss man sich unter Junggebliebene mischen. So erreicht man produktiv das hohe Alter. Man lässt sich anregen, und man regt andere an. Man lernt von denen, die von einem lernen, sagt der Philosoph. Wissensdurst und Heiterkeit, die Lust zu leben und zu reisen, tun ein Übriges.

Sichtbarkeit des Wunderbaren
Zu einem Gedicht von Czesław Miłosz

Die Schmiede
(Aus dem Polnischen von Doreen Daume)

Das Gebläse gefiel mir, von einem Riemen angetrieben,
Vielleicht von Hand, vielleicht mit dem Pedal, ich habe es vergessen.
Doch der Luftstrom, das Aufglühen des Feuers!
Und in der Glut das Eisenstück, von der Zange gehalten,
Rotglühend, schon formbar, bereit für den Amboss,
Mit dem Hammer geschlagen, zum Hufeisen gebogen,
Ins Wasser geworfen, das Zischen, der Dampf.
Die zu beschlagenden Pferde am Pflock
Schütteln die Mähnen, und auf der Wiese am Fluss
Zu reparierende Pflüge, Kufen und Eggen.

Am Eingang fühle ich unter den bloßen Füßen den Estrich.
Das heiße Wabern hier und hinter mir die Wolken.
Ich schaue und schaue. Dazu bin berufen:
Die Dinge zu preisen, weil es sie gibt.

Eine Dorfschmiede ist für einen Ekstatiker wie Miłosz natürlich nicht alles, was die Welt an Pracht zu bieten hat, auch Meere, Flüsse, Gärten, das Singen der Vögel und die Schönheit der Frauen gehören dazu. Aber das Leben wird nicht nur nach dem Alphabet der Freude buchstabiert. Miłosz, der stolze ernste Dichter, der Exilant, der lernen musste, wie ein Verbannter zu leben, der Visionär mit dem klaren Verstand und der großen Gefühlskraft, er wusste um die Gefährdung des Menschen durch Krieg und Revolution, um seine geistige Unbehaustheit, seine Enterbtheit, um Schmerz und Unglück, Verrat und Entstellung. Und damit er daran nicht zerbreche, braucht es das Festliche, die Bejahung, die Preisung.

Warum erfreut eine einfache Schmiede? Sie erfreut, weil sie ist. Sie ist kein Gespinst des Bewusstseins, sondern ein wahrnehmbares Ding, von alters her nützlich und redlich. Sie ist ein Seiendes und der Geist dieses Seienden. Ein Stück ›Poesie des Lebens‹. Für den Autor ist sie noch viel mehr, nämlich die Spiegelung einer entlegenen Kindheit im ländlichen Litauen, in Szetejnie nahe Wilna, wo er an den Ufern der Niewiaza zur Welt kam. Das Gedicht zelebriert die Erinnerung daran, indem es Tuchfühlung aufnimmt mit der verlorenen Zeit und dem verschollenen Raum. Die Schmiede von einst wird Gegenwart, als wäre sie eine leibhaftige Verkörperung der Sichtbarkeit des Wunderbaren.

Dorfschmieden sind magische Orte, Räume der Verwandlung. Kaltes wird heiß, Feuchtes trocken, Gerades krumm, Stumpfes spitz. Feuer, Wasser, Luft und Erde sind in Bewegung, ein Orchester der Alchemie, vom Menschen dirigiert. Nichts fehlt. Wir sehen ein Ursprüngliches und Ganzes. Etwas das reinigt und stärkt.

Die Schmiede ist auch ein Inbild von Werkstatt und Arbeit. Doch in diesem Gedicht ist sie noch mehr. Sie existiert ganz für sich, Amboss, Hammer, Zange, Eisen, Blasebalg, Funkenregen, Rauchfang, alles ist erfüllt, und zugleich lässt das Ganze an etwas denken, das mehr ist als es selbst. Ich meine nicht die antiken Allegorien, nicht den Mythos von Hephaistos. Ich meine die Schmiede als Werkstatt der Sprache, als Ort der Arbeit des Dichters. Miłosz hat einmal notiert: »Im Satz, der wie aus Metall geschmiedet wäre, Wohnung nehmen. Woher dieser Wunsch? Es ist ein namenloses Bedürfnis nach Ordnung, Rhythmus, Form; drei Worte, die wir gegen das Chaos und das Nichts gebrauchen.«

So ist die Schmiede nicht nur ein elementarer, sondern auch ein musischer Raum, ein Haus der Ekstase, wo die Dichter ihre Worte durchhämmern. Die Verse leben von der Erinnerung an das Kind, das der Autor einmal war. Ein Kind, das barfuß und wie in Gottes Obhut am Eingang der Dorfschmiede stand und verspürte: »Das heiße Wabern hier und hinter mir die Wolken.«

Das Gedicht enthält auch eine kleine Theologie, einen Gedanken, der mit der Poesie vollkommen verträglich ist, da die Zeilen selbst ihn hervorgebracht haben. Den Gedanken, beim dichterischen Bezeugen des Seins das Schauen nicht zu versäumen, das Schauen von Räumen, in denen Welt und Mensch sich gegenseitig freundlich sind. Und über diese Eintracht zu staunen und dafür dankbar zu sein. Poesie ist kein Abwehrbündnis gegen die Welt. Eine Schmiede ist kein Ort im »Land Ulro«, jenem Ödland der rationalistischen Verkümmerung, das William Blake aus Entsetzen erfand und das wir alle mehr und mehr erfahren. Ein Land, das Miłosz zeitlebens bekämpfte.

Poetische Resonanzen
Zu einem Gedicht von Adam Zagajewski

Miłosz lesend
(Aus dem Polnischen von Renate Schmidgall)

Wieder lese ich Ihre Gedichte,
geschrieben von einem Reichen, der alles begriffen hat,
und von einem Armen, dem das Haus genommen wurde,
von einem Emigranten und Einsamen.

Sie wollen immer mehr sagen
als man kann – über die Dichtung hinaus, nach oben, in die Höhe,
aber auch nach unten, dorthin, wo unser Gebiet
erst beginnt, demütig und schüchtern.

Sie sprechen manchmal in einem Ton,
dass der Leser – wahrhaftig –
einen Augenblick glaubt,
jeder Tag sei ein Fest

und die Dichtung, wie soll man sagen,
bewirke, dass das Leben abgerundet,
erfüllt und stolz erscheint und sich
der vollendeten Formel nicht schämen muss.

Erst am Abend,
wenn ich das Buch weglege,
kehrt der normale Lärm der Stadt wieder –
jemand hustet, weint, jemand flucht.

Wenn der große polnische Dichter Czesław Miłosz je einen Schüler hatte, sofern in der Literatur überhaupt von Schülerschaft gesprochen werden kann, dann war es Adam Zagajewski, der andere große polnische Dichter aus der nächsten Generation. Beide waren sie Emigranten, kehrten nach Jahrzehnten des Exils in ihr Heimatland zurück, waren Lehrer der Dichtung, in beiden stritten sich der Philosoph mit dem Dichter, und beide werden sie von der Königsstadt Krakau beherbergt, der eine als Toter, der andere als Lebender.

Zagajewski hat sich wiederholt zu Miłosz geäußert, in Essays, Tagebüchern, Nachworten, Gesprächen. Er schätzte das Werk, seinen Reichtum, die Gattungsvielfalt, er bestaunte die Freiheit, mit der der Ältere die geschriebenen und ungeschriebenen Gesetze der modernen Lyrik sowohl respektierte als auch übertrat. Er schätzte auch den hinter dem Werk stehenden Menschen, seine Widerstandskraft, den moralischen Ernst, die Gelehrsamkeit, den Sinn für metaphysische Fragen, er sah, wie sehr ihm intellektueller Konformismus und geistige Feigheit fremd waren. Besonders beeindruckte Zagajewski, dass viele von Miłosz' Gedichten ein vehementes Ringen des Autors mit sich selbst waren, Kämpfe eines suchenden, zweifelnden Mannes, der, bei allem Anschein des Gegenteils, nie ganz mit sich im reinen war. In allen diesen Dingen und in noch viel mehr hat Zagajewski Miłosz verehrt, hat ihn als Gebenden und sich als Beschenkten gesehen, in ihm den Meister und in sich den Schüler.

Das Gedicht »Miłosz lesend« zeigt die Dankbarkeit, die Treue. Als wären die Verse geschrieben, um eine Liebe zu verstehen, die mehr umfasst als nur den anderen Menschen. Denn das Wichtigste, was Zagajewski aus Miłosz' Gedichten herausliest, ist die Bewunderung, eine Zustimmung zur Welt, etwas, das den Snobisten unzugänglich ist. Fast könnte man vom Erlernen einer Theologia gloriae sprechen. Ein Dichter, der keinen Sinn für die Pracht und Herrlichkeit von Gottes Schöpfung hat, wird nie zum liebenden Sehen gelangen. Denn darum geht es in der Kunst, um Steigerung des Lebensgefühls, um Hingabe und Begeisterung, um Stolz, Schönheit und Erhebung. Das andere, den Schmerzensteil, die Beugung, die Theologia crucis, lehrt das Leben selbst. Und die Abneigungen auch. Dazu braucht es keine Meister.

Und dann ist da noch ein Drittes im großen Anschauungsraum der Kunst, das Profane, das Alltägliche, »der normale Lärm der Stadt, jemand hustet, weint, jemand flucht«, ein besonders schwieriges Terrain der Poesie. Hier den richtigen Ton zu treffen und nicht im Trivialen zu enden ist nur dem vergönnt, dem die beiden anderen Reiche nicht verschlossen sind. Miłosz gehörte zu den wenigen Autoren des 20. Jahrhunderts, die in der Religion eine natürliche Verbündete der Dichtung sahen. Stoff und Sprache des Glaubens, wie er ihn verstand, sind notwendige Facetten eines reich gegliederten und tief gestaffelten Wirklichkeitsbegriffs, ein zweiter Raum der Anthropologie. Auch für Zagajewski gibt es diese fruchtbare Verbindung. Sie setzt ihn, der in allem so sehr das Sichtbare liebt, in der Natur, den Städten, ihren Straßen, den Bildern der Maler, in den Stand, auch mit dem Unsichtbaren Umgang zu pflegen. Als Mensch, der viel Musik hört, fällt ihm das nicht schwer. Als Philosoph kennt er die Tücken der Gewissheit. Evidenz ist nicht das einzige Kriterium der Wahrheit. Und Wahrheit nicht das einzige Kriterium der Poesie.

Was aber ist Poesie? Poesie sei Mystik für Anfänger, sagt er. Mystik schon, aber für Anfänger? Das ist die feine Ironie und Selbstironie des Autors, ein typisches Zagajewskisches Understatement. Und das ist nicht beim Hymniker Miłosz gelernt.

Verwirrende Macht der Schönheit
Zu einem Gedicht von Wisława Szymborska

Aus Erinnerungen
(Aus dem Polnischen von Karl Dedecius)

Wir plauderten miteinander,
plötzlich wurden wir stumm.
Ein Mädchen betrat die Terrasse,
ein schönes, ach,
viel zu schön
für unseren ruhigen Aufenthalt hier.

Basia warf einen panischen Blick auf ihren Mann.
Krystyna legte unwillkürlich ihre Hand
auf die Hand von Zbyszek.
Ich dachte: ich rufe dich an,
komm vorläufig noch nicht, sage ich,
es soll voraussichtlich tagelang regnen.

Nur Agnieszka, die Witwe,
begrüßte die Schöne mit einem Lächeln

Wisława Szymborska hat es zeit ihres Lebens vermieden, poetologische Erklärungen abzugeben, doch als Czesław Miłosz einmal zu ihr sagte, er beginne beim Schreiben stets mit dem Anfang, dem ersten Satz, hat sie sich doch einen Hinweis erlaubt:»Und ich fange oft mit dem letzten an. Und dann ist es sehr schwer, sich zum Anfang des Gedichts hochzuarbeiten.«

Ob das auch hier so war? Dann hätte alles mit der Witwe begonnen. Die Witwe war der Einfall. Szymborska ist eine Dichterin, deren Gedichte sich fast immer einem Einfall verdanken. Mag er auf einer Beobachtung, einer Idee oder einem Erlebnis beruhen, entscheidend ist, dass er genügend szenisches und philosophisches Potenzial besitzt.

Beides ist hier gegeben. Beginnen wir mit der Situation, die die Verse vergegenwärtigen. Sie liegt lange zurück, das Gedicht heißt ja: Aus Erinnerungen. Irgendein Freundestreffen auf dem Lande, vielleicht in den Bergen, Szymborska fuhr gern ins Gebirge, man war jung, heiter, man saß beisammen und plauderte. Plötzlich verstummten alle. »Ein Mädchen betrat die Terrasse, / ein schönes, ach, / viel zu schön / für unseren ruhigen Aufenthalt hier.«

Was war geschehen? »Wer die Schönheit angeschaut mit Augen, ist dem Tode schon anheimgegeben«, schrieb einst August von Platen in seinem Tristan-Lied. Aber das war es nicht, was hier passierte. Erfinderisch, wie die Szymborska in fast jedem ihrer Gedichte ist, erschafft sie eine Lage, aus der etwas ganz anderes hervorgeht. Das Schöne nicht als ein Ereignis, das uns die Sprache verschlägt, weil wir auf einmal der Vergänglichkeit der Welt inne werden, nicht als interesseloses Wohlgefallen, als willkommenes Objekt apollinischen Staunens, sondern das Schöne als Bedrohung und Gefahr, als Macht der Reize und Verlockungen, mächtiger denn Geld, Stärke und Klugheit zusammen. Nimmt Schönheit gar Gestalt an in einer fremden jungen Frau, die überraschend im Lebensalltag von Paaren auftaucht, ist es aus mit der Gelassenheit. Plötzlich begegnet ein Stern aus einer Leuchtkraftklasse, die noch keiner kannte.

Szymborska gibt hier zu verstehen, dass in der Aura weiblicher Schönheit etwas Explosives steckt. Wie ein Komet, der einen Schweif der Unruhe, Verwirrung und des Chaos nach sich zieht – so jedenfalls in diesem kleinen Kammerspiel. Da niemand die aparte Sache ungeschehen machen konnte, schon gar nicht unsichtbar, flüchtete sich das feminine Ich des Gedichts – sie war allein angereist und ihr Mann wollte nachkommen – in eine Erfindung, eine amüsante Unwahrheit: »Ich dachte: ich rufe dich an, / komm vorläufig noch nicht, sage ich / es soll voraussichtlich tagelang regnen.« Charmantes Lügen und der vollendete Humor, sie passen bestens zum Charakter der Begebenheit.

Aber Szymborska wäre nicht Szymborska, wenn sie den ganzen Aufruhr nicht am Ende mit feiner Ironie und durch das Lächeln einer Witwe beruhigt hätte. Sie wusste aus eigener Erfahrung, mit welchen Augen sie die Welt betrachten. Sie gehören einer Lebensordnung an, die durch die Schönheit junger Frauen nicht gefährdet wird. Die Trauer um den verlorenen Gemahl liegt hinter ihnen. Liebe und Eifersucht sind ein Kapitel der Erinnerung. Witwen sind frei und können das Leben leichtnehmen. Wie ein platonischer Philosoph, der den Fallstricken des Begehrens endlich entkommen ist. Schönheit, wo und wann auch immer, begrüßen sie mit einem Lächeln.

Ausbleibende Zuversicht
Zu einem Gedicht von Ulrich Schacht

Woher wir kommen bleibt unerschlossen:
Die Daten sind reine Zahl auf Papier.
Am Anfang des Lebens wird Blut vergossen;
am Ende erschrickt ein verwundetes Tier.

Auftauchen Verlöschen: Kometengewitter –
im Raum aller Spiele besiegt uns der Kreis.
Es gibt kein Gestade für jenen Ritter,
von dem unser Herz mit Gewissheit weiß.

Schweigen herrscht zwischen verlorenen Welten:
ihr Kreisen ist grundlose Trunkenheit.
Wann immer wir in unser Leben schnellten,
gewannen wir nichts und verloren die Zeit.

Woher wir kommen, das ist mehr als nur eine historische oder genealogische Frage. Sie hat etwas Philosophisches. Und da man nicht weiß, was man letztlich darauf antworten soll, spürt man das Irritierende daran. Etwas Rätselhaftes, zutiefst Unbestimmtes ist in das Fundament unserer Existenz gegossen. Wir können es nicht nur nicht verstehen, sondern auch nur schwer akzeptieren. Und genau davon handelt das Gedicht. Das ›Wir‹ seiner wehmütigen, grüblerischen Jamben meint nicht die Gattung, nicht die Evolution, es meint den einzelnen Menschen und den scharf begrenzten zeitlichen Lauf seines Lebens.

Wer an Sinn und Geschichte der Schöpfung glaubt, sich an etwas gebunden fühlt, das über ihm ist und ihn behütet und am Ende erlöst, der ist gefeit gegen das Nichts, das in einer solchen Frage lauert. Er weiß, woher er kommt und wohin er geht. Aber auch für religiöse Optimisten, die ein Leben lang die Hoffnung trägt, gibt es Stunden, in denen sie der Verstand an den Rand des Abgrunds führt. Und genau das ist die Situation in diesem

Gedicht. Es spricht vom dunklen Augenblick ausbleibender Zuversicht. Es spricht von einer Pascalschen Stimmung, einem Gefühl der Nichtigkeit und Weltverlorenheit.

Eben das übermannt uns Menschen zuweilen, wenn wir zum Firmament aufschauen und der nachtschwarzen Weite des Himmels begegnen, dem unermesslichen Raum, den wir nicht kennen und der unser nicht achtet. Auch Pascal erging es so. Vor die tote Kälte der Unendlichkeit gestellt, erfasste den Philosophen das große Erschrecken. Und als er die kurze Dauer seines Lebens bedachte, aufgezehrt von der Ewigkeit vorher und der Ewigkeit nachher, überkam ihn der Gedanke, dass das Dasein des Menschen nirgendwo aufruht.

Der schönen Fuge des Gedichts von Ulrich Schacht ist diese Stimmung eingeschrieben. »Auftauchen Verlöschen: Kometengewitter«. »Schweigen herrscht zwischen verlorenen Welten«. Das Leben des Einzelnen ist nicht viel mehr als ein aufblitzender Sternenstaub, eine Lichtschleppe am Himmel. Kaum dass man sie gesehen hat, ist sie schon verschwunden.

All das kommt, und es scheint unabweisbar, mit Macht aus dem Denken, dem philosophischen Bewusstsein. Es entspringt der Ratio, doch nicht dem Herzen. Denn das Herz hat seine eigene Ästimation. Und auch sein eigenes Wahrheitspersonal. In der Mittelstrophe des Gedichts ist von ihm die Rede, dort wo es heißt: »Es gibt kein Gestade für jenen Ritter, / von dem unser Herz mit Gewissheit weiß.« Dieser Ritter ist eine Erlösergestalt. Er könnte Jesus Christus sein oder der heilige Georg. Aber er ist nicht von dieser Welt, es gibt »kein Gestade« für ihn.

In diesem Gedicht hat das Herz, die Theologia cordis, nicht genug Kraft, dem Nihilismus der Gedankentrift zu widerstehen. Die Aporie zwischen Sinn und Sinnleere, zwischen Licht und Dunkelheit des Geistes schmerzt.

In Ulrich Schachts Biografie gibt es, was dies betrifft, einen besonderen Umstand: nicht nur dass er in einem Frauengefängnis zur Welt kam, er musste auch selber als politischer Gefangener einige Jahre hinter Gittern verbringen. Wer im Gefängnis ist, erfährt Licht und Dunkelheit elementar. Schacht gehörte zu denen, die Energie daraus gezogen haben, auch als späterer Dichter. So wurde er Zeuge der Dunkelheit und zugleich Bote des Lichts. Beides ist in sein Schreiben eingegangen. In fast allen seinen Gedichten, besonders denen über den hohen Norden, ist das zu spüren. Sie halten auf wunderbare Weise Zwiesprache mit der geheimnisvollen Lichthaftigkeit der Welt, mit dem Herüberrufenden des Seins. Und oft sind sie auch ein Fragen nach den letzten Dingen, nach Anfang und Ende, nach Leben und Tod. Und manchmal nach Erlösung, auch wenn sie, wie in diesen Strophen, fern und unvorstellbar ist.

Straßenkehrer der Natur
Zu einem Gedicht von Richard Pietraß

Mistkäfer

In einer Reitwegkuhle
Rollst du das Elend der Welt.
Philosoph nomadischer Schule
Räumst die Spur, nicht das Feld.

Sisyphos des Mistbeets
Wälzt im Apfel das Ei.
Solang noch ein Pferd im Stroh steht
Besteht deine Dynastei.

Lackgepanzerter Ritter
Von der Bauerngestalt.
Kreuz ich deine Zirkelschritte
Rädert dich Asphalt.

Der gemeine Mistkäfer mag dem normalen Erdenbewohner einer besonderen Beachtung nicht wert sein. Aber für Leser von Jean-Henri Fabre und Ernst Jünger sieht die Sache schon anders aus. Die beiden zählten die Dungabräumer zur ersten Garnitur unter den Lebewesen. Richard Pietraß, in Berlin lebender Sachse, Nachkriegskind von Umsiedlern aus Ostpreußen, von »unstillbarem Drang nach Neuverwurzelung« beseelt, gehört zu den Lyrikern, denen die Gefährdung des Planeten, die »Wunden im Antlitz der Erde« (Seamus Heaney), Schmerz bereiten und die deshalb besonders hellhörig sind für das, was noch Freude und Mitfreude auslöst. Auch der Blick, den dieser Dichter auf das wundersame Insekt wirft, wird durch die Schule des entomologischen Sehens gegangen sein.

Die Präsenz des Tieres in den drei Strophen ist eindrucksvoll. Ein Fabelwesen ist es nicht – dies geduldig umherwandernde, für sein Amt als Reiniger der Erde gut gerüstete Geschöpf –, ein fabelhaftes umso mehr. Wer sich seinem Tun nähert, kommt aus dem Staunen nicht heraus. Wie auch der Käfer selbst ins Staunen kommen dürfte, wenn es gilt, mit den eigenen gottgegebenen Werkzeugen aus den Unratshaufen dieser Welt eine nahrhafte Kugel zu formen, sie unterm gepanzerten Bauch größer und größer zu spulen, um sie dann, wenn sie ihn schließlich um ein Mehrfaches überragt, solange die Pfade hinauf und hinunter durchs Gelände zu rollen, bis sich nach viel Mühsal ein sicherer Ort zum Vergraben gefunden hat. Das ist eine Kunst, die dem kleinen geflügelten Gliederfüßer so schnell keiner nachmacht. Denn was er nun hat, ist ein kostbares Mahl, an dem er sich später in seiner Erdhöhle allein und ungestört ergötzen wird.

»In einer Reitwegkuhle / Rollst du das Elend der Welt. / Philosoph nomadischer Schule / Räumst die Spur, nicht das Feld.« Das Elend der Welt, das sind die Exkremente, der Kot der pflanzenfressenden Säugetiere, der Pferde, Schafe, Rehe und Hasen. Für den Mistkäfer sind sie wie Manna. Die Pillen, die er daraus überirdisch dreht, dienen als Vorrat, die Kugeln, die er daraus unterirdisch formt, dienen als Brutkammer. In einem winzigen Hohlraum in ihrer Mitte lagert das befruchtete Ei, aus dem später die Larve schlüpft. Die ernährt sich von der Innenwand des Dunggewölbes. Hat sie sich schließlich bis nach außen gefressen und die Metamorphose vollzogen, ist ein neuer Käfer in der Welt.

Dem jedoch ist nicht immer vergönnt, sein vorgezeichnetes Leben zu fristen. Darauf will das Gedicht ja hinaus. »Kreuz ich deine Zirkelschritte / Rädert dich Asphalt.« Der prometheische Mensch, der alle paar Jahre ein neues Netz der technischen Bemächtigung über die Erde wirft, ist die größte Gefahr für die wildlebenden Tiere. Dennoch fragt man sich, warum der Held dieser wohlgeformten Verse am Ende so ein böses Geschick erfahren soll. Das hat seinen Grund. Die drei Strophen gehören zu einem Totentanz-Zyklus, in dem außer dem Mistkäfer auch noch die Fledermaus, der Gepard, der Gorilla, das Blatthuhn, der Maulwurf und der Blauwal ihren Auftritt haben. Totentänze erfreuten sich in der Bildkunst des Mittelalters einer schaurigen Beliebtheit. Die Vorstellung, dass der Tod, meist in Gestalt eines nur dürftig bekleideten Gerippes, die Menschen, die er heimsucht, vor ihrem Ende zu einem letzten Tanz auffordert, versetzte die Sterblichen jeden Alters und Geschlechts, jeden Standes und Berufs in einen Schrecken des Gewissens, der ihnen wie ein Schauder ins Gebein fuhr. Denn das ist ja das Paradoxe dieser Verkettung: Tanz als höchster Zustand der Beweglichkeit, Tod als höchster Zustand der Erstarrung. Beim Totentanz der Tiere liegen die Dinge anders. Da sie kein sittliches Bewusstsein haben und ohne Sünde sind, müssen sie nicht vor das Jüngste Gericht. Und doch ist es häufig gerade nicht der arteigene Tod, der ihr Schicksal besiegelt, nicht der Kampf mit anderen, in dem sie fallen, nicht Hunger und Krankheit, die sie hinstrecken, sondern ihr Totengräber ist der Mensch, sind wir, die Herren der Natur, die doch mit ihnen brüderlich die Erde teilen sollten und die es nicht schaffen, Frieden mit den Unzivilisierten zu finden und Räume der Freiheit für sie zu sichern.

Geheimnisvolles Innehalten
Zu einem Gedicht von Christian Lehnert

Sie ist mir eingegeben, die Libelle,
ein stilles Komma in der Luft, sie steht,
als ihr das Graslicht in die Augen weht,
noch immer zögert sie an einer Stelle ...

Weil die Bewegungen nicht ihre waren?
Weil nichts erklärt, wie etwas folgen soll?
Weil das was kommt, nicht uns gehört, und voll
die Flügel stehen, voll von Unsichtbarem?

Und wie sie zittert, ist sie ganz für sich –
ein unwägbares, schwebendes Gestein.
Ein blaues Licht schließt sie von innen ein.

Ich sehe ihren Glanz – er schaut doch mich.
Wie aufgereihte Perlen, ihre Glieder,
in ihrem Schimmer kehrt der Sommer wieder.

Das Sonett hat etwas Rätselhaftes. Und das nicht so sehr der Libelle wegen. Die offene Frage steckt im ersten Vers. »Sie ist mir eingegeben, die Libelle.« Was bedeutet das? Eingegeben als poetischer Einfall? Eingegeben im Traum? Oder vielleicht ins Gewebe dessen, der hier spricht? Gleichsam als Totem, als eine Art verwandtschaftliches Tier?

Was sind Libellen überhaupt für Geschöpfe? Dem Gedicht nach zu urteilen so etwas wie farbige fliegende Stäbchen, schwirrende, plötzlich im Standflug verharrende Wesen. Wer sie betrachtet, gerät ins Staunen. Er fragt sich, wie das blaugoldene, das karminrote, das ufergrüne Licht hineinkommt in den fein gegliederten Körper, woher der zarte Durchschein, der Silberschleier ihrer Flügel ist, wie sie es machen, dass sie wie schwerelos in der Luft stehen bleiben und einfach nur warten.

Jedes Tier hat etwas Numinoses, wo es in seiner Urbewegung innehält, in seiner Pracht, in seiner Scheu und Furcht. Und sei es nur für die Flüchtigkeit eines Moments. Das Numinose ist nichts Intendiertes, es tritt nicht hervor, ja es zeigt sich nicht einmal. Doch es erlaubt, dass wir seiner gewahr werden. Wie eine Rose, die blüht. Auch sie zeigt sich nicht, aber sie duldet, dass wir sie anschauen.

Lehnerts Gedicht begibt sich in ein solches Kraftfeld. Es sieht in der Libelle – immerhin einem resolut nach Beute jagenden Insekt, das nur eine Lebensspanne von sieben bis acht Wochen hat und stammesgeschichtlich viermal älter als der Mensch ist – eine Geste des Fragens und der Besinnung, ein geheimnisvolles Zögern. Als wäre sie ein Wesen von besonderer Raumfühlung, einer Achtsamkeit in alle Richtungen, nach oben und unten, nach vorn und hinten, nach links und rechts. Als befrage sie die Lage, in der sie sich befindet, die Lage in den Lüften und die überm Wasser, als empfange sie Signale, die sie erst entschlüsseln muss.

In der Symbolik gelten Libellen als Reittiere für Feen und Elfen. In Lehnerts Versen gibt es keine mythische Zuordnung. Man könnte sagen, das Gedicht verneigt sich vor einer Botin des Lichts und der Farbigkeit, einem Überbringer von eleusinischem Glanz. Das ist die lunarische Seite dieser Wesen. Sie strahlen Helligkeit aus, ohne selbst eine Quelle von Helligkeit zu sein. Wie der Mond, der seinen Schimmer von der Sonne hat und ihr Leuchten an uns weitergibt. Und das Gedicht huldigt einem Tier der Bedachtsamkeit, als kenne sie, die Libelle, das Fragen, welches zurecht die Frömmigkeit des Denkens genannt wird.

Christian Lehnert, Theologe und Poet, gehört auch zu dieser Spezies. Er ist ein Lyriker, der sich immer wieder fragt und fragen lassen muss, was ein religiöses Gedicht ist und ob er selbst religiöser Dichter sei. Angewendet auf das Libellen-Sonett könnte man sagen: Ja, auch dieses Gedicht oszilliert zwischen Poetischem und Religiösem. Es zeigt die Libelle als Teil der Offenbarung. Jedes Tier verkörpert eine Schöpfungsidee.

Die Libelle ist das Inbild des geheimnisvollen Innehaltens. Wer kennt es nicht, das Innehalten. Das Zögern vor einer Entscheidung. Das plötzliche Warten und Abwarten. Und dann das schnelle Fassen des Entschlusses. Eben noch stand sie, die rote Feuerlibelle, die blaue Federlibelle, die gemeine Binsenjungfer, wie mit unsichtbaren Fäden an der Luft befestigt, und plötzlich ist sie im Sprung auf und davon. Wir sehen sie nie wieder. Und auch das Graslicht nicht, das in ihren Augen weht.

Der Dichter Jürgen Brôcan hat einmal gesagt, dass er seine glücklichsten Tage in der Vorstellung verbringt, ein Insekt zu sein. Wer das Sonett liest, kann das verstehen.

AUTOBIOGRAFISCHES

Der Essay als Raum freien Denkens
Basil Kerski im Gespräch mit Sebastian Kleinschmidt und Adam Zagajewski

Basil Kerski: Gedicht und Essay sind in der polnischen Literatur diejenigen Gattungen, die am deutlichsten mit eigener Stimme sprechen. Hier fanden die Erfahrungen des 20. Jahrhunderts ihren besonderen polnischen und zugleich universellen Ausdruck. Ein Meister beider Gattungen ist Adam Zagajewski. Sebastian Kleinschmidt förderte sie in der von ihm geleiteten Zeitschrift Sinn und Form in eindrucksvoller Weise. Gedichte und Essays aus Polen waren in den letzten Jahrzehnten – vor allem dank der Übersetzungen Henryk Bereskas und Bernhard Hartmanns – sehr präsent. Für Zagajewski ist Sinn und Form neben dem Münchner Hanser Verlag inzwischen zur literarischen Heimat in Deutschland geworden. Herr Kleinschmidt, wo und wann sind Sie Adam Zagajewski das erste Mal begegnet?
Sebastian Kleinschmidt: Das muss Anfang der neunziger Jahre im Literarischen Colloquium am Wannsee gewesen sein.
Kerski: Kannten Sie damals schon das Werk von Zagajewski?
Kleinschmidt: Nein, leider nicht. Es war eine Zufallsbegegnung, aber sie mündete schon bald in eine fruchtbare Zusammenarbeit. 1994 erschienen Adams erste Gedichte in Sinn und Form und 1995, verteilt auf zwei Hefte, der umfangreiche Essay *Zwei Städte*, ein poetisch-philosophischer Versuch über die polnische Erfahrung von Heimatverlust. Nicht immer weckt ja die Begegnung mit einem Autor die sofortige Neugier auf sein Werk. In meinem Elternhaus verkehrten viele Schriftsteller, ich habe sie schon als Kind kennengelernt, und in einigen Fällen führte das sogar dazu, dass ich ihre Bücher bis heute nicht gelesen habe. Meine Begegnung mit Adam hat sofort mein geistiges Interesse an seinen Sachen geweckt.
Kerski: Haben Sie bei Ihrer ersten Begegnung gespürt, dass Sie *einer* Generation angehören? Hat das zu einem Gefühl der Nähe geführt?

Kleinschmidt: Wir sind vom Alter her nur drei Jahre auseinander, das fällt nicht allzu sehr ins Gewicht. Doch zunächst wurden mir eher die Unterschiede deutlich. Adam ist eben ein *polnischer* Intellektueller, und die polnischen Intellektuellen waren den DDR-Intellektuellen in mancher Hinsicht eine Epoche voraus. So gesehen schien mir Adam doch einer anderen Generation anzugehören.

Kerski: Herr Zagajewski, wie haben Sie die erste Begegnung mit Sebastian Kleinschmidt erlebt? Sie, ein damals in Paris lebender, kosmopolitischer polnischer Dichter, und er, ein neugieriger Ostdeutscher, der gerade seine ersten Erfahrungen mit der freien Welt gesammelt hatte?

Adam Zagajewski: In Sebastian Kleinschmidt bin ich zum ersten Mal jemandem aus der DDR begegnet, der gegenüber Phänomenen, die dort nicht präsent waren, eine besondere Neugier hatte. Diese edle Neugier spiegelt sich in Sinn und Form wider. Die Quelle unserer Freundschaft war nicht das Gefühl der Zugehörigkeit zu *einer* Generation. Das Gemeinsame war das Interesse an Religion und Theologie, das aber nichts mit konventioneller Religiosität zu tun hatte. Beide hielten wir ein wenig Abstand zum Zeitgeist, beide waren wir ein wenig abseits der Mode.

Kerski: Als mir Mitte der neunziger Jahre Sinn und Form in die Hände fiel, war ich angenehm überrascht vom starken mitteleuropäischen Profil der Zeitschrift: ein Periodikum auf der Suche nach verschütteten literarischen und philosophischen Traditionen in Europa, eine Redaktion, die in alle Himmelsrichtungen schaute, nicht nur zu den westlichen Kulturmetropolen. Die Aufgeschlossenheit gegenüber den östlichen Nachbarn war eine in der damaligen deutschen Kulturlandschaft eher selten anzutreffende Haltung. Herr Kleinschmidt, wie ist es nach 1989 – gegen den damaligen Trend in Ostdeutschland – zu dieser erstaunlichen Präsenz der mittel- und osteuropäischen Literatur in Sinn und Form gekommen?

Kleinschmidt: Sinn und Form ist von 1949 bis 1989 philosophisch ganz auf den ja nicht nur unehrenhaften Pfaden der

sozialistischen Idee und einer marxistisch verstandenen Kultur gewandelt, freilich mit größerer innerer Freiheit, mehr Fantasie, weniger Engstirnigkeit als vergleichbare Zeitschriften in der DDR. Zum offiziellen Vokabular wurde zwar Abstand gehalten, die geistige Zugehörigkeit zum kommunistischen Gedankenkreis aber nicht infrage gestellt. Nach Jahren einer schleichenden Erosion erlebten wir dann 1989 quasi über Nacht und mit reißender Schnelle die institutionelle Implosion des ganzen staatssozialistischen Begriffsgebäudes. Das Besondere daran war: Hier begann eine Revolution einmal nicht mit der Illusion, sondern mit der Desillusion. Als die Illusion auf dem Tiefpunkt und die Desillusion auf dem Höhepunkt war, brach der Status quo in sich zusammen. Das Scheitern der Utopie, die Niederlage der Idee setzten eine gewaltige Erfahrung frei, übrigens eine Erfahrung, die uns einen gewissen Vorsprung vor den westdeutschen Generationsgenossen eintrug, denn die hatten das alles nicht am eigenen Leibe erlebt. Auf einmal stand die Erfahrungsfülle des Ostens gegen die Erfahrungsarmut des Westens. Das veränderte nicht nur unser Denken und unsere Sprache. Wir mussten uns gänzlich neu orientieren. Einen Mentor, der uns den rechten Weg gewiesen und das Ziel gesteckt hätte, gab es nicht. So gerieten wir in eine Art philosophische Unruhe, in eine schöpferische Verfassung. Und wer in schöpferischer Verfassung ist, hat ein untrügliches Gefühl dafür, wo der Geist weht und wo nicht. Also fingen wir an zu suchen, aber es war keineswegs so, dass wir wussten, wonach wir suchten. Erst als wir fündig geworden waren, wurde uns klar, was wir gesucht hatten. Das aber, was wir fanden, war nicht das, was im Westen gerade Erkenntniskonsens war.
Kerski: Ich frage nach Sinn und Form, um jenen Geist einzufangen, der meiner Ansicht nach auch für das essayistische Werk von Adam Zagajewski und Sebastian Kleinschmidt prägend ist. Was die Attraktivität der Zeitschrift nach 1989 ausmacht, ist ja nicht nur das sichere Gespür für herausragende Autoren und Denker, sondern auch die, im Westen längst verschollene,

Neugier auf das Metaphysische und Theologische, also eine Haltung, die in den neunziger Jahren in der alten Bundesrepublik unter Intellektuellen eher verpönt war. Metaphysik, religiöse Fragen, das scheint mir eine wichtige Verbindungslinie zwischen Ihnen beiden zu sein.

Kleinschmidt: Ich komme aus einem evangelischen Pfarrhaus und habe die religiöse Sphäre schon als Kind kennengelernt. Mein Vater war Domprediger in Schwerin, Linkslutheraner und bekennender Sozialist. Durch ihn konnte ich erfahren, wie bestimmte Dinge, die für die meisten getrennt waren, doch zusammengehörten. Wer von Berufs wegen mit Sinnfragen konfrontiert ist, und als Chefredakteur einer Zeitschrift, die Sinn und Form heißt, wird man damit konfrontiert, kann der Theologie nicht aus dem Weg gehen, denn ohne Theologie kommt man hier nicht voran, wie immer man auch zu ihr stehen mag. Man kann sogar in ein produktives Verhältnis zur Theologie gelangen, wenn man gänzlich unreligiös ist – was ich von mir gar nicht sagen würde.

Zagajewski: Für mich sind Sinn und Form und Sebastian Kleinschmidt nicht so leicht voneinander zu trennen. Sinn und Form ist für mich ein Haus, in dem ich zwar nicht wohne, aber es ist eins der wenigen Häuser in der Welt, die ich kenne. Es gibt heute – vielleicht besonders in Deutschland, aber nicht nur in Deutschland – falsche Trennungen. Auf der einen Seite hat man das sogenannte fortschrittliche Lager und die linksliberale Meinung, mit ihrer ironischen Literatur, die überhaupt kein metaphysisches Interesse hat; und auf der anderen Seite stehen die sogenannten Rechten. Man weiß nie, was »diese Rechten« denken. Sind sie nun getarnte Faschisten, oder nicht? Das ist natürlich eine grobe Vereinfachung, aber sie spiegelt doch die Klischees gut wider. Sinn und Form repräsentiert meiner Ansicht nach einen Denkstil, der diese falsche Trennung zwischen dem linken, liberalen, ironischen und nichtmetaphysischen Denken auf der einen Seite und dem religiösen, metaphysischen und politisch »verdächtigen« Denken auf der anderen

Seite aufhebt. Sie repräsentiert quasi die Mitte. Das ist großartig. Ich sehe hier ein Denken, das auf der Suche ist, das den Geheimnissen der Welt nachgeht, das zu keiner festen Form geronnen ist, das gewillt ist, klischeehafte Vorstellungen von geistigen Haltungen, geistiger Reizbarkeit abzuschaffen.

Kerski: Herr Kleinschmidt, eine wichtige Inspirationsquelle für Sie ist das Werk von Hans-Georg Gadamer. Eine der ersten Reisen nach dem Mauerfall führte Sie 1990 zu Gadamer nach Heidelberg. Ihr Gespräch mit ihm erschien 1991 in Sinn und Form. Kann man dieses Gespräch als programmatisch für die Aufbruchszeit Ihrer Zeitschrift nach der deutschen Vereinigung betrachten?

Kleinschmidt: Adam sprach von der Mitte, um den geistigen Standort von Sinn und Form zu lokalisieren. Gadamer verkörpert für mich den Denktypus der offenen Mitte und des unkonventionellen Mittlers. Er ist ein Beispiel dafür, dass die Dialektik der mesotes, wie Aristoteles das nannte, nicht nur politisch vernünftiger, sondern auch geistig interessanter ist als die Extreme links und rechts davon. Immer gilt das nicht, aber in Gadamers Fall gilt es. In der Begegnung mit diesem außerordentlichen Mann habe ich oft genug erlebt, dass die Mitte, will sie anregend, fruchtbar und ausgleichend sein, die Berührung mit abweichenden, gegensätzlichen, ja gefährlichen Gedanken nicht scheuen darf. Dazu braucht es Souveränität, Toleranz, innere Freiheit, Liberalität und, wie an ihm zu sehen, philosophische Gelassenheit. Wenn dann auch noch Humor dazukommt, kann eigentlich nichts passieren. Sobald ich Gadamer lese, erfahre ich das Paradox der Zentrierung: Mein Denken kommt in Bewegung, und ich selbst komme zur Ruhe. Ich werde in meine eigene Mitte gestoßen, oder besser gelockt.

Kerski: Ihre Faszination für Gadamer haben Sie in ihrem Essay *Gegenüberglück* beschrieben. Unter diesem Titel ist 2008 auch eine Sammlung Ihrer Essays und Gespräche bei Matthes & Seitz Berlin erschienen. Den Gadamer-Beitrag kann man nicht nur als Annäherung an die hermeneutische Philosophie, sondern auch an die Gattung des Essays lesen. Sie charakterisieren Gadamers Verstehenslehre als eine Philosophie der Aufmerksamkeit, des Zuhörens, der Neugier auf anderes, des wechselseitigen Lernens im Gespräch. Gadamers unvergleichliche Art, Gespräche zu führen, sein Verknüpfen von Erzählen, Reflektieren, Anspielen und Vertiefen, von Ernst und Ironie, beschreiben Sie voller Bewunderung. Alle diese Elemente könnte man auch als schöne und unerlässliche Bestandteile einer Kunst des Essays ansehen.

Adam Zagajewski, Sie sind nicht nur einer der renommiertesten polnischen Essayisten, Sie arbeiten auch als Literaturprofessor an der Universität von Chicago. Wenn Sie von Ihren amerikanischen Studenten auf die Kunst des Essays angesprochen werden, was antworten Sie?

Zagajewski: Was mich am Essay fasziniert, ist seine Elastizität, seine Offenheit. Essays sind nichts Definitives. Sie stellen eher eine Form des Suchens als des Findens dar. Der klassische Essay von Montaigne repräsentiert genau diese Form. Es gibt eine Gattung, die nicht allzu weit davon entfernt ist: das intellektuelle Tagebuch. Das Tagebuch nennt den Gedanken, aber es nennt auch den Tag, an dem der Gedanke gedacht wurde. Ich mag diese Form sehr. Philosophie ist mir meistens zu trocken, in ihr habe ich nur die Gedanken, nicht aber ihren Hintergrund. Die großen Philosophen haben natürlich große Gedanken und vielleicht auch große Tage, aber sie sagen uns nichts darüber; wir kennen nur die Resultate. Der russische Schriftsteller Wassili Rosanow führte ein Tagebuch, in dem er seine Gedanken auf unterschiedlichste Weise kommentierte. Bei manchen etwa schrieb er: »Das fand ich sehr witzig.« Auch hielt er fest, wo genau er einen bestimmten Gedanken hatte, zum Beispiel in einem Schuhladen. Jeder Gedanke hatte auf einmal eine Adresse.

Der Essay ähnelt dem Tagebuch, nur dass er die Gedanken anders ordnet, nicht nach Tagen, nicht zeitlich, sondern thematisch und motivisch. Aber das Prinzip ist ähnlich. Der Essay ist der Raum des freien Denkens, des sehr persönlichen

Nachdenkens in der Landschaft eines Lebens. Eine besonders kapriziöse Form sind die Essays von Dichtern. Aber es steckt darin eine komplizierte Beziehung. Mich erinnert das an die schönen Verse von Benn über Chopin:

> Nicht sehr ergiebig im Gespräch
> Ansichten waren nicht seine Stärke
> Ansichten reden drum herum
> wenn Delacroix Theorien entwickelte
> wurde er unruhig, er seinerseits konnte
> die Notturnos nicht begründen ...

Das Dilemma des Künstlers ist hier gut getroffen. Leider bin ich kein Chopin, aber wie ihm fällt auch mir die Begründung meiner Gedichte schwer. Was ich sagen will: Viele Dichter, die Essays schreiben, kennen dieses Dilemma. Sie wollen Essays schreiben, weil sie etwas zu sagen haben. Aber sie wollen nicht alles sagen, denn wenn sie alles sagen würden, würden sie keine Gedichte schreiben. Ein Gedicht muss ein Geheimnis haben – vielleicht nicht jedes Gedicht, aber ein Dichter, der sagt, was sich in seinen Gedichten verbirgt, ist kein Dichter. Was im Gedicht verborgen ist, muss erahnt und gefühlt werden.
Kleinschmidt: Ja, die Poesie braucht das Geheimnis. Und der Essay sollte nicht zu seiner Enthüllung, sondern zu seiner Vertiefung beitragen. Geheimnisse aufzuklären ist für den Dichter gefährlich, denn das rührt an den Grund, auf dem er steht, und an die Quelle, aus der er schöpft.
Kerski: In welchem Verhältnis, Herr Zagajewski, stehen bei Ihnen Gedicht und Essay? Essays werden nicht gerade von vielen Menschen gelesen.
Zagajewski: Ich glaube, der Essay ist die unpopulärste literarische Gattung, die es gibt. Viele Leser denken, Essays seien etwas für Eingeweihte. Ich glaube, das ist der Grund für die mangelnde Neugier auf sie. Was mein Schreiben angeht, so muss ich sagen, und das mag skurril klingen: Manchmal schäme

ich mich dafür, dass ich Essays schreibe. Ich schäme mich in dem Sinne, dass ich in ihnen zu viel sage. Eine innere Stimme lockt mich: Sag das noch und noch das. Und ich folge ihr! Und so kann es kommen, dass ein Essay ein bisschen programmatisch klingt. Wenn ich in die eine Richtung zu weit gegangen bin, schlage ich gerne eine andere ein. Doch die Leser des scheinbar programmatischen Essays wollen mich durch ihn definieren. Ich will aber nicht definierbar sein. Also muss ich mich an einen anderen Essay machen. Besser wäre es natürlich, Gedichte zu schreiben. Aber eben das kann ich nicht immer. Ich könnte zynisch sagen: Wenn ich keine Gedichte schreibe, dann schreibe ich Essays.

Kleinschmidt: Das Gedicht erfordert höchste Inspiration. Aber höchste Inspiration ist die Ausnahme, nicht die Regel. Die Alltagsexistenz eines Schriftstellers kann aber nicht darin bestehen, einfach nur dazusitzen und auf die Inspiration zu warten, er muss die ganze Maschinerie ja geistig irgendwie in Gang halten. Das Essayschreiben ist in diesem Zusammenhang doch eine sehr vernünftige Form von musischer Existenz, es hält die Tür für die Inspiration offen.

Zagajewski: Ja, das ist gut gesagt. Aber auch für einen Essay braucht man Inspiration, man kann nichts ohne Inspiration machen.

Kleinschmidt: Aber die Inspiration für den Essay könnte man notfalls erzwingen, die für ein Gedicht nicht.

Zagajewski: Ja, genau, nach zwei Seiten kommt die dritte Seite, die dann besser gelingt. Das ist der Unterschied.

Kerski: Czesław Miłosz und Jan Kott haben im amerikanischen Exil von einer polnischen Schule der Lyrik und des Essays gesprochen. Herr Zagajewski, Sie haben einmal gesagt, dass Sie sich als Vertreter dieser polnischen Schule des Essays verstehen ...

Zagajewski: Ja, ich bin ein Kind der polnischen Schule des Essays, ihrer Klassiker wie Jerzy Stempowski, Stanisław Brzozowski und Bolesław Miciński. Natürlich schätze ich auch die Essays von Miłosz und Herbert sehr. Man sollte aber nicht nur sagen, dass wir alle in eine Schule gegangen sind, sondern auch, dass jeder aus seiner Schule weg will. Das ist doch das paradoxe Wesen von Schulen. Ich bin ein Teil der polnischen Schule des Essays, doch gleichzeitig will ich sie hinter mir lassen.

Kerski: Jan Kott hat vor zwei Jahrzehnten in den USA auf englisch die Anthologie *Four Decades of Polish Essays* herausgegeben. In seiner Einleitung stellt er die These auf, dass die polnische Literatur nach 1945 ihre stärkste Ausdrucksform in der Lyrik und im Essay gefunden hat. Er betont, dass viele große polnische Dichter auch großartige Essayisten sind. Der Band beginnt mit Texten von Jerzy Stempowski, Stanisław Vincenz, Józef Czapski und Jarosław Iwaszkiewicz und endet mit Essays von Adam Michnik und Adam Zagajewski. Ist die Stellung des Essays in der modernen polnischen Literatur so bedeutend, wie es Jan Kott beschreibt?

Zagajewski: Miłosz und Kott haben die Rolle der Essayistik in der polnischen Literatur richtig gedeutet. Die herausragende Stellung des Essays und auch der Lyrik resultiert daraus, dass die polnischen Romanciers nicht sehr begabt sind. Natürlich gibt es begabte Prosaautoren, aber wir haben in den letzten achtzig Jahren keinen Roman gehabt, in dem wir uns als Polen, als Menschen, die polnisch sprechen, polnisch denken, wiedererkennen könnten. Witold Gombrowicz war ein großer Schriftsteller, aber einen wirklich großen Roman hat er nicht geschrieben. Er hat jedoch bedeutende Tagebücher und eindrucksvolle Essays geschrieben. Es gibt da eine Fatalität, von der ich nicht weiß, woher sie kommt. Es gibt einige begabte Schriftsteller wie Andrzej Stasiuk, aber sie können keinen Roman schreiben. Sie schreiben einen Quasiroman, sie schreiben Sachen, die auf halbem Weg zwischen Essay und Roman stehenbleiben. Andere Nationen haben Romane, in denen sich ihr Denken, Leben und Fühlen vollständig widerspiegelt, wir haben sie nicht.

Kerski: Sie haben vor einigen Jahren gesagt, die modernen polnischen Essays hätten die Rolle der großen Dichtung, der romantischen Poeme des 19. Jahrhunderts übernommen. Essayistik sei in der polnischen Literatur daher nichts anderes als eine Art Weiterentwicklung der großen lyrischen Form.

Zagajewski: Die These ist richtig und falsch zugleich. Manche Essays sind mit lyrischen Formen verwandt, andere mit epischen. Die einen gehen in eine intellektuelle, die anderen in eine autobiografische Richtung. Aber der Essay oszilliert ja immer zwischen den Gattungen.

Kerski: Sebastian Kleinschmidt, können Sie als Außenstehender eine besondere polnische Schule der Lyrik und des Essays erkennen?

Kleinschmidt: Ja, durchaus, und zwar besonders in der Form, wie Adam Gedichte und Essays schreibt. Es steckt im polnischen Essay ein moralisches Element, das mit der Literatur vollkommen verträglich ist. Das ist großartig. Als hätten seine letzten literarischen Zeugen es noch hinüberretten können in eine Zeit, die nicht darauf wartete, dem zu begegnen. Aber eine kommende Generation wird es vielleicht wieder schätzen. Der moralische Impuls entspringt natürlich der polnischen Geschichte, den vielen tragischen Erfahrungen. Das führte zu einem Menschenbild, das sich nicht auf den Hedonismus des Hier und Jetzt begrenzt, zu einem Reflektieren von Wahrheit und Schmerz, zu einem Ernst und einer Tiefe, die in der akademischen Philosophie unserer Tage längst verflogen und auch im Kulturbetrieb kaum noch zu finden ist. Wichtig ist es, den Unterschied zwischen Moralismus und moralischem Ernst zu betonen. Sie liegen nah beieinander, ebenso nah wie Schönheit und Kitsch. Wer aus Angst vorm Kitsch die Schönheit meidet, der ist ihr schon untreu geworden, und wer aus Angst vorm Moralismus das Gewissen umgeht, der landet bei der Indolenz. Die polnische Intellektualität verkörpert dieses Moment der Treue zur Gewissensfrage.

Kerski: Vielleicht hängt die bedeutende Rolle des Essays in der polnischen Literatur nach 1945 damit zusammen, dass er besser als andere Gattungen fähig war, die totalitären Erfahrungen, die Erfahrungen des zweiten Weltkriegs, zum Ausdruck zu bringen. Der Essay erwies sich in diesem Zusammenhang als die freieste, offenste Form.

Essays haben aber auch ihre besonderen Förderer, nämlich Redakteure und Verleger. Vor allem der legendäre Exil-Verleger Jerzy Giedroyc spielt für die Entwicklung der modernen polnischen Literatur eine gewichtige Rolle. So hat Giedroyc nach dem Krieg Gombrowicz darin bestärkt, im Tagebuch eine Hauptform des literarischen Ausdrucks zu sehen. Ohne Giedroyc wäre wohl auch ein Großteil der Tagebücher und Essays von Jerzy Stempowski, Stanisław Vincenz, Andrzej Bobkowski oder auch Jerzy Wittlin nach dem Krieg nicht entstanden.

Zagajewski: Mir gefällt sehr gut, was Sebastian über das moralische Element in der polnischen Essayistik sagte. Die Bedeutung der Essays und Tagebücher ist auch das Ergebnis der Misere der polnischen Literaten nach dem Krieg. Viele polnische Schriftsteller waren in die Welt verstreut, sie schrieben lange Briefe, und ihre Essays waren wie Episteln. Das ist heute vorbei, die Ära der großen Korrespondenzen ist zu Ende. Es gibt sehr viele Briefe von Miłosz oder Stempowski; Miłosz lebte seit 1960 in Kalifornien, Stempowski seit dem Krieg in der Schweiz, sie sprachen mit ihren Freunden und Weggefährten per Post. Aleksander Wat korrespondierte mit Miłosz über den Ozean hinweg. Alle ihre Essays waren eine natürliche Verlängerung ihrer Briefe. Das ist nicht die einzige Genese der modernen polnischen Essayistik, aber dieser Aspekt ist wichtig, um die Bedeutung des Essays vor allem für die polnische Exilliteratur zu verstehen.

Kerski: Herr Kleinschmidt, wie ist die Stellung des Essays in der modernen deutschen Literatur? Vereinfacht könnte man sagen, dass es dazu in der Literaturkritik zwei unterschiedliche Haltungen gibt. Die eine ist durch Ablehnung gekennzeichnet: Der Essayist sei ein zweifelhafter Autor, er könne sich weder gedanklich noch künstlerisch überzeugend ausdrücken. Tucholsky publizierte 1931 in der *Weltbühne* eine scharfe Kritik dieser Spezies. Für ihn sind die Essayisten eine Plage. Auf der anderen Seite hat Marcel Reich-Ranicki vor nicht allzu langer

Zeit einen fünfbändigen Kanon deutscher Essays zusammengestellt, ein beeindruckender Aufzug.

Kleinschmidt: Die *Essayisten* von Tucholsky ist ein satirischer Text, er bezieht sich auf ein Buch von Frank Thiess. Satiriker äußern sich per se negativ. Was sie positiv über die Sache denken, behalten sie für sich. Tucholskys Schlusssätze sind ein hübsches maliziöses Spiel mit dem Begriff »Versuch«. Und Essay heißt zu deutsch ja nichts anderes als Versuch. »Versuche, einen Roman zu schreiben. Du vermagst es nicht? Dann versuch es mit einem Theaterstück. Du kannst es nicht? Dann mach eine Aufstellung der Börsenbaissen in New York. Versuch, versuch alles. Und wenn es gar nichts geworden ist, dann sag, es sei ein Essay.« Wir können also Tucholskys negatives Urteil über die Essayisten nicht für bare Münze nehmen.

Denken wir an einen Autor wie Thomas Mann – das ist doch wirklich ein großartiges essayistisches Werk. Auch Robert Musil, auch Hermann Broch, wenn ich jetzt deutsch auf deutschsprachig ausdehnen darf, sind große Essayisten, sehr gründlich, sehr bohrend. Das, was man normalerweise als besonderes Merkmal deutscher Geistigkeit ausmacht, ist ja dieses Bohrende, sind ja die tiefen Fragen. Mann und Musil und Broch sind eindrucksvolle Beispiele einer proessayistischen Haltung in der deutschsprachigen Literatur. Es gibt also auch eine deutsche Schule des Essays. Und die trägt bis in die Gegenwart hinein Früchte. Wer der Ansicht ist, der Essay sei vor allem ein diskursives Genre, ein Aneinanderreihen von Argumenten, das Vollziehen einer Denkbewegung, ein zu pointierten Einsichten drängendes Gedankenstück, der macht bei Autoren wie Martin Walser, Hans Magnus Enzensberger, Peter von Matt, Friedrich Dieckmann, Peter Sloterdijk, Botho Strauß, Thomas Hürlimann, Martin Mosebach und Durs Grünbein die Erfahrung, dass zum guten Essayisten noch andere Qualitäten gehören. An erster Stelle nenne ich die Gabe der Anschaulichkeit. Sie ist es, die ihn vor abstrakter Gelehrsamkeit, vor dem Bretterwerk der Begriffe, vor dem Spinnennetz der Theorie bewahrt. Die Gegenständlichkeit der Welt, das Geheimnisvolle der Details, der helle und der dunkle Sinn der Dinge treiben ihn ins Erzählen, ins Beschreiben, ins Staunen und Verweilen. Im übrigen kommt der Essay nicht nur aus der Literatur, er kommt, siehe das Staunen, auch aus der Philosophie. Das ganze Werk von Nietzsche ist im Grunde genommen Essayistik. Womit wir wieder bei Tucholsky wären – der mochte nämlich Nietzsche nicht.

Kerski: Herr Kleinschmidt, ich wollte Sie noch nach der Übersetzung polnischer Essayistik in Deutschland vor und nach 1989 fragen. Wie gut waren und sind die genannten Meister des polnischen Essays in Deutschland präsent?

Kleinschmidt: Für die DDR kann ich präzise sagen, wen alles aus dem Polnischen man *nicht* übersetzen durfte. Miłosz zum Beispiel war tabu. Auch die anderen Autoren, die sich dezidiert mit den stalinistisch-totalitären Erfahrungen des 20. Jahrhunderts auseinandergesetzt haben, wie Józef Czapski, Gustaw Herling-Grudziński, Leszek Kołakowski oder Aleksander Wat, durften nicht erscheinen. Wir haben sie alle erst nach 1989 in Sinn und Form veröffentlichen können. Das Interesse unserer Redaktion ist nach wie vor stark auf Polen gerichtet, weil wir den Eindruck haben, dass Polen literarisch und philosophisch mehr Treue zu sich selbst, mehr Selbstbeharrung besitzt als die anderen mittel- und osteuropäischen Nationen. Die Intellektuellen der anderen postkommunistischen Staaten haben sehr viel schneller den Salto mortale in die permissive Ästhetik, in den geistig zu nichts verpflichtenden Postmodernismus des Westens gemacht.

Kerski: Herr Zagajewski, teilen Sie die positive Bewertung der polnischen Literatur durch Sebastian Kleinschmidt, seine These, die polnische Literatur hätte sich dem Mainstream des Westens weit weniger als andere angeschlossen, sie sei durch Selbstbeharrung kraftvoll geblieben? Ich weiß, dass es für Schriftsteller schwer ist, Kollegen zu bewerten. Aber können

Sie uns zumindest sagen, ob die polnische Lyrik und Essayistik ihre starke Stellung nach 1989 behaupten konnten?
Zagajewski: Die Lyrik sicherlich ja, die Essayistik weniger. Die Impulse, die Sebastian als im guten Sinne »moralische« bezeichnet hat, sind in der polnischen Literatur fast verschwunden, wie ausgelöscht. Der Postmodernismus ist auch in Polen angekommen. Die Lyrik ist immer noch sehr populär, es gibt Tausende von jungen Lyrikern in Polen und Hunderte von Zeitschriften; aber das ist meistens eine andere Dichtung als die vorhin erwähnte polnische Schule der Lyrik nach 1945. Ich will nicht wie ein alter Schriftsteller klingen, der über die jungen nur nörgelt. Ich spüre aber, dass jetzt eine Generation von Autoren kommt, die kein Interesse an den moralischen Fragen hat, eine Generation, die von anderen Leidenschaften, anderen Sensibilitäten getrieben wird, was vielleicht ganz natürlich ist. Ich bedauere diese Veränderung, ich bedauere sie auch als Leser.
Kerski: Ist es nicht normal, dass sich die neue Generation gegenüber den alten Autoritäten abgrenzt, ihren eigenen Raum erobert und behauptet?
Zagajewski: Es kann sein, dass sich die Jüngeren gegen die weniger Jüngeren wehren müssen. Aber die jetzige Generation der Autoren zwischen vierzig und fünfzig steht der Tradition sehr spöttisch gegenüber.
Kerski: Wenn man sich aber die polnische Verlagslandschaft anschaut, so wurden in den letzten Jahren doch sehr viele vor 1989 entstandene, vor allem im Exil geschriebene Bücher neu verlegt, und die sind auch auf großes Interesse von jungen Lesern gestoßen: autobiografische Texte, Tagebücher und Briefe, so die Frankreich-Tagebücher und Essays von Andrzej Bobkowski, so die Reisetagebücher von Stempowski, so auch die Tagebücher und Essays von Czapski. Sie alle haben zwar kein Massenpublikum erreicht, aber eine grundsätzliche Gleichgültigkeit, ja ein Desinteresse jüngerer Leser an erzählender Essayistik kann ich nicht erkennen. Oder täusche ich mich und nehme nur elitäre Phänomene wahr?

Zagajewski: Nein, das sind keine elitären Phänomene, aber ich glaube, die genannten Bücher werden nicht gerade als geistig attraktive Dichtung angesehen, sondern rein geschichtlich betrachtet: Sie seien zwar interessant, gehören aber eher ins Archiv.

Glauben und Unglauben
Matthias Bormuth im Gespräch mit Sebastian Kleinschmidt

Matthias Bormuth: Lieber Herr Kleinschmidt, Sie sind seit gut drei Wochen als Fellow im Oldenburger Karl Jaspers-Haus zu Gast. Welche Eindrücke haben Sie von der Stadt?
Sebastian Kleinschmidt: Oldenburg ist für einen Schweriner wie mich als Stadt und als Landschaft natürlich nichts Fremdes. Derselbe norddeutsche Himmel, dieselben vom Meerwind getriebenen Wolken, derselbe in der Ferne der Tiefebene verlaufende Horizont. Eine weitgehend unzerstörte Stadt mit beeindruckend schönen Häusern. Eine Villa an einem Park mit alten Bäumen, in der ich eine Zeitlang leben und nachdenken darf. Hanseatische Ländlichkeit – was will man mehr?
Bormuth: Und wie würden Sie Ihr Verhältnis zu Karl Jaspers, dem berühmten Sohn der Stadt, beschreiben? Seine Bibliothek ist ja der eigentliche Schatz des Hauses und geistiger Kern dieser interdisziplinären Forschungsstätte.
Kleinschmidt: Auf Jaspers stieß ich schon während meines Philosophiestudiums in der DDR, als wir – streng am Marxismus ausgerichtet – uns den Denkern des 20. Jahrhunderts zuwandten. Jaspers hatte trotz seiner verpönten »bürgerlichen Einstellung« relativ gute Karten, da er ein vom Nationalsozialismus Verfolgter und zudem einer der namhaftesten politischer Kritiker der Bundesrepublik war. Ich besitze von ihm schon seit langem die *Psychologie der Weltanschauungen*, *Die großen Philosophen*, *Die geistige Situation der Zeit* und die *Philosophische Autobiographie*. Als ich Mitte der achtziger Jahre an einer Werkauswahl von Georg Lukács arbeitete, stieß ich erneut auf ihn; beide kannten sich aus ihren frühen Heidelberger Jahren im Kreis um Max Weber. Hier im Jaspers-Haus bekam ich nun zum ersten Mal sein Hauptwerk, die dreibändige *Philosophie* von 1932, zu Gesicht, und zwar die dritte Auflage, und vertiefte mich als erstes in das vierzigseitige Nachwort

von 1955, in dem der Autor auf die Entstehungsgeschichte des Buches, die eigene geistige Entwicklung und die spezifische Art seines Denkens zurückblickt. Der Text ist ganz erzählerisch, das hat mich beeindruckt.

Bormuth: Ihre eigene intellektuelle Biografie soll im Mittelpunkt unseres Gesprächs stehen. Sie wurden 1948, ein Jahr vor Gründung der DDR, in Schwerin geboren, wuchsen dort auf und ergriffen nach dem Studium der Philosophie zunächst einen wissenschaftlichen Beruf. Später zog es Sie mehr aufs literarisch-essayistische Gebiet, und so kam es, dass Sie nach 1989 für mehr als zwei Jahrzehnte die berühmte Zeitschrift Sinn und Form leiteten. Es wäre interessant, etwas über Ihren Werdegang unter den politischen Verhältnissen der DDR zu erfahren und was der Grund war, dass Sie der Institution Wissenschaft Ade sagten.

Kleinschmidt: Philosophie war nicht mein erstes Studium und auch nicht mein erster Berufswunsch. Der war die Seefahrt, genauer die Handelsmarine. Wie so viele hatte auch ich eine romantische Vorstellung von ihr, Fernweh inbegriffen. Aus verschiedenen Gründen musste ich aber den Umweg über das Militär nehmen und verbrachte vier Jahre als Funker bei der Volksmarine. Damals hatte man – besonders im Winter – viel Zeit; ein Umstand, der mich in nie gekanntem Ausmaß zum Bücherlesen verleitete. Weder die Schule noch mein Elternhaus, immerhin ein protestantisches Pfarrhaus mit großer Bibliothek, hatten das vermocht. So seltsam es klingt, meine geistige Erweckung verdanke ich einem Buchhändler aus Rostock, der mir gleich zu Anfang meiner Marinezeit Rainer Maria Rilkes *Die Aufzeichnungen des Malte Laurids Brigge* und Joseph Roths *Radetzkymarsch* zu lesen gab. Das hatte Wirkung.

Bormuth: Was geschah dann?

Kleinschmidt: Meine ursprüngliche Idee, zur Handelsmarine zu gehen, hatte ich bald aufgegeben. Inzwischen wollte ich studieren, zuerst Journalistik, doch mein Vater, der selber Autor war und gern für die Zeitung schrieb, riet entschieden davon ab: »So was studiert man nicht. Man kann es, oder man kann es

nicht.« Also begann ich 1970 mit dem Studium der Geschichte in Leipzig. Nach zwei Semestern wechselte ich zur Philosophie nach Berlin. Das Fach Geschichte war ideologisch vollkommen kontaminiert, Klassenkampf und nichts als Klassenkampf, wohin man auch blickte. Die Philosophie war allerdings auch hochgradig ideologisches Gelände. Doch mich interessierte nun mal das Geistige.
Bormuth: Was ist unter hochgradig ideologisch zu verstehen?
Kleinschmidt: Der Staatssozialismus war eine Art säkulare Theokratie, der Generalsekretär der SED als geistliches Oberhaupt der erste Diener seiner atheistischen Kirche. Es war nicht gestattet, öffentlich Gedankenwege jenseits des marxistisch-leninistischen Glaubensbekenntnisses zu gehen. Dies galt im Grunde für alle. Politische Vereinnahmung, Ideenzwang, Kollektivierung des Bewusstseins waren die Folge. Verordnete Wahrheit anstatt geistiger Freiheit. Gleichwohl war das Philosophiestudium interessant, auch insofern, als wir den Marxismus nicht wie sonst üblich in Gestalt von Parteibroschüren und Propagandaheften, sondern als Originalschriften der Klassiker kennenlernten. Schon sah die Sache anders aus, widerspruchsvoller, farbiger. Denn die Verfasser waren temperamentvolle Schriftsteller.
Bormuth: Verhalfen Ihnen die Klassiker dazu, Kontrasterfahrungen im Geistigen zu machen, auf Distanz zu gehen zum realen Sozialismus?
Kleinschmidt: Ja, bis hin zu der Einsicht, dass die von Staat und Partei sanktionierte und kanonisierte Auffassung der sozialistischen Sache nicht nur eine in vieler Hinsicht unvollständige Auslegung und Anwendung, sondern oft genug Ausdruck von Lüge und Verfälschung war. Als ich das begriffen hatte, befand ich mich schlagartig in einer neuen Situation. Nicht nur mir erging es so, auch anderen. Das führte schließlich dazu, dass wir nach Ende des Studiums als Gruppe von Gleichgesinnten einen konspirativen Zirkel gründeten. Dessen Ziel war es, eine systematische Kritik der DDR-Verhältnisse vom Standpunkt des,

wie wir meinten, authentischen Marxismus auszuarbeiten. So etwas Ähnliches, wie es zwei Jahre später 1977 Rudolf Bahro mit seinem epochemachenden Buch *Die Alternative* getan hat. Das trägt ja den Untertitel *Kritik des real existierenden Sozialismus*.
Bormuth: Führte Ihr Unternehmen auch zu einem Buch?
Kleinschmidt: Nein, unser Kreis flog nach gut zwei Jahren auf. Vom ersten Treffen an war ein Spitzel unter uns, mit in der Tasche verstecktem Tonbandgerät. So griff die bestens informierte Staatssicherheit ein, als wir eine größere illegale Büchereinfuhr an der Transitstraße zu Westberlin ins Werk setzten. Den meisten von uns geschah, abgesehen von ausgiebigen Stasi-Verhören, nichts weiter. Unsere Ausarbeitung steckte noch in den Anfängen. Der Spitzel von damals ist heute Chefredakteur einer linksgerichteten Tageszeitung in Berlin.
Bormuth: Wie ging es weiter, nachdem der Traum von einem anderen Sozialismus auf diese Weise ernüchtert worden war?
Kleinschmidt: Ich war damals Forschungsstudent und schaffte es gerade noch, meine Doktorarbeit zu beenden, die ich überm vielen Konspirieren zwischenzeitlich arg vernachlässigt hatte. Das Thema lautete: »Über den Zusammenhang von Kunst, Gesellschaft und Geschichte«. An der Universität wollte ich nicht bleiben, trotz des einigermaßen guten Verhältnisses zu meinem Lehrer. Ich fühlte mich dort weder geistig noch politisch wohl und wollte an die Akademie der Wissenschaften. Ich hatte Glück und bekam eine Stelle am Institut für Literaturgeschichte. In den achtziger Jahren ergab sich die Chance, meiner alten, an der Universität nicht zum Tragen gekommenen Neigung zur Beschäftigung mit Werk und Person von Georg Lukács erneut zu frönen. Lukács war noch immer mehr oder weniger eine Persona non grata. Die Rolle, die er 1956 während und nach der ungarischen Revolution für eine Reform des Sozialismus gespielt hatte, sprach offiziell gegen ihn, auch dass er 1968 für den Prager Frühling eingetreten war. Unter dem Titel *Über die Vernunft in der Kultur* habe ich 1985 zu seinem 100. Geburtstag im Leipziger Reclam Verlag eine Auswahl aus

seinem Gesamtwerk herausgegeben. Mein Ehrgeiz war es, vor allem den Lukács der Früh- und Spätschriften, die in der DDR bis dahin nicht erschienen waren, zu Wort kommen zu lassen.

Bormuth: Sie sprachen einmal von dem Zufall, der Sie in der DDR zu Sinn und Form führte, während Sie eigentlich geplant hatten, für eine Frist von drei Jahren als Deutschlektor nach Indien zu gehen.

Kleinschmidt: Der Grund dafür lag in einer beruflichen Krise. Eine tiefe geistige Unzufriedenheit, ja die Erfahrung der Sinnlosigkeit hatte mich ergriffen. Das hatte nichts mit Politik zu tun. Es war eine Folge der ausschließlichen Beschäftigung mit Sekundärliteratur, wie sie an solchen Instituten nun einmal üblich ist. Das führt früher oder später zur Austrocknung des Geistes, zum Verlust des Selbstdenkens. Ich erlitt so etwas wie einen nihilistischen Anfall. In dieser Situation erschien mir die Möglichkeit, für eine Weile im Ausland zu arbeiten, als Ausweg. Gott sei Dank zerschlug sich das Ganze, denn wenig später ergab sich eine neue Gelegenheit zur Veränderung. Man bot mir an, in die Redaktion der Zeitschrift Sinn und Form einzutreten. Ich habe nicht lange überlegt und Ja gesagt. Damit lag die Welt des Sekundären und ihre akademische Ödnis hinter mir. Ich habe diesen Schritt heraus aus dem Gelände der Wissenschaft nie bereut.

Bormuth: Im September 1989 veröffentlichte Sinn und Form auf Ihren Anstoß hin einen längeren Auszug aus Jaspers' berühmtem Essay *Die Schuldfrage*. Kurz nach Ende des Nationalsozialismus hatte er es unternommen, die Kategorie der Schuld in ihren verschiedenen Aspekten näher zu betrachten. Sein Bestreben war es, den Deutschen gedanklich einen Weg zur Wandlung zu ebnen, indem er sie gleichsam philosophisch zwang, die unterschiedlichen Grade ihrer Verstrickung in das NS-Regime zu reflektieren.

Kleinschmidt: Jaspers begegnete der damals überall anzutreffenden Tendenz zur Exkulpation, indem er zwischen kriminellen, politischen, moralischen und metaphysischen Aspekten von Schuld unterschied. Sein Essay von 1946 schien mir im Herbst

1989 wieder aktuell zu sein. Es galt, auf aufrichtige und ernsthafte Weise die Arbeit der Selbstbesinnung in Angriff zu nehmen. Vielerorts herrschte die Neigung, die eigenen Schuldanteile am Desaster an die politisch Verantwortlichen zu delegieren, also Honecker und dem Politbüro allein die Schuld für den ganzen Schlamassel in die Schuhe zu schieben und sich selbst als Opfer darzustellen.

Bormuth: Wenn ich richtig verstehe, erlaubte die Konfronttion mit der *Schuldfrage* den Lesern von Sinn und Form, den Untergang der DDR im Spiegel der mehr als vierzig Jahre zurückliegenden moralphilosophischen Einsichten von Jaspers zu betrachten?

Kleinschmidt: Genauso war es. Und da Jaspers – aufgrund seines Herkommens von der Medizin und Psychiatrie – über ein realistisches Menschenbild verfügte, mobilisierte die Lektüre seiner wie sich zeigte zeitübergreifenden Schrift intellektuelle Kräfte, die es ermöglichten, den gerade erlebten Epochensturz selbstkritisch zu durchdenken. Schuldfähigkeit gehört ja zur Conditio humana, sie macht ein moralisch wie metaphysisch äußerst wichtiges Moment im Menschen aus. Als besonders schwierig und schmerzhaft erwies sich bei dem Versuch, politische Aufklärung in puncto DDR mit Jaspers *Schuldfrage* zu betreiben, natürlich der Umstand, dass sich der Sozialismus auf deutschem Boden immer als Antifaschismus verstand und bis zum Ende glaubte, hier alle Wahrheit und alles Recht auf seiner Seite zu haben. Und genau das war der blinde Fleck.

Bormuth: Sollte der Versuch, mit Jaspers' Einsichten über die Nazizeit die eigene Schuld im Sozialismus zu bedenken und sich nicht nur als Opfer historischer Umstände aufzufassen, auch die Redaktion von Sinn und Form herausfordern?

Kleinschmidt: Ich könnte es vielleicht noch genauer sagen: Sinn und Form war von Anfang an eine Zeitschrift, die sich dem sozialistischen Gedanken und seiner Tradition verpflichtet fühlte. Und darum sollte der Jaspers-Text das Bewusstsein fördern, dass auch wir uns in gewisser Weise philosophisch mitschuldig

gemacht haben. Denn im Namen des Sozialismus sind große Verbrechen begangen worden. Die schmerzhafte Einsicht hatte man lange mit Verweis auf Stalin von sich gewiesen. Doch der Gulag ist nicht nur eine Verirrung des kommunistischen Denkens, er ist auch eine Anwendung. Der schöne alte Idealismus, dem ich selbst einmal angehangen hatte, bildete sich ein, dass der Sozialismus von seinen Grundlagen her eine ganz und gar reine Idee sei und schuld an ihrer Beschmutzung allein diejenigen sind, die sie in der Praxis zu falscher Anwendung brachten, sie deformiert, verstümmelt und verraten haben. Die meisten Kommunisten denken noch heute so. Wie heißt es so schön bei dem kolumbianischen Denker Nicolás Gómez Dávila? »Der Sozialismus ist die Philosophie von der Schuld der anderen.«
Bormuth: Wie fiel die Erfahrung mit der *Schuldfrage* im Umkreis der Kollegen und Freunde von Sinn und Form aus?
Kleinschmidt: Das weiß ich gar nicht mehr so genau. Mit manchen, die es verstanden, kam ich ins Gespräch. Und was die anderen anging, blieb vieles im Dunklen. Das Entscheidende war, dass ich mit dem Vorschlag, Jaspers' Essay bei uns zu veröffentlichen, meiner inneren Stimme gefolgt war und so auch die eigene geistige Mitverantwortung an den geschichtlichen Folgen des marxistischen Denkens besser einsehen konnte. Es galt zu begreifen, was an diesem Weg falsch war. Man wird noch lange darüber nachzudenken haben. Denn der Sozialismus war eine Jahrhundertbewegung, ein weltgeschichtliches Ereignis, dessen gedankliche Vorläufer bis in die Antike und das Christentum zurückreichen. Jaspers' *Schuldfrage* war ein grundsätzliches Angebot, eine nach innen gewendete Nachdenklichkeit darüber in Gang zu setzen.
Bormuth: Solche Überlegungen zur geistigen Ernüchterung lassen mich an den Dichter Peter Huchel denken, der seit 1949 Chefredakteur von Sinn und Form war und 1962 aus politischen Gründen gezwungen wurde, das Amt aufzugeben.
Kleinschmidt: Peter Huchel war, als ich 1991 Chefredakteur von Sinn und Form wurde, eine ganz wichtige Orientierungsgröße

für mich, gerade weil er so viele bittere Erfahrungen mit den eigenen Leuten gemacht hatte. Huchel verstand sich als Sozialist, als linker Autor, ohne je Mitglied der Partei gewesen zu sein. Von ihm stammte die Grundprägung der Zeitschrift, eine Prägung, die ihr für damalige Verhältnisse eine Menge geistiger Freiheiten ermöglichte. Sie wurden erst im ideologisch verschärften Klima nach dem Mauerbau infrage gestellt. Dagegen stemmte sich Huchel, er konnte es mit seinem Gewissen nicht vereinbaren. So kam es zum Eklat. Huchel schmiss hin, genauer gesagt, man traktierte ihn so lange, bis er hinschmiss. Huchel ist damit zu einer Art Märtyrer geworden, seine Passion verlieh Sinn und Form einen Nimbus, der bis heute spürbar ist.

Bormuth: Könnten Sie diese Passion mit wenigen Worten beschreiben?

Kleinschmidt: Huchel geschah großes Unrecht. Nachdem man ihn wegen seiner unbeugsamen Haltung entmachtet hatte, lebte er zehn Jahre isoliert und unter Stasi-Überwachung in Wilhelmshorst bei Potsdam. Sinn und Form hat 1992 den Konflikt, in den er mit der Akademie der Künste und dem ZK der SED 1960 bis 1962 geraten war, auf achtzig Seiten in aller Ausführlichkeit dokumentiert. Huchel war seit Ende 1962 in der DDR aller geistigen Wirkungsmöglichkeiten beraubt und durfte auch als Dichter nicht mehr veröffentlichen. Erst 1971 erlaubte man ihm, in den Westen auszureisen. Er verließ den Osten mit aller Entschlossenheit, und doch fiel es ihm schwer, denn seine Seele war von Kindheit an mit der havelländischen Landschaft verbunden.

Bormuth: Wenn ich solche Geschichten höre, kommt mir Czesław Miłosz, der polnische Dichter, in den Sinn. Er schrieb Anfang der fünfziger Jahre den berühmten Essay *Verführtes Denken*. Jaspers verfasste ein Vorwort für die deutsche Ausgabe.

Kleinschmidt: Miłosz versuchte im *Verführten Denken* die Anfälligkeit der Intellektuellen für den totalitären Staat am Beispiel des polnischen Nachkriegsstalinismus typologisch darzustellen. Er hat das verbreitete Phänomen nicht nur kritisiert, er wollte es auch verstehen, von innen begreifen. Dabei setzte er sich zwischen alle Stühle. Den Kommunisten erschien er als Verräter, und die polnische Emigration warf ihm vor, zuviel Verständnis für die marxistische Geschichtsphilosophie aufzubringen. Miłosz hatte in den dreißiger Jahren in Wilna Jura studiert, kämpfte während des Krieges im Warschauer Untergrund gegen die deutsche Besatzung und stand nach Kriegsende für einige Jahre im diplomatischen Dienst der Volksrepublik Polen. 1951 ersuchte er politisches Asyl in Frankreich. Später ging er in die USA und lehrte als Professor für Slawistik polnische Literaturgeschichte in Berkeley. 1980 erhielt er den Nobelpreis. Ende der neunziger Jahre kehrte er nach Polen zurück. Seine reichen Erfahrungen und seinen tiefgestaffelten Begriff von Wirklichkeit reflektierte er vor allem in Essays und Gedichten. Dabei nahm er sich die Freiheit, die lyrische Form ganz der weiten Flügelspanne seines Geistes anzupassen.

Bormuth: Folgt man der Grundidee von Miłosz' *Verführtem Denken*, so besteht die größte Gefahr für einen Intellektuellen darin, einer Konstruktion von Wissenschaft und Wahrheit Glauben zu schenken, mit der es angeblich möglich ist, die Gesetze der Geschichte zu erkennen und historische Abläufe vorauszusehen.

Kleinschmidt: Das nennt man den Hochmut des Erkennens. Er ist identisch mit dem Irrtum des Erkennens. Ja, so war es. Aber sind wir Heutigen denn gänzlich gegen Irrtümer gefeit? Wir glauben im nichtverführten Denken zu stehen. Doch genau wissen wir das eben nicht. Goethe sagte einmal: »Innerhalb einer Epoche gibt es keinen Standpunkt, eine Epoche zu betrachten.« Wir können statt betrachten auch erkennen sagen. Mit anderen Worten: Im eigenen geschichtlichen Sein können wir die Wahrheit dieses Seins nicht genau erkennen. Solange eine Epoche andauert, kann der, der in ihr lebt, sie nicht ganz verstehen. Und das, was nach ihr kommt, erst recht nicht. Die Zukunft kann man nicht erkennen. Über ihr wird immer ein Schleier liegen. Niemand kann ihn lüften.

Bormuth: Aussagen über die Zukunft, könnte man in Anlehnung an Jaspers sagen, sind wie Chiffren einer Transzendenz, deren Sinn nicht zu erfassen ist.
Kleinschmidt: Ja, so ist es. Und dennoch, Transzendenzfragen haben etwas Verführerisches, oder sagen wir lieber etwas Verlockendes. Sie verlocken nämlich auch zur Frage nach der Selbsttranszendenz. Als seelisches und auch als geistiges Wesen ist der Mensch immer im Übergang, jeder Einzelne ist eine innere Unendlichkeit. Den Gedanken der Transzendenz brauchen wir, um den Reichtum der Immanenz zu erkennen.
Bormuth: Was bedeutet das konkret?
Kleinschmidt: Ich interpretiere Transzendenz wie ein Als-ob-Phänomen. Das bedeutet nicht, die Sache für wirkungslos zu halten, aber es erlaubt, unproduktive ontologische Fragen nach der Realexistenz abzuwehren und fruchtbare Perspektiven einzunehmen. Wie sagt Goethe doch so schön? »Was fruchtbar ist, allein ist wahr.« Und die Fruchtbarkeit der Transzendenzidee hat sich im Persönlichen oft genug gezeigt.
Bormuth: Meines Wissens geht der Gedanke des Als-ob auf Kants Entfaltung der regulativen Ideen zurück. Hans Vaihinger hat aus entsprechenden Überlegungen von ihm eine großangelegte philosophische Theorie der Fiktion gemacht, die es erlaubt, über Dinge und Zusammenhänge, deren reales Sein nicht evident ist, zwar keine objektiven, aber doch subjektiv gültige Aussagen zu machen. Wir können auf diesem Gebiet ohnehin nichts beweisen, aber das Fruchtbare von Als-ob-Annahmen erweist sich eben daran, dass wir erleben, was sie in uns auszurichten vermögen und wie sie unseren Horizont erweitern.
Kleinschmidt: Ja, das tun sie. Und verweisen damit auf Potenzen in uns selbst.
Bormuth: An dieser Stelle muss ich noch an einen anderen Satz von Goethe denken. Er durchzieht gleichsam leitmotivisch Ihren Essay über Brecht: »Das eigentliche, einzige und tiefste Thema der Welt- und Menschengeschichte, dem alle übrigen

untergeordnet sind, bleibt der Konflikt des Unglaubens und Glaubens.«

Kleinschmidt: Ja, ein bedeutender Satz. Ich war regelrecht glücklich, als ich ihn fand. Glaube ist ja nicht nur ein Phänomen der Religion. Es gibt auch Wissenschaftsglauben.

Bormuth: Jaspers sprach gelegentlich von »Wissenschaftsaberglaube«, von der »wissenschaftlichen Totalanschauung der Dinge«.

Kleinschmidt: Die Wissenschaft erzwingt die Annahme ihrer Gesichtspunkte durch Nachweis, Beweis und Begründung. Im Glauben ist man von dergleichen entlastet. Man kann nicht wissenschaftlich begründen, warum man glaubt. Die schwächste Seite der gesamten Theologie sind von jeher die Gottesbeweise gewesen. Wir müssen uns fragen: Kann der Mensch von heute durch die Welt kommen, indem er sich allein am wissenschaftlich befestigten Wissen orientiert? Das ist anthropologisch ein Ding der Unmöglichkeit. Kein Mensch kommt ohne Glauben durch die Welt. Es gibt allerdings Formen des Glaubens, die ohne Gottesbezug auskommen.

Bormuth: Ich denke an dieser Stelle an den 1910 gestorbenen amerikanischen Religionsphilosophen William James, dessen Buch *Die Vielfalt religiöser Erfahrung* das weite Feld realer Glaubensformen beschreibt. Als Movens religiöser Erfahrung hob er besonders das Ereignis der körperlichen oder seelischen Erkrankung hervor, ganz im Sinne dessen, was Jaspers später Grenzsituation nannte, also Leid, Schuld, Schicksal, Krankheit, Sterben.

Kleinschmidt: Man könnte das noch zuspitzen. Bei einer todesnahen Krankheit kommt das ganze Zellsystem des Körpers und jede Faser der Seele mit dem Vorraum des Todes in Berührung. So jedenfalls habe ich es einmal erfahren. Es herrschen hier vollkommen andere Verhältnisse als im normalen Leben. Und dieser Vorraum des Todes wird plötzlich zum Hinterraum der Existenz. So gesehen kann bei todesnaher Krankheit eine Art metaphysische Umschmiedung der Seele geschehen. Man steht

vor der Frage, ob man bereit ist, dem schwarzen König ins Auge zu blicken, den Tod anzunehmen, oder nicht.
Bormuth: Wo und wann in Ihrem Leben machten Sie diese Erfahrung?
Kleinschmidt: Das war in einem heißen Sommer Mitte der neunziger Jahre in Ostberlin, ich bekam plötzlich eine Tiefenvenenthrombose und musste ins Krankenhaus. Die Gefahr bestand darin, dass das Blutgerinnsel sich losreißt und eine Lungenembolie auslöst, die tödlich endet. Ich befand mich also mitten in der Angstzone und hörte über Kassettenrekorder und Kopfhörer von morgens bis abends Maria Callas. Arien von Mozart, von Rossini, von Bellini. Mir begegnete eine Form von vollkommener Schönheit, wie sie sich in Stimme und Gesang der Callas verkörperten. Das war ein elementares, ein physisches und metaphysisches Erlebnis, das in mir zum Vergehen der Todesfurcht führte. Ich gelangte ins Einverständnis mit dem Ende. Sie glauben nicht, wie einen so etwas berühren kann. Dabei muss ich sagen: Nicht ich habe mich von der Todesfurcht befreit, sondern ich bin durch die Musik von ihr befreit worden.
Bormuth: Krankheit als Lebenskrise würde entlang Ihrer Schilderung bedeuten, dass sich einem plötzlich die Möglichkeit einer Wende zur seelischen Vertiefung eröffnet. Sie bietet nicht selten die Chance, eine vollständige und ehrliche Bilanz des eigenen Lebens zu ziehen.
Kleinschmidt: So könnte man es sagen.
Bormuth: Die Überlegungen zur Lebenskrise lassen mich an Hartmut Lange denken, den Berliner Schriftsteller. Zu einer wichtigen Zäsur seiner intellektuellen Biografie wurde eine psychische Krise, die er Anfang der achtziger Jahre zu durchleiden hatte. Sie führte zu einem neuen, vertieften Selbstverständnis, das sich literarisch in seinem *Tagebuch eines Melancholikers* niederschlug. Sie haben Leben und Werk von Lange einen eindrucksvollen Essay gewidmet.
Kleinschmidt: Hartmut Lange ist ein Autor, dessen Schreiben immer auch eine philosophische Basis hatte. Man kann seine

Werkgeschichte in zwei Perioden einteilen. In der ersten, als er unter dem Einfluss von Brecht stand und von Peter Hacks gefördert wurde, war der Marxismus der Bezugspunkt seines Schaffens. Lange war Marxist, so, wie Schiller Kantianer war. Der junge, hochbegabte Dramatiker richtete sich selbstsicher und gutgelaunt im Haus der Gewissheit ein; auch der notorische Erkenntnishochmut des Revolutionärs war ihm nicht fremd. Der Marxismus markierte für ihn den archimedischen Punkt, von dem aus sich die Welt aus den Angeln heben ließ. Doch Anfang der sechziger Jahre, als er auf Isaac Deutschers Kritik der russischen Revolution und auf Trotzkis Abrechnung mit Stalin stieß, geschah eine Erschütterung. Beide Autoren waren in der DDR verboten, Lange las ihre Bücher heimlich im Wald. Plötzlich wusste er, in welchen Verhältnissen er lebte, und bekam es mit der Angst zu tun. Sein Selbstverständnis als DDR-Dramatiker geriet in eine Krise. Später wechselte er die Gattung, schrieb nur noch Novellen und Essays. Seine gesamte Philosophie und Ästhetik erfuhr eine tiefgreifende Wandlung. Ins Zentrum seines Schreibens und Denkens rückte die unhintergehbare Tatsache der Endlichkeit der menschlichen Existenz. Und die damit verbundene Frage der Möglichkeit bzw. Unmöglichkeit von Transzendenz. Und auch das Problem der Verzweiflung, das Problem von Glauben und Nichtglauben, von Sinn und Nichtsinn, von Metaphysik und Nihilismus.
Bormuth: Wie könnte man seine heutige Weltanschauung umschreiben?
Kleinschmidt: Er selbst nennt es positiven Nihilismus. Das Wörtchen »positiv« soll sagen, dass es anderen mit der Erfahrung der Endlichkeit auch so geht wie einem selbst. Die Tatsache, dass sich im Sein zum Tode, um Heideggers Begriff zu nehmen, die Menschen alle in derselben Lage, in derselben inneren Not befinden, macht sie zu Geschwistern.
Bormuth: So stiftet das Gespräch zwischen denjenigen, die im religiösen Sinn ohne Glauben sind, ein quasitheologisches Band und damit eine neue, lebensdienliche Solidarität.

Kleinschmidt: Ja. Denn es hat etwas Tröstendes, dass der Sinn der Existenz, an dem man selbst verzweifelt, sich dem anderen auch nicht zu erkennen gibt. So kommt es zu einer Art Trost der Untröstlichen, zum Glauben derer, die nicht glauben können. Denn um Wissen handelt es sich hier ja nicht.

Bormuth: Der Wille zur geistigen Verständigung, den Sie mit Menschen wie Hartmut Lange teilen, ist selten so energisch ins Zentrum des philosophischen Nachdenkens gerückt worden wie von Hans-Georg Gadamer. Kein zweiter Philosoph der Bundesrepublik stellte sein Denken so nachdrücklich auf das Gespräch, das sokratische Gespräch. Mit *Wahrheit und Methode*, dem Grundbuch der philosophischen Hermeneutik, erlangte Gadamer Weltruhm. Ihnen wurde eine Begegnung mit ihm zum biografischen Ereignis.

Kleinschmidt: In der Tat. Ich lernte Gadamer 1990 in Heidelberg kennen. Er war damals neunzig und hatte noch zwölf Lebensjahre vor sich. In den siebziger Jahren, als ich an der Akademie der Wissenschaften der DDR arbeitete, hatte ich schon einmal Berührung mit *Wahrheit und Methode*. Damals nahm ich Gadamers Opus magnum allein unter dem Gesichtspunkt einer marxistisch ausgerichteten Literaturwissenschaft wahr, und so kam es, dass mich das Buch, ich hatte es aus der Institutsbibliothek, nicht besonders beeindruckte. Schließlich war ich der Überzeugung, der Marxismus verfüge gerade kraft seiner Methode über einen unbestechlichen Zugang zur Objektivität und Wahrheit. Gadamers Zweifel an der Methodik der Geisteswissenschaften erschien mir, jedenfalls bezogen auf den Marxismus, als grundlos. Erst als die Wissenschaft als Beruf längst hinter mir lag, gingen mir die Augen auf. Während einer Ungarnreise Ende der achtziger Jahre stieß ich in einem Budapester Antiquariat erneut auf das Buch. Ich kaufte es und begann noch im Hotel in ihm zu lesen. Jetzt beim zweiten Mal hatte es mich gepackt. Ich war regelrecht beglückt.

Bormuth: Wurde das Leseglück von Budapest in der Heidelberger Begegnung mit dem Autor bestätigt?

Kleinschmidt: Mehr als das. Meine Frau und ich hatten noch nie solch einen offenen, geistig anregenden Menschen im Gespräch erlebt. Die viereinhalb Stunden vergingen wie im Rausch. Faszinierend war, wie Gadamer seiner Devise folgte: Wer im philosophischen Gespräch zur Wahrheit durchdringen will, muss alles Planmäßige beiseite lassen. Er muss sich hingeben an die Situation. Er muss zuhören können und auf das reagieren, was der andere sagt. Er muss bereit sein, sich überraschen zu lassen. Er muss den anderen zum Widerspruch ermuntern. Gadamer strahlte eine kommunikative Freiheit aus, wie ich sie bisher nicht kannte. Und er hatte Geduld. Er war meines Erachtens der beste Theoretiker des Gesprächs und zugleich dessen verständigster Praktiker.
Bormuth: Könnte man sagen, dass Wahrheit im Sinne Gadamers ein dialogisches Geschehen ist, bei dem sich ein Verhältnis der gegenseitigen Ergänzung aufbaut?
Kleinschmidt: Ja, denn im Gespräch eröffnet sich ein unbekannter Raum, ein Raum, wo alles wie ein aus Worten geborener Anfang ist. Aus Wort und Widerwort entsteht das neue Wort. Ein gleichsam johanneisches Geschehen. Ein jeder kommt zu Einsichten, von denen er vorher nichts wusste. Das ist das schöne und seltene Ereignis gelungener Gespräche, wovon Gadamer so tiefe qualitative Begriffe besaß. Es ist ein Geschenk der Götter, wenn zwei, die miteinander sprechen, zum Medium von etwas Drittem werden, das ihnen vorher nicht gewärtig war.
Bormuth: Die Begeisterung für das offene, ungeplante Gespräch findet sich auch bei Jaspers. Er wies immer wieder darauf hin, dass exakte Wissenschaft zwar wichtig, aber zum tieferen Verständnis des Menschen nicht ausreichend ist. Seine *Philosophie* gliedert sich nicht umsonst in die drei Bände »Philosophische Weltorientierung«, »Existenzerhellung« und »Metaphysik«. Das sind drei Stufen, drei verschiedene Räume des Nachdenkens. Ein jeder von ihnen setzt seine eigenen kommunikativen Akzente. Auch im Gespräch, das seiner Form nach weit über das hinausgeht, was man Wissenschaft nennt.

Kleinschmidt: Dem kann ich nur zustimmen.

Bormuth: Eine weitere Form derartiger Nachdenklichkeit, die über rein wissenschaftliche Rationalität hinausgeht, ist der Essay. Sie haben sich immer wieder über dieses Genre Gedanken gemacht, gerade auch angesichts der modernen Wissensgesellschaft, wo auf allen Gebieten einerseits fachspezifische Standards gefordert sind und sich Erkenntnisfortschritt nur im exklusiven Modus fachlicher Verständigung vollzieht, andererseits ein jeder von uns dazu verdammt ist, mitzuschwimmen im Strom der Szientifizierung des Lebens. Wie sehen Sie den Unterschied zwischen Wissenschaft und Essayistik?

Kleinschmidt: Gegenüber dem Essay ist der wissenschaftliche Aufsatz ein heteronomes Gebilde. Er ist von seiner Semantik her, sei es Problemerörterung, Analyse oder Beschreibung, grundsätzlich unabgeschlossen. Als einzelnes, einem bestimmten Gegenstand verpflichtetes Textstück ist er Glied einer sich in alle Ewigkeit verlängernden Kette von Textstücken gleicher Thematik. Er schließt an etwas an, was vordem gesagt wurde, und er endet in aller Vorläufigkeit dort, wo andere nachdem die Sache auf ihre Weise fortsetzen. Der Essay hat demgegenüber einen vollkommen autonomen Charakter. Das rückt ihn näher ans Kunstwerk heran. Der Essay operiert voraussetzungslos, er verlässt sich nicht auf andere, er will alles selbst zustande bringen. Essayisten sind geistige Abenteurer. Sie suchen ihre Kundschaft nicht nur mit der geraubten Beute zu begeistern. Sie soll auch Freude an der Eleganz der Aktion haben. So gesehen muss der Essay vor allem mit Stil beeindrucken. Das zwingt den Autor, in die Schule der schönen Literatur zu gehen. Niemand wird ein guter Essayist, der nicht unablässig an der Form und an der Sprache seiner Sachen arbeitet. Man muss eine Bibliothek besitzen, in der die Großen des Genres jederzeit greifbar sind. Und da ab und zu hineinschauen. Man wird nicht dümmer, wenn man versucht, von Montaigne und Pascal, von Adorno und Benjamin, von Thomas Mann und Gottfried Benn zu lernen.

Bormuth: Das sind hohe Ansprüche.
Kleinschmidt: Gewiss. Aber dem Essay eignet auch eine eigene Art von Leichtigkeit. Sie rührt von seiner Nähe zum Gespräch her. Eigentlich ist jeder Essay ein inneres Gespräch, in dem lautlos Rede und Gegenrede einander beleben. Es wird nicht nur nach der Wahrheit, sondern auch nach dem Freund im Geiste gesucht.
Bormuth: An dieser Stelle fällt mir Hannah Arendt ein. In ihrem Lessing-Essay beschreibt sie auf wunderbare Weise den Motor des freundschaftlichen Gesprächs. Es muss ein *Inter-esse*, eine gedanklich geteilte Sache geben, die gemeinsam besprochen wird. So entsteht ein Raum für Freundschaft. Könnten nicht auch Kulturzeitschriften solche Räume sein? Für mich ist Sinn und Form, das Sie ja mehr als zwei Jahrzehnte lang als Steuermann auf Kurs gehalten haben, das Flaggschiff des essayistischen Denkens in Deutschland.
Kleinschmidt: Das Anliegen, das Sinn und Form vertritt, ist seit jeher in seinem Namen beschlossen. Man könnte sagen: Alles was man geistig in Angriff nimmt, muss sinn- und formbewusst in Angriff genommen werden. Denn wo nur das eine ist und nicht auch das andere, da geht beides verloren. Die Zeitschrift ist ein gutgegründetes Haus, das zu Peter Huchels Zeiten auf zwei Säulen ruhte: auf der Poesie und der Philosophie. Als mir die Verantwortung übertragen wurde, kam die Theologie dazu. Matthias Weichelt, mein Nachfolger, ist bestrebt, auch die ärztliche Heilkunst und ihre anthropologischen Fragen literarisch zugänglich zu machen. Auf diesen vier Säulen also ruht die Architektur von Sinn und Form: auf dem philosophischen Weltzugang, dem poetischen, dem theologischen und dem medizinischen.
Bormuth: Jaspers war mit diesen verschiedenen Zugängen weitgehend vertraut. Als öffentlicher Intellektueller pflegte er jenseits seiner akademisch ausgerichteten Werke auch die essayistische Form, vor allem wenn er in Zeitschriften und im Radio ein größeres Publikum ansprechen wollte.

Kleinschmidt: Ja, das freie essayistische Denken sprengt die Idee des Expertentums. Gleichzeitig eröffnet es Möglichkeiten einer tiefergehenden geistigen Gemeinsamkeit, wie sie dem wissenschaftlichen Arbeiten nicht beschert ist. Wissenschaft kann unglücklich machen. In ihrer Welt kommt es vor, dass einem das eigene Denken ausgetrieben wird. Wissenschaft als Betrieb ist dann nichts anderes als Verwaltung von Wissensbeständen, die immerfort expandieren und die man trotzdem stets parat haben soll. Solche Leute können über alles und jedes reden, indem sie fortgesetzt mitteilen, was andere gedacht haben. Und wenn sie plötzlich mit der Frage konfrontiert werden, was sie selber denken, erschrecken sie. Der Essay dagegen ist eine Schule des Selbstdenkens. Er fordert jeden auf, sich eigene Gedanken zu machen. Und damit einen Weg zu beschreiten, der zu persönlich beglaubigten Einsichten führt. In der Wissenschaft kann sich der Autor verbergen, im Essay kann er das nicht. Hier liegt alles offen zutage, nicht zuletzt seine Absichten. Wissen und Bildung reichen nicht, im Essay muss etwas gewollt werden. Wer nichts will, nichts fürchtet und nichts erhofft, wird es in diesem Genre zu nichts bringen. Und ein Essay, bei dem der Leser nicht spürt, wofür das Herz des Autors schlägt, was er hasst, was er liebt und was ihm hoffentlich gleichgültig ist, lohnt die Lektüre nicht. Übrigens ist beim Gespräch, beim Gespräch im kleinen Kreis, dem einzigen echten Gespräch, das es gibt, die Sache nicht anders.

Jugendjahre in der DDR
Inga Wolfram befragt Sebastian Kleinschmidt

Zu ihrem Buch *Verraten: sechs Freunde, ein Spitzel, mein Land und ein Traum*

Inga Wolfram: Sebastian, warum hast du in der DDR Philosophie studiert?
Sebastian Kleinschmidt: Hatte ich denn die Wahl, woanders als in der DDR zu studieren? In Moskau vielleicht, ja, oder in Sofia – aber schon in Bukarest doch wohl nicht. Also das ist klar. Ich war ja DDR-Bürger, zwar im Mai 1948, noch vor der Staatsgründung geboren, die Gebühren für meine Geburtsurkunde wurden noch in Reichsmark bezahlt, aber ich bin natürlich ein Kind der DDR.

Und warum ich Philosophie studiert habe? Es hat sich so ergeben, ich wollte zunächst gar nicht studieren, ich wollte zur See fahren, aber aus dem Traum ist nichts geworden. Dann habe ich angefangen, Geschichte zu studieren, was ich eigentlich auch nicht wollte, aber ich hatte kein besonders gutes Abitur gemacht und Leipzig bot eine der wenigen Möglichkeiten, überhaupt einen Studienplatz zu bekommen. Da konnte ich den Studiengang Diplomlehrer für M/L, also für Marxismus-Leninismus, und Geschichte der deutschen Arbeiterbewegung belegen. Während des Studiums ist bei mir die Freude am philosophischen Gespräch entstanden und durch verschiedene Umstände ergab sich dann, nach zwei Semestern Geschichte in Leipzig, die Möglichkeit eines Fachrichtungswechsels zur Philosophie an die Humboldt Universität in Berlin. Da hatte ich sofort das Gefühl, im richtigen Fach und am richtigen Ort angekommen zu sein.
Wolfram: Hat dich die M/L-Ausrichtung unseres Philosophiestudiums nicht gestört?
Kleinschmidt: Das kann ich nicht sagen, ich wollte ja ein gut ausgebildeter Marxist werden. Nein, damals hat mich das

nicht gestört. Gestört hat mich eher die Ausrichtung auf das Ziel, dass wir Propagandisten der Partei werden sollten. Von Anfang an hatte ich das Gefühl: Der Marxismus ist eine Sache, für die man sich nicht zu schämen braucht, Propagandist der Partei zu sein hingegen ist peinlich.

Wolfram: Aus welchem Elternhaus kommst du, und wie war die geistige Atmosphäre in deiner Familie?

Kleinschmidt: Ich komme aus einem sozialistischen Elternhaus. Mein Vater war evangelischer Pastor, Domprediger in Schwerin. Er war von Jugend an religiöser Sozialist und ist 1927 in Thüringen Mitglied der SPD geworden. Sein Lebensprogramm war die Idee einer sinnvollen Verbindung von Sozialismus und Christentum. Meine Mutter hatte zunächst keinen Beruf. Sie hat nach dem siebten Kind – ich bin das siebte Kind – noch den Beruf einer Krankenschwester erlernt und ihn auch ausgeübt. Meine Mutter war in der SED, mein Vater ist 1946 als altes SPD-Mitglied bei der Vereinigung von SPD und KPD mit in die SED gegangen, hat aber seinen Beruf als Pfarrer weiter ausgeübt. Auch drei meiner älteren Brüder waren in der SED – das war die Familie.

Wolfram: Bist du auch in die SED eingetreten?

Kleinschmidt: Ich habe mich nach dem Abitur bei der Handelsmarine beworben, bin aber nicht genommen worden. Kurz darauf kam die Musterung zur NVA und ich dachte mir, wenn nicht auf direktem Weg zur See, dann auf indirektem, und so habe ich mich freiwillig für vier Jahre zur Volksmarine gemeldet. Nach einem Jahr habe ich den Antrag auf Aufnahme in die SED gestellt.

Ich hatte eigentlich erst bei der Marine so richtig mit dem Lesen begonnen und durch Zufall auch den »Anti-Dühring« von Friedrich Engels in die Hand bekommen. *Herrn Eugen Dührings Umwälzung der Wissenschaft* – dieser witzige, sarkastische Engels hat mir sehr gefallen. Ich war neunzehn, das war die Phase, wo sich der Geist formt, und in bezug auf meine Familie hatte der Schritt, in die Partei einzutreten, eine gewisse Logik. Ich hatte mit meinem Vater darüber gesprochen und er war dafür.

Wolfram: Was war für dich wichtig und richtig in der DDR? Warst du ganz eins mit der Gesellschaft, oder gab es schon damals Zweifel und Fragen für dich?
Kleinschmidt: Ich war nicht gerade das, was man einen politischen Menschen nennt. Seit der dritten Klasse besuchte ich eine polytechnische Oberschule mit erweitertem Russischunterricht, und das führte dazu, dass nach der achten Klasse neunzehn von uns siebenundzwanzig Schülern zur Erweiterten Oberschule kamen. Das heißt, wir sind mit unseren Grundschulmanieren an die Oberschule gekommen – und das war ein Problem, natürlich für die Lehrer, nicht für uns. Ich habe mich nicht besonders für die Schule interessiert, hatte vor allem Sport und Spiel und Abenteuer im Kopf, keine schlechte Mischung, was den Erlebnisgehalt der Jugend betrifft, aber meine schulischen Leistungen waren haarsträubend. Ich war ziemlich klein, zum Abitur 1,63 Meter. Du kannst dir vorstellen, dass man da einiges tut, um Anerkennung zu finden. Bei mir waren das Frechheit, Disziplinlosigkeit und vor allem blödsinnige Mutproben. An der Politik haben mich eigentlich nur die politischen Witze interessiert, die ich zu Hause hörte. Nach der Wende habe ich die Stasiakten meines Vaters eingesehen, er ist 1978 gestorben und war bis zu seinem Tod Gegenstand eines Operativen Vorgangs, »OV Kapelle«, neunzehn Aktenordner. Ich habe den Bericht eines IM-Ehepaares gefunden, das die Stasi darüber informierte, dass ihr Sohn in der Schule politische Witze gehört hat, die sich gegen die Sowjetunion und führende Kommunisten, unter anderem gegen Nikita Chruschtschow und Walter Ulbricht, richteten, und die der Sohn des Dompredigers Karl Kleinschmidt verbreitet hätte. Das war natürlich keine ernsthafte Auseinandersetzung mit der DDR, aber mir gefiel mein Vater, wenn er solche Witze erzählte. Man kriegt als Kind vor allem atmosphärisch mit, welcher Geist in der Gesellschaft herrscht; und für einen guten politischen Witz, der ja ein gewisses Widerspruchspotenzial offenbart, hatte ich immer etwas übrig.

Wie ich die DDR fand? Mein Vater war das, was man damals einen Aktivisten der ersten Stunde nannte. Er war Gründungsmitglied des Kulturbundes, und dadurch haben wir viel Prominenz bei uns zu Hause gesehen: Ernst Busch, Johannes R. Becher, Hanns Eisler. Das sind natürlich interessante, höchst vitale Sozialisten gewesen. Die haben mir alle gefallen. Wenn ich an diese Leute dachte, gefiel mir die DDR. Wenn ich an die Gruppenleiter der Pionierorganisation oder an den Direktor der Schule dachte, gefiel sie mir weit weniger.
Wolfram: An der Universität waren wir ein an Persönlichkeiten reiches Seminar. Siehst du es heute als einen Glücksfall an, dass du diese Leute getroffen hast?
Kleinschmidt: Das ist nicht ganz leicht zu beantworten. Im Prinzip ja, aber von heute aus gesehen – und du fragst ja von heute aus – sehe ich es doch so, dass man die Philosophie wählen können muss, die zu einem passt. Und die Frage, was zu einem passt, wird im Laufe eines Lebens unterschiedlich beantwortet. Ich kann sagen, damals hat der Marxismus zu mir gepasst, aber genau habe ich es nicht wissen können, es gab ja kein anderes Angebot. Wenn ich mich heute frage, was passiert wäre, wenn ich einem bedeutenden Menschen begegnet wäre in dieser Formationsphase meines Lebens und der hätte starke Argumente gegen den Marxismus vorgebracht, gegen die Idee des Sozialismus, und seine Argumente hätten mich überzeugt – ja, was wäre dann geworden? Da hätte mir der Marxismus mit einem Mal auch als Gefängnis, als geistiges Gefängnis erscheinen können – das war er aber nicht für mich. Ich bin durchaus nicht im Unfrieden damit, wie alles gekommen ist, aber ich muss es doch sagen: Wenn man vor einer Wahl gestanden hätte und einem diese Wahlmöglichkeit durch glaubwürdige Personen angetragen worden wäre, dann weiß ich nicht, wie ich votiert hätte. Das ist die Antwort zur Philosophie und in meinen Augen zugleich eines der stärksten Argumente gegen den Sozialismus in der DDR – am Ende sogar gegen den Marxismus. In der Philosophie muss es die absolute

Wahlfreiheit geben, genauso wie in den literarischen Vorlieben und wie in der Liebe selbst.

Philosophie ist ja eine Form von geistiger Liebe, und wenn man da keine Wahl und keine Freiheit hat, ist das natürlich heikel, von Anfang an heikel.

Wolfram: War für dich, bezogen auf die konkreten Machtverhältnisse in der DDR, die Theorie und Praxis der »Diktatur des Proletariats« folgerichtig?

Kleinschmidt: Ich kann mich erinnern, dass die »Diktatur des Proletariats« ein nicht unwichtiges Kapitel in der Dogmatik des Marxismus war. Und wir haben uns dem auf ganz theoretische Weise genähert, und in dieser Weise habe ich die Argumente, die durch Marx vorgebracht wurden, akzeptiert. Aber diese Überzeugung war auch eine Art von Hochmut, dass man in Sachen Gesellschaft und Geschichte die Wahrheit herausgefunden hätte. Und zur Wahrheit gehört nicht unbedingt Toleranz, denn Wahrheit ist dazu da, theoretisch erkannt und praktisch umgesetzt zu werden. Ob man das nun der alles und jedes in Zweifel ziehenden bürgerlichen Diskussion aussetzen sollte, das war doch die Frage. Die »Diktatur des Proletariats«, das meinte die Machtausübung derjenigen Klasse, die das geringste Interesse daran hatte, irgendetwas an den Verhältnissen in der Gesellschaft zu verschleiern. Das war die Voraussetzung, der Wahrheit entsprechend handeln zu können. So hatten wir uns die »Diktatur des Proletariats« durchbuchstabiert, und das war gar nichts Originelles, sondern der klassische Standpunkt von Marx, Engels und Lenin. Insofern war man dafür, und dieses Einverständnis war mit der Weihe verbunden, dass es sich um eine objektive Wahrheit der Geschichte selbst handelte.

Wolfram: War eigentlich die Berliner Mauer für dich präsent?

Kleinschmidt: Als ich vierzehn war, wollte ich abhauen. Mit ein paar Freunden in Schwerin hatten wir den festen Entschluss gefasst, auf einem Lastkahn in den Westen zu fliehen. Schwerin hatte einen großen Binnenhafen, und die Lastkähne fuhren auch nach Hamburg, Lübeck und Kiel. Unsere Idee war, uns im Ankerkasten oder im Kohlenkasten eines Schiffes zu verstecken. Wir hatten ernsthafte Vorbereitungen getroffen, aber als es dann soweit war, hat mich die Angst gepackt und ich hab's nicht gemacht. Aber der Versuch zeigt, dass ich von meinen seelischen Optionen her nicht an die DDR gekettet war, es gab viele Möglichkeiten. Danach habe ich nie wieder solche Pläne gehabt, und habe übrigens auch den meisten Leuten, die Ähnliches vorhatten, davon abgeraten, es zu tun.

Die Mauer war eine Tatsache, und ich glaube, dass ich an ihr am meisten bedauert habe, dass ich nicht die Nordsee und die Alpen sehen konnte. Es war also mehr eine Landschaftssehnsucht als die Sehnsucht, den neuesten Film in Westberlin sehen zu können oder irgendwelche Westsachen zu besitzen. Es waren die Nordsee und die Alpen.

Wolfram: Zurück in die Jahre 1972/73, in denen du Klaus und die anderen kennenlerntest. Was hat euch zusammengebracht?

Kleinschmidt: Ich kam aus Leipzig, wo in den Seminaren und Vorlesungen zu neunzig Prozent Geschichte der Arbeiterbewegung gelehrt wurde. Morgens Thälmann, mittags Bebel, abends Luxemburg – und am nächsten Tag dasselbe in umgekehrter Reihenfolge, alles hochideologisch, nicht nur das Studium, auch die Kommilitonen. Auf die Dauer hält das keiner aus. Da war das philosophische Seminar an der HumboldtUni in Berlin ein großes Aufatmen. Ich hatte ein deutliches Gefühl von Befreiung. Und wenn man dann auf lebendige, anregende Leute trifft und das erfährt, was in der Jugend noch dazu kommt: Gemeinschaftsleben, Freundschaften – es war ja unsere Jugend – das war sehr schön.

Wolfram: War diese Zeit des Studiums noch frei von Zweifeln an der politischen Ordnung der DDR?

Kleinschmidt: Es gab die Welt der Funktionäre und des Parteiapparats, und die war in den meisten Fällen ziemlich abstoßend. Na gut, sagte man sich, das ist eine neue Gesellschaft, es kamen andere Schichten an die Macht, die sind nicht besonders gebildet und dafür muss man Verständnis haben.

Diese Kluft kannte ich schon aus meinem Elternhaus – der Sozialismus der Eislers, Brechts und Blochs auf der einen Seite, das war anziehend, der Sozialismus der Ulbrichts und Honeckers, das war abstoßend, aber leider unvermeidlich. Mit dieser Differenz bin ich aufgewachsen.

In Berlin ging das eigentliche Studium von Marx und Lenin erst richtig los. Und da merkte man bald, dass etwas nicht stimmte mit der Verwirklichung der Lehren der Klassiker durch die SED in der DDR und die KPdSU in der Sowjetunion. An dieser Legitimationsgrundlage der Partei, dass sie nämlich Nachlassverwalter der Klassiker sei, regten sich rasch Zweifel. Diesen Differenzierungsprozess nahm man auch an seinen Mitstudenten wahr, und so begann ein gemeinsamer Erkenntnisprozess. Und bald kam man an den Punkt: Der Bezug auf die Klassiker ist die zentrale Lüge im Herrschaftsanspruch unserer Partei. Als das klar wurde, gab es bei mir ein großes inneres Erschrecken. Aber man kann es dabei ja nicht belassen. Wenn man sich als Marxist versteht, bedeutet eine solche Erkenntnis, bestimmte Konsequenzen zu ziehen.

Es war also eine Kritik, die vollkommen immanent war, die keine Außenposition brauchte – eine Konstellation wie in der Reformation: Der Staat ist die Kirche des Papstes, die Kirche beruft sich auf die Evangelien – und wir, die kleinen studierenden Mönche, stellen fest, es ist eine Lüge. Wir wussten noch nicht genau, was das andere war, doch man selbst ergreift die Partei der Evangelien. So entwickelte sich nach und nach der reformatorische Widerspruch, lauter kleine Martin Luthers, so ungefähr sehe ich uns von heute aus.

Wolfram: Erinnerst du dich an die Umstände der Gründung eurer Gruppe? Sie fand ja bei dir statt, in deiner Wohnung in Müggelheim.

Kleinschmidt: Ja, ich wohnte damals in Müggelheim, am südöstlichen Rand von Berlin, in einer Souterrainwohnung für fünfzig Ostmark zur Miete. Der Kachelofen im Wohnzimmer war gerissen, man musste ihn viermal am Tag heizen, die

Küche mit einem Ausguss aus Gusseisen, und das Klo im Garten, das war Müggelheim. Ich hatte damals eine französische Freundin, Brigitte Mazon, die mich mit Büchern aus dem Westen versorgte.

An die Umstände der Gründung der Gruppe erinnere ich mich nicht, ich sehe aber den Raum vor mir, das Bücherregal mit Leo Trotzkis *Mein Leben*, das war nicht besonders vorsichtig. Das ist jetzt über dreißig Jahre her, und die Vergangenheit ist wie ein dunkler Raum, aus dem tauchen bei bestimmten Stichworten die Erinnerungen auf, ganz unwichtige, nebensächliche Dinge, mein Schreibtisch, das Radio und manchmal auch ein Gesicht.

Wolfram: Ein Stichwort wäre ein Name, André Holzer. Weißt du, wer das ist?

Kleinschmidt: Allerdings, ich bin ja einer der ersten aus unserem Kreis gewesen, der seine Stasiakten gelesen hat. Dabei bin ich natürlich pausenlos auf diesen Namen gestoßen. Und ich war, glaube ich, der erste, der den Klarnamen erfahren hat: André Holzer, das war Arnold Schölzel.

Wolfram: Auf Arnold kommen wir später noch zurück. Zunächst noch mal zur Gründung der Gruppe. Fühltet ihr euch als eine geistige Elite?

Kleinschmidt: Elite? Dieses Wort gab es nicht in unserem Bewusstsein, damals. Die Tatsache jedoch, dass man zu diesem Kreis gehörte, war schon eine gewisse Auszeichnung. Es gab ja keine formelle Rangordnung in der Gruppe, aber wie das immer so ist zwischen Menschen, es gab unterschiedliche Grade von Bewunderung und auch unterschiedliche Grade von Freundschaft. Die Zentralfigur war Klaus, der ideologische Leiter der Gruppe, wie die Stasi sich ausdrückte. Dass man dazu gehörte, hieß ja auch, dass man dazu gehören durfte – eine gewisse Genugtuung, das kann ich nicht leugnen. Unsere kleine Gemeinschaft bekam von der Stasi den Namen »Kreis« verpasst – und das ist doch ein ganz gutes Bild. Ein Kreis. Das ist eine Abgrenzung nach außen und eine Konzentration nach innen – und wir waren in diesem Kreis.

Wolfram: Arnold Schölzel gehörte von Beginn an zu eurem Kreis. Wie war er?

Kleinschmidt: Arnold war derjenige, zu dem ich die geringsten freundschaftlichen Bindungen hatte. Er wirkte sehr streng, immer beherrscht, kontrolliert, er war gebildeter und zu großen Teilen belesener als wir, aber er hatte eben diese Strenge, auch im Privaten. Ich würde mich nicht wundern, wenn ich derjenige von uns gewesen bin, der nicht gerade erbaut davon war, dass Arnold dazu gehörte. Das war rein instinktiv.

Wolfram: Spielte es für dich eine Rolle, dass Arnold aus dem Westen kam?

Kleinschmidt: Es spielte keine Rolle, aber mein Bild vom glücklichen Leben in der DDR war nicht so, dass ich annahm, die Leute aus dem Westen würden demnächst scharenweise in die DDR kommen. Ich wusste, dass der Schriftsteller Peter Hacks in die DDR gekommen war, und ich wusste es von Arnold Schölzel. Ob seine Geschichte von Bundeswehr und Desertion stimmte, das zu fragen kam mir nicht in den Sinn. Es spielte auch deshalb für mich keine Rolle, weil wir uns nicht besonders für den Westen interessierten. Ich fand nur interessant, dass er aus Bremen war; Bremen hatte für mein norddeutsches Ohr einen guten Klang, so wie die Nordsee und die Alpen, die ich so gern gesehen hätte.

Wolfram: Kannst du dich daran erinnern, dass ihr euch Maximen für die Arbeit der Gruppe gegeben hattet?

Kleinschmidt: Das haben wir bestimmt getan, das hat der »maximo leader« garantiert verlangt.

Wolfram: Der erste Grundsatz war, kein Alkohol während der Treffen. Erinnerst du dich?

Kleinschmidt: Nein, daran erinnere ich mich nicht. Und da soll ich zugestimmt haben?

Wolfram: Hast du!

Kleinschmidt: Weil man mich erpresst hat! (lacht) Das war doch später immer der Dauerkummer von Klaus, dass ich gelegentlich einen über den Durst getrunken hatte und dann den Mund nicht halten konnte. Haben wir darüber abgestimmt?

Wolfram: Das nicht, aber es war Konsens. Klaus hatte das vorgeschlagen.

Kleinschmidt: Ja, Klaus. In den Akten habe ich dazu gefunden: »Der ideologische Leiter der Gruppe«, Name geschwärzt, »pflegt eine fast spartanische Lebensweise.« – Also kein Alkohol!

Wolfram: Es gibt eine wunderbare Geschichte, wie Dieter Krause und du euch darüber unterhaltet, was ihr Klaus zum 25. Geburtstag schenken könntet. Du warst für eine Flasche guten Whisky, die ja schwer zu beschaffen war, aber Dieter hat sich durchgesetzt mit dem Vorschlag, die neue Ausgabe von Lenins Briefen zu schenken. Auch darüber hat Arnold der Stasi berichtet.

Aber jetzt eine andere Frage. Wölfchen Templin hatte Wolfgang Nitsche mit den Worten in die Gruppe eingeführt: »Der kennt sogar Arbeiter!« Wie fandst du Wolfgang?

Kleinschmidt: Er hat mir von Anfang an gefallen. Sein wunderbarer Humor, das war das Entscheidende. Er konnte sehr gut erzählen, er war sportbegeistert, hatte überhaupt so manches, was mich mit ihm verband. Ein herrliches Lachen und die schöne Ironie, auch Selbstironie. Die Freude an zugespitzten Formulierungen – ja, das fällt mir ein, wenn ich an Wolfgang denke.

Wolfram: Waren die DDR und der Marxismus etwas Zusammengehörendes für euch?

Kleinschmidt: Marxismus war ja Staatsphilosophie! Ich sagte schon, dass wir zur DDR in einem reformatorischen Widerspruch standen. Wir haben in unserm Innern der Partei das Recht abgesprochen, im Namen des Marxismus zu reden und zu handeln. Im Grunde hatten sie ihn – und das war natürlich der Einfluss Trotzkis auf unsere Überzeugungen – verraten. Nicht mit den Lippen, nicht mit den Augen, die Partei führte den Marxismus ja ständig im Munde, sie hatten ihn im Herzen verraten. So waren wir zu unserer Aufgabe gelangt, genau das der Gesellschaft klarzumachen, und zwar sobald sich unsere Vorstellungen gefestigt hätten. Ähnlich hatte es 1977 Rudolf Bahro mit seinem Buch *Die Alternative* versucht: eine

Erneuerung der Gesellschaft aus den wirklichen Quellen des Marxismus heraus.

Solange die DDR als quasi marxistische Theokratie existierte, so lange standen die häretischen Sekten in einem starken, grundsätzlichen Spannungsverhältnis zu ihr. Als das ganze Gebäude dann über Nacht in sich zusammenstürzte, verschwanden auch diese inneren Differenzen. Jetzt wird die komplexe Wirklichkeit unseres Lebens in der DDR nur noch in simplen Überbegriffen gefasst: *der* Sozialismus, *der* Marxismus, *der* Kommunismus, *die* Parteiherrschaft, *der* Unrechtsstaat. Es bedarf unendlicher Mühen, die inneren Differenzen von einst zu rekonstruieren. Aber da die Macht aus dem Ganzen heraus ist, ist auch aus dem ganzen Widerspruchsverhältnis die Spannung heraus, und am Ende wird es langweilig, darüber zu räsonieren. So wie in der Kirche des 16. Jahrhunderts die verschiedenen Parteien der Reformation und der Gegenreformation sich scharf voneinander unterschieden hatten – im Rückblick ist es nur noch eine Sache für Fachhistoriker. So geht das mit unserer Geschichte auch. Das ist der Lauf der Dinge.

Wolfram: Wie würdest du die Ziele eurer Gruppe beschreiben?

Kleinschmidt: So wie es im Untertitel zu Bahros *Die Alternative* steht: Kritik des real existierenden Sozialismus. Die gründliche Ausarbeitung einer Kritik des real existierenden Sozialismus vom Standpunkt des wahren Sozialismus – das war unser Ziel. Die Erneuerung unserer Partei von innen heraus, die Entwicklung der Attraktivität des Sozialismus auch für die Menschen in den westlichen Industriestaaten. Denn uns war natürlich klar: der DDR-Staatssozialismus besaß für einen einigermaßen geistig normal entwickelten Menschen keinerlei Anziehungskraft. Es ging darum, die Strahlkraft, die die Oktoberrevolution in Russland einstmals für Intellektuelle gehabt hatte, zurückzugewinnen.

Wolfram: Habt ihr die Revolution geplant?

Kleinschmidt: Das war im Katechismus unseres Glaubens natürlich Paragraf eins: die Revolution als Heiligtum. Von heute aus gesehen sagenhaft naiv, unglaublich fahrlässig, wie man mit Worten und Begriffen um sich warf. Aber das zu sagen ist heute natürlich wohlfeil, aber in den siebziger Jahren des vergangenen Jahrhunderts war die Revolution auch unter westlichen Intellektuellen etwas Heiliges. Der reife Marx nannte Revolutionen die Lokomotiven der Geschichte, der junge Marx sah in der kommunistischen Revolution einen Akt des Umwerfens aller Verhältnisse, in denen der Mensch ein erniedrigtes ein geknechtetes, ein verlassenes, ein verächtliches Wesen ist. Dass diese Art von Radikalismus in der Verwirklichung des Guten tyrannische Züge trägt, ist mir damals nicht klar gewesen. Was heißt denn das, alles umstoßen? Das heißt doch eine gewaltige zerstörerische Kraft freisetzen. Wir jedoch, beseelt von einem großen Positivum, glaubten uns dadurch legitimiert, dass wir die Wahrheit erkannt hatten und das Gute vertreten. Eine explosive Mischung, die eigentlich nichts Gutes verspricht. Das ist mir aber nicht klar gewesen, und es ist der Kern dessen, was ich heute Verblendung nenne. Geblendet von einem Ziel, das uns bis ins Herz wärmte.

Aber von einem Revolutionär wird natürlich auch verlangt, dass er die Konsequenzen trägt. Zum Glück sind wir nie in eine solche Lage geraten. Dafür können wir Gott danken, dass wir nie eine solche Verantwortung auf uns nehmen mussten. Wir wären vor Prüfungen gestellt worden, vor die man lieber nicht gestellt werden sollte in seinem Leben.

Wolfram: Erinnerst du dich an die vier Punkte, mit denen ihr glaubtet rechnen zu müssen: den Beruf zu verlieren, die Familie zu gefährden, die Freiheit und vielleicht sogar das Leben zu riskieren?

Kleinschmidt: An den letzten Punkt erinnere ich mich nicht. Erschießungskommandos gab es ja zu der Zeit nicht mehr. Aber die anderen Punkte, ja, die leuchten mir ein, das könnte so gewesen sein. Die Idee der Weltrevolution stand ja höher als die der Familie, so war das. Und Berufsverbot und Gefängnis, damit hatten wir zu rechnen, ganz klar.

Wolfram: »Alle Räder stehen still, wenn dein starker Arm es will ...« Hattet ihr euch vorgenommen, für die Verwirklichung eurer Ideen Arbeiter zu gewinnen?
Kleinschmidt: Ja, die Theorie verlangte es. Derjenige, der wenigstens ein bisschen aus dieser Welt kam, war Dieter Krause. Aber Klaus war derjenige, der am stärksten auf dem Punkt beharrte, denn es war doch das »großartige« am Marxismus, dass diese Philosophie ihre Kraft durch die Massen erlangen sollte; also kein Wolkenkuckucksheim der Ideen, sondern man sah in der produzierenden Klasse eine Kraft, die von ihren sozialen Determinanten her in der Lage war, die Theorie in der Praxis durchzusetzen. Insofern war das mit den Arbeitern zwingend, aber praktisch sind wir nie in Verbindung mit ihnen gekommen.

Ich weiß, dass Klaus später, als er aus der Partei ausgeschlossen worden war, seine Arbeitsstelle verlor und in eine Fabrik ging, dass ihn dort die Begegnungen mit Arbeitern sehr berührten und er großen Erkenntnisgewinn daraus ziehen konnte. Klaus hatte eine ganz eigene Art, darüber zu sprechen, und wenn er es tat, dann war das für mich immer interessant. Ich selbst hatte keine solchen Kontakte, das war kein Dünkel, aber Kontakte zu Arbeitern spielten in meinem Leben keine große Rolle.

Wolfram: Wann habt ihr eine Ahnung davon bekommen, dass ihr überwacht werdet?
Kleinschmidt: Theoretisch haben wir immer damit gerechnet. Die Macht der Stasi war ja das ungewollte Eingeständnis des Staates, dass er auf einer brüchigen geistigen Grundlage existierte, und auch das Eingeständnis der Partei, dass sie ihre Führungsrolle nur durchsetzen konnte, wenn sie die Bevölkerung bespitzeln lässt, Abweichungen registriert und Abweichler verfolgt. Insofern hat uns das nicht überrascht, außerdem war ja auf unseren Gruppentreffen die Geschichte der KPdSU ständiges Thema.

Aus deren Geschichte kannten wir die schreckliche Rolle der Geheimdienste, wussten allerdings auch, dass das Schlimmste vorbei war. Soweit die Theorie. In der Praxis vertrauten wir natürlich einander. Als wir bemerkten, dass wir in Dieters Wohnung von einer Nachbarwohnung aus beobachtet wurden, und Dieter vehement die Ansicht vertrat, dass dort eine Abhöranlage installiert worden war, kam es zu verschärften Sicherheitsmaßnahmen in der Gruppe. Mit dem grandiosen Ergebnis, dass auf Vorschlag unseres »ideologischen Leiters« der von uns damals natürlich unerkannte Stasispitzel Arnold Schölzel zum Sicherheitsbeauftragten ernannt wurde. Das nennt man Ironie des Schicksals.

Wolfram: Wieso erschien es euch ausgeschlossen, dass es einen Stasispitzel in der Gruppe gab?

Kleinschmidt: Daran haben wir in keinem Augenblick gedacht. Dass es ihn gab, dass es Arnold Schölzel war, der unsere Treffen wortwörtlich der Stasi protokollierte, habe ich erst aus den Akten erfahren. Da stand zum Beispiel zu lesen, dass Arnold seine Aktentasche in meiner Wohnung stets zwischen Wand und Kachelofen abgestellt hatte, wahrscheinlich ein guter Ort für das Tonbandgerät da drin.

Wolfram: In dem Moment, als Wölfchen Templin euch seine Stasi-Kontakte offenbart hat, hätte da nicht auch Arnold ...?

Kleinschmidt: Ja, als Wölfchen sich outete, war Arnold dabei. Das war in der Wohnung von Jan Lautenbach, daran erinnere ich mich noch genau. Wir haben Wölfchen geglaubt, haben an ihn geglaubt, an seine Aufrichtigkeit. So wurde das zu einer Sache, die uns noch enger zusammenschweißte. Wir haben alle ermessen können, welch ein großer Vertrauensbeweis das uns gegenüber war, und das erzeugte eine ganz besondere Stimmung. Wir waren eine Gemeinschaft, vor der er dieses Geheimnis offenbaren konnte, und damit waren wir als Gemeinschaft ausgezeichnet. Für ihn musste das eine ganz große Befreiung gewesen sein, die vielleicht wieder andere Ängste hervorrief, die aber aufgehoben wurden durch die Heimat in der Gruppe. An diese besondere Stimmung kann ich mich gut erinnern.

Wolfram: Hat die Stasi dich jemals angesprochen?

Kleinschmidt: Ich bin nie angesprochen worden. Ich habe mir das mit meiner Familie erklärt – ein Pastorensöhnchen. Aber wer vom Teufel nicht zum Frühstück eingeladen wird, muss sich ja nicht sein Leben lang fragen, warum nicht.

Vielleicht kann man es so zusammenfassen: Das, was ich meine Geselligkeit nenne oder meine Lust, mit vielen Menschen offenherzig zu sprechen, das wäre für die Stasi einerseits interessant gewesen, andererseits aber auch ein Risiko. Ich war ja für unsere Gruppe, besonders für Klaus, eine Art Dauerkummer. Und dieser Kummer, das habe ich auch in meinen Akten lesen können, bedeutete: Er hält sich nicht an Abmachungen, ist für die Konspiration wenig geeignet – das meint jetzt unsere Konspiration. Die Stasi könnte also zu demselben Ergebnis gekommen sein: zwar interessant, aber nicht verlässlich. Ein loses Maul ...

Wolfram: Hatte die Konspiration in der Gruppe, die Geheimhaltung dessen, worüber ihr geredet habt, Konsequenzen für dein Privatleben?

Kleinschmidt: Keine negativen Konsequenzen. Ich hatte ein offenes Verhältnis zu meiner Frau, sie war ja auch Philosophiestudentin und teilte meine Ansichten und Überzeugungen. Das gehörte mit zu den »Maximen«: Nicht nur Berufsverbot und Gefängnis einkalkulieren, auch die Frauen dürfen nicht beteiligt werden. Claudia, meine damalige Frau, hat das halb ironisch quittiert, und ich glaube, dass ich ihr schon einiges erzählt habe. Dass ich vor ihr keine Geheimnisse haben wollte, habe ich auch zu Klaus gesagt, und das hat er akzeptiert.

Von außen betrachtet hatte das Ganze ja auch etwas von einem Abenteuer, diese Art Diktatur in der DDR war doch so was von öde, dagegen war unsere Ketzerei natürlich interessant, schuf Spannung und machte uns attraktiv – auch für Frauen.

Wolfram: Noch mal nachgefragt, warum keine Frauen? War damit nur das Heraushalten der Ehefrauen gemeint oder sollte es keine Frauen in der Gruppe geben?

Kleinschmidt: Dass keine Frau in der Gruppe war, ist sicher Zufall gewesen. Das Prinzip hieß: keine Ehefrauen. Ein frauenfeindliches Element hat es aber nicht gegeben. Es fällt mir ein, dass Klaus einmal sagte, in Männerfreundschaften zu leben sei ganz gut für die Beziehung zu Frauen, sei ganz gut für die Liebe. Also eine Art Männerbund ohne Frauenfeindlichkeit, so ungefähr.

Wolfram: Als Reaktion auf Anzeichen der Überwachung durch die Stasi habt ihr verschärfte Sicherheitsmaßnahmen beschlossen. Was bedeutete das für dich?

Kleinschmidt: Wir haben in unserer Küche die Dielenbretter gelöst und darunter einige Schriftstücke und Bücher versteckt. Auch im Garten meiner Schwiegermutter haben wir etwas vergraben. Ja, in solchen Formen lief das ab und ich glaube, das hat sogar funktioniert und die Stasi hat die Sachen nicht entdeckt.

Wolfram: Erinnerst du dich an eine Hausdurchsuchung?

Kleinschmidt: Ich weiß, dass sie in unserer Wohnung waren. Wir hatten ja Kontrollen eingebaut: Ich hatte ein Haar in die Tür geklemmt, das man nicht sehen konnte, das heißt, ein Fremder konnte nicht sehen, wenn es heruntergefallen war, aber ich konnte es sehen. Mindestens einmal, wenn nicht mehrmals, waren sie in unserer Wohnung.

Wolfram: Dieter hat mir erzählt, wie du deine Wohnung gesichert hattest. Du hast den Fernseher und das Radio auf volle Lautstärke gestellt und dann die Sicherungen rausgedreht.

Kleinschmidt: War doch keine schlechte Idee ...

Wolfram: Dieter kommentierte das mit den Worten, dass du wohl Orwell gelesen hattest.

Kleinschmidt: Na, wenn ich Dieter das erzählt habe, dann sicher auch Arnold, und dann wusste auch die Stasi Bescheid. Arnold wird sie schon gewarnt haben.

Wolfram: Hattest du jemals das Gefühl der Angst?

Kleinschmidt: Allerdings, das gehörte dazu. Diese ganze Konspiration war ein Gemisch aus Lust und Angst, die Lust stand im Vordergrund, aber ein bisschen Angst war immer dabei.

Angst ist auch ein Wahrnehmungsorgan, man spürt die Gefahr deutlicher. Ich kann mich daran erinnern, dass Dieter geradezu besessen war von Angst, das hatte manchmal panikartige Züge, so war es, er konnte nichts daran ändern. Die Menschen sind nun mal verschieden, zum Glück.

Später dann, als die Sache mit dem Büchertransport aufgeflogen war und wir alle mit ihm – diese Tage bis zur Vorladung in die Normannenstraße, das war sicher die angstbeladendste Zeit. Man wusste, sie werden kommen, man wusste nur nicht, wann, man wusste nicht, was passieren würde. Ungewissheit verstärkt die Angst, vorausgesetzt, man lebt nicht in einer offen gewalttätigen Tyrannei. Würde man in einen Gestapokeller »geladen«, wäre die Ungewissheit vielleicht ein Moment der Hoffnung, weil die Wirklichkeit hier schlimmer war, als jede Vorstellung von ihr. Bei uns war es umgekehrt, hier war die Ungewissheit angstbesetzt und die Wirklichkeit der Stasiverhöre war weniger schlimm, als man sich das vorgestellt hatte.

Wolfram: Wie war das mit dieser Bücheraktion, wie hast du davon erfahren, dass die missglückt war?

Kleinschmidt: Ich war ja in die Vorbereitungen involviert, ich hatte den Ort gesehen, ich war mit Klaus in unserem Auto da rausgefahren, in die Nähe von Dreetz, zur Fernverkehrsstraße 5. Ich habe noch gut vor Augen, wie das Waldstück aussah. Also ich habe es für richtig gehalten, dass die Sache dort stattfinden sollte. Es wurde dann in der Gruppe festgelegt, wer an der unmittelbaren Übergabe beteiligt sein sollte. Ich war aus Gründen, die ich heute nicht mehr sagen kann, nicht dabei. Klaus und Wolfgang sind gefahren.

Wie ich den Ausgang erfahren habe? Ich glaube, Wolfgang hat mich angerufen, sie waren ja nicht verhaftet worden, sollten aber natürlich mit niemandem darüber sprechen, dass man sie aufgegriffen hatte. Wolfgang hat mich trotzdem angerufen, das war sehr mutig und sehr wichtig. Ich wusste also Bescheid, und von da an lief die Uhr der Ungewissheit.

Vier Tage später wurde ich zum Verhör geholt. Es ging um Bücher, unvorstellbar, von heute aus gesehen. Aber wir waren Büchernarren, und auf der Transportliste standen neben den

für unsere Ausarbeitungen wichtigen politischen Schriften auch ganz private literarische Vorlieben. Für mich waren einige Bände von Georg Lukács dabei. Diese Büchernarretei war extrem stark ausgeprägt, bei Klaus und Wolfgang am stärksten.
Wolfram: Wie war dein erstes Verhör bei der Stasi?
Kleinschmidt: Ja, es ist ganz merkwürdig, aber meine Erinnerungen daran sind völlig verblasst. Das war doch etwas äußerst Aufregendes – aber die Erinnerung scheint es fest verschlossen zu haben, merkwürdig. Ich erinnere mich, dass es zwei Vernehmer waren, dass ein Tonband mitlief und das Ganze sechs Stunden oder mehr gedauert hat. Früh um sechs waren sie gekommen: »Kriminalpolizei, zur Klärung eines Sachverhalts kommen Sie bitte mit.« Ich war noch im Schlafanzug, und da ich ein höflicher Mensch bin, bat ich die beiden in die Wohnung, ich musste mich doch anziehen. Aber das lehnten sie ab, sie blieben vor der Wohnungstür stehen, und dann fuhren wir in einem Wartburg in die Ruschestraße, wenn ich mich richtig erinnere. Und da ging die Fragerei los, nach vorbereiteter Liste, vielleicht zwanzig Fragen: unsere Ziele, unsere Programmatik, die Ausarbeitungen, die Kontakte, die Personen usw. Wenn ich sagte: »Dazu sage ich nichts«, haben sie nur milde gelächelt und mir haarklein erzählt, was ich verschweigen wollte. Die waren bestens informiert, da staunte man nicht schlecht. Gelegentlich hatten die Vernehmungen fast Gesprächscharakter, ideologisch gesehen war das weniger borniert als jedes Gespräch, was man mit seiner Parteileitung oder mit der Parteikontrollkommission führen musste, das waren also keine Monster. Rudolf Bahro hat ja später so manche Diskussion mit seinen Stasibewachern beschrieben. Dass meine Vernehmungen nichts mit Stasiterror zu tun hatten, gehört auch zu meiner Erinnerung.

Komischerweise erinnere ich mich daran, dass zum Mittagessen Eintopf serviert wurde, grüne Bohnen, nichts Besonderes, aber nicht schlecht. Auch daran, dass das Vernehmungsprotokoll handgeschrieben war, dass ich es dann unterschreiben musste. Seither habe ich dieses Protokoll nicht wieder gesehen, aus meiner Akte ist es offenbar entfernt worden.

Wolfram: Was ist nach deinem ersten Verhör weiter passiert, welche Auswirkungen gab es auf deine Arbeit, deine Mitgliedschaft in der SED?

Kleinschmidt: Ich glaube mich zu erinnern, dass mir am Ende des Verhörs gesagt wurde: »Über dieses Gespräch haben Sie absolutes Stillschweigen zu bewahren«, und dass ich zurückfragte: »Gilt das auch gegenüber der Partei?« Der Vernehmer überlegte einen Augenblick und sagte dann: »Ja.« Merkwürdig, welchen weltanschaulichen Horizont das hatte. Man empfand die Partei als verrottet, aber es gab trotzdem noch eine ideologische Gemeinsamkeit, irgendeine Schnittstelle.

Aber da fällt mir etwas ein, was unbedingt zu diesen Verhören dazugehört. Ich sagte ja, dass meine Erinnerung das Ganze so merkwürdig fest verschlossen hat. Ich habe mich jahrelang zu erinnern versucht, wie die Vernehmer aussahen, was sie anhatten, ob sie jung oder alt waren, nichts von all dem konnte ich rekonstruieren. Und dann, Jahre nach der Wende, bin ich im christlichen Hospiz in der Albrechtstraße. Im Haus gegenüber befindet sich eine Rechtsanwaltskanzlei. Und ich schaue auf dieses Haus, ein Fenster ist offen, und dahinter steht ein großer, kräftiger Mann. Ich sehe ihn vom Knie an aufwärts, dunkelbrauner Anzug, kurz geschnittenes Haar – und in dem Moment habe ich das Gefühl, das ist einer von meinen Vernehmern. Ich bin dieser Entdeckung nicht nachgegangen, aber später habe ich erfahren, dass die Stasi eine ganze Menge Juristen hatte, die nach der Wende in Berlin Anwaltskanzleien eröffnet haben.

Wolfram: Hast du Arnold Schölzel jemals wiedergesehen?

Kleinschmidt: Natürlich, mehrfach. Im Februar 1990 zum Beispiel, das war noch vor dem Stasiunterlagen-Gesetz, im Zusammenhang mit einer Veranstaltung der Hamburger *Zeit*, in den Räumen des damals noch existierenden Kulturbundes der DDR. Ich hatte an einer Gesprächsrunde teilzunehmen. Im Treppenhaus sah ich plötzlich Arnold, und als er mich bemerkte, wurde er puterrot. Da spürte ich schon, was ich später in meinen Akten lesen konnte: Arnold, der Verräter! Ich habe nie wieder ein Wort mit ihm gewechselt.

Wolfram: Was empfindest du Arnold gegenüber?

Kleinschmidt: Ich verachte ihn. Ich verachte ihn, aber immer noch interessiert es mich zu erfahren, wie das alles für ihn gewesen ist, wie er in die Fänge der Stasi geraten ist. Als wir wussten, dass er uns verraten hatte, haben wir uns sogar gefragt, ob er nicht vielleicht Doppelagent ist. Auch heute noch halte ich es für möglich, dass er vom BND in die DDR geschickt worden war, mit entsprechender Legende. Dieser Mensch ist doch undurchschaubar.

Ich habe Arnold nichts zu verzeihen: Er gehörte nicht zu den Menschen, die ich geliebt habe, mein Herz hängt nicht an ihm, soll er doch machen, was er will.

Wenn ich mein Leben so bedenke, die Bahnen, die es genommen hat, dann sehe ich, dass das alles Stationen auf meinem Lebensweg waren. Und ich bin doch ganz einverstanden mit meinem Leben, ich habe das Gefühl, es stand unter einem guten Stern. So betrachtet, aus großem Abstand gesehen, kann ich sagen, auch Arnold hat daran eine Aktie. Das ist das Seltsame an dieser ganzen Geschichte.

Es gab einen vergleichbaren Fall vier Jahre später. Ich war noch am Zentralinstitut für Literaturgeschichte der Akademie der Wissenschaften und hatte eine Krise, eine geistige Krise. Das hatte damit zu tun, dass man den ganzen Tag Sekundärliteratur las, literaturwissenschaftliche Sekundärliteratur, dabei verliert man am Ende den Verstand. Ich hatte plötzlich einen nihilistischen Anfall, das Gefühl, dieser Beruf sei völlig sinnlos. In dieser Phase gab es eine Anfrage des Außenministeriums an das Institut; man suchte jemanden, der nach Indien geht, um dort Deutsch zu unterrichten. Und da habe ich mich gemeldet, für drei Jahre nach Hyderabad. Das war 1980 oder 1981. Das Institut hatte mich bestätigt, ich belegte Intensivkurse für Englisch und studierte und studierte. Und dann kam, wie es so hieß, kein grünes Licht. Auf meine Nachfrage, wann es denn nun losginge, hörte ich von der Kaderabteilung immer nur, das grüne Licht fehlt. Das war das Licht der Staatssicherheit, die haben ihr Plazet verweigert. Schließlich war der Termin überschritten, und der Plan platzte. Wieder so ein Schicksalsmoment.

Heute bin ich der Stasi gleichsam dankbar dafür, dass es mit Indien nicht geklappt hat. Ein Jahr später nämlich erhielt ich das Angebot von der Akademie der Künste, als Redakteur zu Sinn und Form zu gehen, mit der Aussicht, später einmal stellvertretender Chefredakteur zu werden. Hätte es grünes Licht gegeben, niemand wäre auf die Idee gekommen, in Hyderabad nachzufragen, ob ich nicht die Stelle bei Sinn und Form annehmen wolle. Es ist schon seltsam, wie vieles auch anders hätte kommen können.

Wolfram: Hast du heute noch den Traum von einer gerechteren Gesellschaft?

Kleinschmidt: Wie sagt Marquis Posa in Schillers *Don Carlos* doch so schön? »Sagen Sie ihm, dass er für die Träume seiner Jugend soll Achtung tragen, wenn er ein Mann sein wird.« Also, das soll man tun, und das tue ich auch. Aber dieser Traum war nicht nur ein Jugendtraum, sondern auch ein Jugendirrtum, das, was man eine Jugendtorheit nennen könnte. Zugleich muss man an der Stelle aufpassen, denn zu nichts ist man so ungerecht wie zu den Torheiten der eigenen Jugend. Was ich sagen will: Es gehört zu meinen Jugendträumen, aber dieser Teil hat sich für mich als illusionär erwiesen. Ich bin durch das Tal der Ernüchterung gegangen, und ich könnte heute nicht mehr zurück auf die schön geschwungenen Hügel der Illusion.

Ob ich heute noch den Traum von einer gerechten Gesellschaft habe? Nein, den habe ich nicht. Es ist mir aber auch ein bisschen zu groß gefragt, ich denke nicht mehr so. Gerechtigkeit und Ungerechtigkeit sind immer konkrete Verhältnisse, Situationen, Möglichkeiten, Unmöglichkeiten. Die Vorstellung, dass man mit dem Marxismus den archimedischen Punkt gefunden hat, von dem aus man die Welt aus den Angeln heben kann, das ist für mich vorbei. Ich erinnere mich zwar noch gut an das alte Bewusstseinskleid, aber ich trage es nicht mehr, schon lange nicht mehr. Vielleicht antworte ich dir auf deine Frage noch mal mit einem Vers, jetzt nicht von Schiller, sondern von Peter Rühmkorf: »Das alte Lied noch mal von vorn / auch nach verlornem Schießen / wir werd'n den guten Doppelkorn / nicht in die Flinte gießen.« Das gefällt mir. Aber leider, ich trinke keinen Doppelkorn mehr.

Ich bereue nichts, ich sehe, dass diese Zeit die erste starke Prägung meines Lebens war, auf die noch viele andere geistige Prägungen gefolgt sind. Gott sei Dank.

Wolfram: Ich will dich noch etwas fragen. War die Grenzöffnung 1989 für dich eine Überraschung, eine Erlösung?

Kleinschmidt: Sie war unerwartet und darum besonders schön. Sie hat mich einerseits glücklich gemacht, andererseits mit dem beklemmenden Gefühl konfrontiert, zum ersten Mal im Leben den Grund, auf dem man steht, wanken zu spüren. Wir sind alle Zeugen des grandiosen Niedergangs einer Idee geworden, und diese Zeugenschaft lässt einen auch so etwas wie die Kälte der Sterne empfinden. Aber mein Wesen ist so, dass ich mich noch mit ein paar anderen Ideen identifizieren konnte. Ich lebe keineswegs ideenlos heute, es ist bloß keine revolutionäre Idee mehr, der ich anhänge. Die Welterlösungsgeste, die natürlich im Marxismus steckt und in unseren Jugendträumen auch, ist mir ganz fremd geworden. Ich verachte sie nicht, aber sie ist mir gänzlich fremd geworden. Sie gehört zu meinem Leben, ich bin mit ihr im Frieden, aber ich habe nichts mehr mit ihr zu tun.

Wolfram: Welche Ideen »beleuchten« heute deinen Lebensweg?

Kleinschmidt: Es gibt sie nicht mehr, die zentrale Idee, die Idee der Diesseitserlösung. Bestimmter kann ich darauf nicht antworten. Ich bin sowieso nicht so politisch wie unsere Freunde. Nachdem unsere Gruppe aufgeflogen war, begann eine radikale Entpolitisierung für mich. Ich gehe trotzdem wählen, ich unterhalte mich auch über politische Dinge, aber ich hänge mein Leben nicht an die Politik. Und ich bin dadurch von etwas befreit worden, dafür bin ich dankbar. Wenn ich mir vorstelle, dass wir unser Leben noch zwanzig Jahre in der Konspiration weitergeführt hätten, immer diese Fragen, was macht die italienische Kommunistische Partei, was die französische, was die Vierte Internationale, was die Geschichte der KPdSU und was weiß der Teufel wer sonst noch, das war doch, obwohl universalistisch angehaucht, auch etwas Beschränktes. Es gibt noch andere Reiche des Geistes, und so lang ist das Leben ja nicht, dass man es nur mit Politik zubringen sollte.

Abschied von Sinn und Form
*Alexander Cammann im Gespräch
mit Sebastian Kleinschmidt*

Logbuch. Letzter Eintrag

Wenn man das Glück hatte, fast dreiundzwanzig Jahre an der Spitze einer Zeitschrift wie Sinn und Form zu stehen, auf der Brücke dieses stolzen Schiffes, um im Auftrag eines ehrwürdigen Reeders, der Berliner Akademie der Künste, dafür zu wirken, dass nicht Stürme und nicht Flauten, nicht Untiefen und nicht Klippen dem schönen Segler die Fahrt nehmen, dann geht einem in dem Moment, wo man abmustert, weil es Zeit geworden ist, dass Jüngere das Ruder übernehmen, so manches durch den Kopf. Der Wechsel der Epochen, das Schiff und seine Kapitäne, ihr nautisches Geschick, die Besatzungen, aber auch das Personal der Werften und der Reederei. Nicht zu vergessen das Entscheidende, die Schriften der Autoren, das eigentliche Frachtgut, und die unbekannten Leser, für die es bestimmt ist und die es alle zwei Monate in Empfang nehmen. All denen, die mit Herz und Verstand dafür gearbeitet und gestritten haben, dass Sinn und Form seit fünfundsechzig Jahren seetüchtig ist, sei vielmals gedankt. Das wichtigste, was Segelschiffe brauchen, ist der Wind. Doch gerade der lässt sich nicht kommandieren. Man muss ihn aufspüren. Aufmerksamkeit und Umsicht, Ausdauer und Geduld sind gefragt, variable Routen, bewegliche Rahen, stabile Takelage. Und noch einiges mehr. Der Wind – Seeleute wissen das – weht, wo er will. Es ist wie mit dem Geist. In diesem Sinne sind alle Fahrensmänner Theologen. Die Fahrten, die Fährnisse – das ist eine lange Erzählung. Zu lang für dieses kleine Wort des Abschieds. Doch eins noch will ich sagen: Es war ein großes Abenteuer, das Abenteuer meines Lebens.

Alexander Cammann: Herr Kleinschmidt, das Meer hat Sie immer angezogen. Ich sehe den tätowierten Anker auf Ihrem Unterarm.

Sebastian Kleinschmidt: Als junger Mann wollte ich zur See fahren. Aber meine schulische Abschlussbeurteilung war zu schlecht für die Handelsmarine. Also ging ich zur Volksmarine, vier Jahre Funker. Erst dort habe ich meine Leidenschaft für das Lesen entdeckt.

Cammann: Jetzt endet nach drei Jahrzehnten die Ära Kleinschmidt bei Sinn und Form und Sie beschließen Ihre Abschiedsnummer mit einem letzten Eintrag im »Logbuch«. Vom Glück ist da die Rede – worin bestand das Glück des Redakteurs?

Kleinschmidt: In der Komposition von Heften, von Jahrgängen. In der Freiheit, die intellektuelle Geste einer solch angesehenen Zeitschrift zu bestimmen. Und ich habe etwas übrig für das Feilen an der Sprache, exzessiv wie Flaubert.

Cammann: Keine Angst, mit einem bilderlosen Fossil aus Worten im Getwitter und Geblogge unserer Echtzeit-Epoche unterzugehen?

Kleinschmidt: Die Autoren sollen bildhaft schreiben, dann entsteht die Anschaulichkeit im Kopf des Lesers. Getwitter rechts, Geblogge links, das Sprachwerk in der Mitten.

Cammann: Und die Last der Tradition? Schließlich hat seit 1949 unter dem Dach der Ostberliner Akademie der Künste der große Dichter Peter Huchel als Gründungsredakteur die Zeitschrift zu einem gesamtdeutschen Glanzstück gemacht.

Kleinschmidt: Huchels Erbe habe ich nie als Last gesehen, eher als Ansporn. Sinn und Form war kein schlechter Ort, die Ehre der Literatur hochzuhalten. Die Zeitschrift hat wiederholt die Grenzen des Sagbaren in der DDR überschritten: Heiner Müllers *Der Bau* 1965, Ulrich Plenzdorfs *Die neuen Leiden des jungen W.* 1972, Volker Brauns *Unvollendete Geschichte* 1975, Wolfgang Hilbigs Gedichte 1980, Durs Grünbeins Gedichte 1988; ich konnte im Frühjahr 1989 einen verschollenen Text des allseits verhassten Metternich über Napoleon hineinschmuggeln: äußerst lesenswert.

Cammann: Es war »das Abenteuer meines Lebens«, schreiben Sie in Ihrem Logbuch. Welche Stürme hatten Sie zu bestehen?

Kleinschmidt: Zu DDR-Zeiten gab es immer wieder Konflikte mit der Partei, so als wir 1985 die Leipziger Schelling-Vorlesung Ernst Blochs druckten, der 1961 in den Westen gegangen war, oder eine Debatte um den offiziell verfemten Nietzsche in Gang brachten. Wenige Jahre später, nach der Wiedervereinigung, da war ich schon Chefredakteur, gab es ideologische Pressionen von anderer Seite: Walter Jens, damals Präsident der Westberliner Akademie, fuhr zusammen mit Hans Mayer schweres Geschütz gegen den Abdruck von Ernst Jünger in der Zeitschrift auf. Damals haben mich Heiner Müller und Friedrich Dieckmann verteidigt, und als es ganz ernst wurde, Jürgen Becker. Die Solidarität von Akademiemitgliedern war immer überlebenswichtig.
Cammann: Sie haben 1988 auch dem allmächtigen Politbüromitglied Kurt Hager, zuständig für Kultur, Ideologie und Wissenschaft, die Stirn geboten.
Kleinschmidt: Wir hatten aus dem Archiv äußerst kritische Aufzeichnungen von Johannes R. Becher über den Stalinismus gedruckt, die dieser 1956 aus Angst vor der eigenen Courage nicht publiziert hatte. Auf einer Plenarsitzung der Akademie der Künste tadelte Hager den Abdruck und sprach von einer Kampagne gegen den Sozialismus, die die Zeitschrift aufgezogen hätte. Da dachte ich: Jetzt kannst du dich nicht wegducken, jetzt musst du was sagen. Und dann habe ich ihm Punkt für Punkt widersprochen, unter anderem mit dem Satz von Hegel: »Die Wahrheit ist das Ganze.« Und am Ende ging es gut, Hager lenkte ein. Das war wohl eine Stunde, in der ich geprüft werden sollte. Mir wäre sehr elend zumute gewesen, hätte ich gekniffen.
Cammann: Auch Ihr Denkweg war ein Abenteuer: Sie haben marxistische Philosophie studiert, waren SED-Mitglied, in den siebziger Jahren in einem oppositionell-trotzkistischen Zirkel, den die Stasi zersetzte; Sie kamen mit einem blauen Auge davon. Bis heute beschäftigen Sie theologische Fragen; wichtige intellektuelle Impulse bekamen Sie durch Begegnungen mit Hans-Georg Gadamer. Sinn und Form haben Sie nach 1989 auch für konservative bis reaktionäre Denker geöffnet. Passt all das zusammen?

Kleinschmidt: Natürlich passt das zusammen. Was wäre Faust ohne Mephisto? Freiheit nur für die Gleichdenkenden? Oder nicht doch Freiheit auch für die Andersdenkenden? Das Leben ist wie ein abgeschossener Pfeil: die Richtung, in die er fliegt, wird nicht von einem selbst bestimmt. Ich finde es völlig natürlich, dass man im Laufe seiner Erdenjahre nicht immer dasselbe Ideenkleid trägt. Es wäre doch peinlich, würde man mit sechzig noch genauso über die Welt denken wie mit zwanzig; schließlich weiß ich auch nicht, was ich mit achtzig denken werde. In den *Gesprächen mit Eckermann* sagt Goethe: »Wir sind Sensualisten, solange wir Kinder sind; Idealisten, wenn wir lieben und in den geliebten Gegenstand Eigenschaften legen, die nicht eigentlich darin sind. Die Liebe wankt, wir zweifeln an der Treue und sind Skeptiker, ehe wir es glaubten. Der Rest des Lebens ist gleichgültig, wir lassen es gehen, wie es will, und endigen mit dem Quietismus, wie die indischen Philosophen auch.«
Cammann: Finden Sie immer noch Unterschiede in der Kultur zwischen Ost und West?
Kleinschmidt: Die Erfahrung des Westens: viele Stimmen, wenig Gehör. Die Erfahrung des Ostens: viel Gehör, wenig Stimmen. Etwas von diesem Unterschied mag es noch geben. Außerdem ist der Osten weniger innovationsfrömmig und etwas traditionsbewusster. Das ist mir sympathisch. Denn nichts altert bekanntlich so schnell wie das nichts als nur Neue.
Cammann: Warum ist es so mächtig?
Kleinschmidt: Das liegt am allseits akzeptierten Stellenwert des Marktprinzips. Auch aus kulturellen Gründen sollte man daher der Kanzlerin das Wort von der »marktkonformen Demokratie« nicht durchgehen lassen. Von da ist es nur noch ein Schritt bis zur »marktkonformen Kultur«.
Cammann: Angela Merkel ist Ostdeutsche und Pfarrerstochter ...
Kleinschmidt: (lacht) Wenn sie nachdenken würde über die Tücken ihrer Formulierung, würde sie verstehen, dass das nicht der Weisheit letzter Schluss sein kann.

Cammann: Sie haben einmal in einem Essay die Pathosallergie der Bundesrepublik und die Herrschaft des Ironismus hierzulande beklagt. Was stört Sie daran?

Kleinschmidt: Ich fand den Pathosmangel vor allem deshalb schade, weil ohne Pathos der Orgel auf einmal ein Register fehlt und sie nicht mehr gut klingt. Übrigens stecken im konzeptionellen Ironismus mehr Seichtigkeit und Erfahrungsmangel als seine Verfechter ahnen.

Cammann: Kulturkritisch gefragt: Werden wir denn immer seichter?

Kleinschmidt: Ich habe keinen besonderen Ehrgeiz zur Kritik, auch nicht zur Kulturkritik. Ich spreche lieber aus der Bejahung heraus. Und Kulturkritik ist ein heikles Geschäft, bei dem immerhin tröstet, dass viele große Denker es betrieben haben. Auch ich habe natürlich Affekte gegenüber bestimmten Tendenzen. Überall trifft man auf Realitätsschwund und Banalisierung, und dazu auf die entsprechenden Relativierungsstrategien: die Wirklichkeit als Konstruktion, die Wahrheit als Frage der Perspektive usw. – alles nicht falsch. Aber man kann die Dinge auch so lange differenzieren, bis sie wesenlos sind. Botho Strauß hat mir einmal gesagt: »Der einzige Ort, an dem man heutzutage noch der Wahrheit begegnet, ist der Affekt.«

Cammann: ... vielleicht löst Botho Strauß ihn deshalb so gerne aus ...

Kleinschmidt: ... glaubt der Ironiker.

Cammann: Sind Sie ein unverbesserlicher Ästhetizist?

Kleinschmidt: Keineswegs! Ich bin lediglich ein Verteidiger eines starken Geistbegriffs, und da ist die Ästhetik nur eine Säule von vielen. Aber es tut mir weh, wenn das Schöne bespuckt wird.

Cammann: Ostdeutsche Autoren wie Ingo Schulze und Volker Braun engagieren sich auch als kritische Intellektuelle. Sollte sich der starke Geist öffentlich politisch äußern?

Kleinschmidt: Der starke Geist schon, und zwar dann, wenn ihm zur Lage etwas Kluges, etwas Analytisches und Problemerhellendes einfällt, dann unbedingt. Nur verspreche ich mir wenig davon, wenn Schriftsteller im Modus üblicher politischer Redeweisen nur wiederholen, was schon hundertfach geäußert wurde. Schriftsteller, die für ihr politisches Engagement eine eigene Sprache finden, sind hören- und lesenswert. Volker Brauns Sprache zum Beispiel kommt aus der Unruhe und aus der Empörung, und sie führt in die Unruhe und in die Empörung.

Cammann: Viele kluge Köpfe machen sich heute Sorgen. Was macht Sie besorgt?

Kleinschmidt: Eines kann einem den Schlaf rauben: die Vernutzung der Erde, die Vermüllung der Meere, das Schrottkarussell im Weltraum. Es gibt viele Probleme, die die Menschheit von Anfang an begleiten: Armut und Reichtum, Gerechtigkeit und Ungerechtigkeit, Krieg und Frieden. Aber der unerhörte Raubbau an unserem Planeten, dieses massive Eingreifen in die Naturabläufe – das ist neu. Zudem arbeiten Wissenschaft und Technik offenbar daran, die Evolution ins Artifizielle zu treiben, in den selbstgewählten Irrtum, hin zum synthetischen Menschen – das ist extrem beunruhigend. Und auch Europa macht mir Sorgen: Der Euro sollte einmal eine friedensstiftende Rolle spielen – und nun verschärft er den Unfrieden.

Cammann: Träumen Sie von der gerechten Gesellschaft?

Kleinschmidt: Was ist Gerechtigkeit? Eine der schwierigsten Fragen überhaupt. Wer wäre nicht dafür? Ich halte es mit dem französischen Philosophen Vladimir Jankélévitch, der auch nicht sagen konnte, was Gerechtigkeit ist, aber immerhin wusste, wozu sie dient: nämlich zur Benachteiligung und Begünstigung. Zur Benachteiligung der einen, die ungerechtfertigte Vorteile genießen, und zur Begünstigung der anderen, die ungerechtfertigte Nachteile erleiden.

Cammann: Kennen Sie das klassisch konservative Gefühl vom »partisan of sinking ships«?

Kleinschmidt: Jeder Seemann weiß, was auf sinkenden Schiffen gilt: Frauen und Kinder zuerst, und wenn die Rettungsboote nicht ausreichen, die letzte Stunde dazu nutzen, ein Floß zu bauen. Es ist auch ratsam, etwas über Strudel zu wissen, wie man sich von ihnen fernhält und was man macht, wenn man schon in einem drin ist: ganz runter bis auf den Grund und dann seitwärts raus.

NACHWEISE

Sämtliche Texte, soweit bereits erschienen, wurden für diesen Band überarbeitet. In einigen Fällen weicht der Titel von der Fassung des Erstdrucks ab.

PITTURA METAFISICA NORDDEUTSCH. Kleine Hamer-Galerie – Erstdruck von Teilen des Textes in: Hartwig Hamer, Meine Landschaft. Herausgegeben von Detlef Hamer, Berlin 2003

ZUFLUCHT AN DER OSTSEE. Gerhard Marcks mecklenburgische Jahre – Erstdruck in: Frankfurter Allgemeine Zeitung, 20. Februar 2013. Detlef Hamer: Sehnsucht nach den Kranichen. Gerhard Marcks in Niehagen. Edition Cornelius im Projekte-Verlag Cornelius, Halle (Saale) 2012

VOR UND HINTER DEN DINGEN. Bleistiftzeichnungen von Ingo Arnold – Originalbeitrag. Rede zur Eröffnung einer Ingo Arnold-Ausstellung am 19.2.1016 im Kulturhaus Berlin-Karlshorst

DAS BLAU DER NÄCHTLICHEN STILLE. Über Leben und Werk des Malers Gerhard Moll – Erstdruck in: Geistesblüten. 35 Jahre Autorenbuchhandlung, Berlin 2011. Rede zur Eröffnung einer Gerhard-Moll-Ausstellung am 4. November 2010 im Schleswig-Holstein-Haus in Schwerin

MEERESNAHE FOTOWELTEN. Über Inge Zimmermann – Erstdruck in: Inge Zimmermann, Fotografien. Herausgegeben vom Archiv der Akademie der Künste, Berlin 2008. Rede zur Eröffnung einer Inge Zimmermann-Ausstellung am 20. April 2002 in der Strandhalle in Ahrenshoop

WASSERSTADT – AUS DER LUFT BETRACHTET. Reimer Wulfs Ansichten von Schwerin aus der Vogelperspektive – Erstdruck in: Reimer Wulf, Über den Dächern von Schwerin, Rostock 2006

GOTTESFURCHT UND MENSCHENLIEBE. Ahrenshooper Kanzelrede zum 13. Kapitel des 1. Korintherbriefes – Erstdruck von Teilen des Textes in: Das Wort vom Kreuz. Wittenberger Kanzelreden 2010, Spröda 2010. Rede am 11. Oktober 2011 in der Schifferkirche Ahrenshoop

RUSSELLS RELIGIONSKTITIK UND DIE THEOLOGIE DES ALS-OB. Erstdruck in: Bertrand Russell, Warum ich kein Christ bin. Mit einem Vorwort von Martin Walser und einem Nachwort von Sebastian Kleinschmidt, Berlin 2017

WAS HEISST ES, THEOLOGISCHE FRAGEN AN DIE GESCHICHTE ZU STELLEN? Erstdruck in: ... wenn Gott Geschichte macht! 1989 contra 1789. Herausgegeben von Ulrich Schacht und Thomas A. Seidel, Leipzig 2015. Vortrag auf einer Tagung der Evangelischen Bruderschaft St. Georgs-Orden am 19. September 2009 im Augustinerkloster zu Erfurt

SCHMERZ ALS ERLEBNIS UND ERFAHRUNG. Deutungen bei Ernst Jünger und Viktor von Weizsäcker – Erstdruck in: Offener Horizont. Jahrbuch der Karl Jaspers-Gesellschaft 3/2016. Herausgegeben von Matthias Bormuth, Göttingen 2016

INS OFFENE. Musikalität und Sakralität in den Gedichten Christian Lehnerts – Erstdruck in: Sinn und Form 4/2013. Laudatio zum Hölty-Preis für Lyrik auf Christian Lehnert am 12. September 2012 in Hannover

BOTE DES LICHTS. ZEUGE DER DUNKELHEIT. Laudatio zum Eichendorff-Preis 2013 auf Ulrich Schacht – Erstdruck in: Silesia Nova. Vierteljahresschrift für Kultur und Geschichte, Heft 3,4/2013

SICH SELBST EINEN PLATZ AUF DER WELT SCHAFFEN. Erwin Strittmatters Tagebücher – Erstdruck von Teilen des Textes in: Frankfurter Allgemeine Zeitung, 14.8.2012. Rede zum bevorstehenden 100. Geburtstag des Autors am 23.6.2012 im Deutschen Theater Berlin. Erwin Strittmatter, Nachrichten aus meinem Leben. Aus den Tagebüchern 1954–1973. Herausgegeben von Almut Giesecke, Berlin 2012

VOM UNHEIL DES ERKENNENS. Hartmut Langes erster Novellenband – Erstdruck in: Sinn und Form 1/2018

DER PFEIL DES LEBENS UND DER PFEIL DER WERKE. Laudatio zum Günter-Eich-Preis für Hörspiel auf Jürgen Becker – Erstdruck in: Sinn und Form 2/2014

IM OSTEN DER LÄNDER. Laudatio zum Uwe-Johnson-Preis auf Lutz Seiler – Erstdruck in: Sinn und Form 6/2014

DAS VERMÖGEN, DIE BEFLECKUNG ZU BETRACHTEN. Wolfgang Hilbigs fluchbeladene Welt – Originalbeitrag

PYTHAGOREISCHER ZAUBER. Angela Krauß, Dichterin des Enthusiasmus – Erstdruck in: Text+Kritik. Zeitschrift für Literatur, Heft 208, Oktober 2015

DER ZIRKELSCHLAG DES GEDICHTS. Laudatio zum Heinrich-Mann-Preis auf Adam Zagajewski – Erstdruck in: Sinn und Form 5/2015

GEDANKENABENTEUER. Botho Strauß als poetischer Enzyklopädist – Erstdruck in: Botho Strauß, Allein mit allen. Gedankenbuch. Herausgegeben von Sebastian Kleinschmidt, München 2014

IM ANFANG WAR DAS WORT. Sprachtheologische Possen in Thomas Hürlimanns Novelle »Fräulein Stark« – Originalbeitrag

WEITVERZWEIGTE WISSENSLUST. Friedrich Dieckmann und der Geist des Geltenlassens – Erstdruck von Teilen des Textes in: Friedrich Dieckmann, Die Freiheit ein Augenblick. Herausgegeben von Sebastian Kleinschmidt und Therese Hörnigk, Berlin 2002 und in: Frankfurter Allgemeine Zeitung, 25.5.2017

SICHTBARKEIT DES WUNDERBAREN. Zu einem Gedicht von Czesław Miłosz – Erstdruck in: Frankfurter Allgemeine Zeitung, 9.1.2016

POETISCHE RESONANZEN. Zu einem Gedicht von Adam Zagajewski – Erstdruck in: Frankfurter Allgemeine Zeitung, 16.1.2016

VERWIRRENDE MACHT DER SCHÖNHEIT. Zu einem Gedicht von Wisława Szymborska – Erstdruck in: Frankfurter Allgemeine Zeitung, 19.3.2016

AUSBLEIBENDE ZUVERSICHT. Zu einem Gedicht von Ulrich Schacht – Erstdruck in: Frankfurter Allgemeine Zeitung, 11.2.2017

STRASSENKEHRER DER NATUR. Zu einem Gedicht von Richard Pietraß – Erstdruck in: Frankfurter Allgemeine Zeitung, 11.6.2016

GEHEIMNISVOLLES INNEHALTEN. Zu einem Gedicht von Christian Lehnert – Erstdruck in: Frankfurter Allgemeine Zeitung, 19.8.2017

DER ESSAY ALS RAUM FREIEN DENKENS. Basil Kerski im Gespräch mit Sebastian Kleinschmidt und Adam Zagajewski – Erstdruck in: Sinn und Form 4/2013. Basil Kerski, Chefredakteur des deutsch-polnischen Magazins »Dialog«, Leiter des Europäischen Solidarność-Zentrums in Danzig. Adam Zagajewski, Lyriker und Essayist.

GLAUBEN UND UNGLAUBEN. Matthias Bormuth im Gespräch mit Sebastian Kleinschmidt – Erstdruck in: Offener Horizont. Jahrbuch der Karl Jaspers-Gesellschaft

2/2015. Herausgegeben von Matthias Bormuth, Göttingen 2015. Matthias Bormuth, Professor für Vergleichende Ideengeschichte an der Universität Oldenburg, Leiter des Karl-Jaspers-Hauses in Oldenburg.

JUGENDJAHRE IN DER DDR. Inga Wolfram befragt Sebastian Kleinschmidt – Originalbeitrag. Das Interview sollte ursprünglich in Inga Wolframs Buch »Verraten: sechs Freunde, ein Spitzel, mein Land und ein Traum«, München 2009, erscheinen, was an Klaus Wolfram scheiterte, der als Lektor nicht bereit war, die Umbruchkorrekturen des Autors zu berücksichtigen. Das war der Grund, seinerzeit den Text zurückzuziehen. Inga Wolfram, Autorin und Filmemacherin.

ABSCHIED VON SINN UND FORM. Alexander Cammann im Gespräch mit Sebastian Kleinschmidt – Erstdruck in: Die Zeit, 14.8.2013. Alexander Cammann, Redakteur der Wochenzeitung »Die Zeit«.

LOGBUCH. LETZTER EINTRAG – Erstdruck in: Sinn und Form 4/2013

VERZEICHNIS DER ABBILDUNGEN

HARTWIG HAMER

S. 10: Stralsund, 1998, Radierung, 24,5 × 32,2 cm, Privatbesitz
S. 10: Am Pfaffenteich, 1986, Radierung, 20,5 × 24,7 cm, Privatbesitz
S. 12: Jüdischer Friedhof, 2000, Radierung, 21,9 × 22,8 cm, Privatbesitz
S. 12: Feldeiche, 2013, Zeichnung mit Kugelschreiber, 30,5 × 20,4 cm, Privatbesitz
S. 17: Wald in der Lewitz, 1996, Radierung, 16 × 24 cm, Privatbesitz
S. 17: Anke, 1988, Zeichnung mit Kugelschreiber, 41 × 36 cm, im Besitz des Künstlers
S. 18: Landschaft bei Güstrow, 1967, Feder und Pinsel in Tusche, 28,5 × 38 cm,
   Staatliches Museum Schwerin
S. 18: Gläserner Tag, 1982, Feder und Pinsel in Tusche, 38,2, × 40 cm,
   Staatliches Museum Schwerin
S. 21: Schwerin, 2006, Radierung, 20 × 22 cm, Privatbesitz
S. 21: Berliner Hinterhof, 1997, Wachskreide, 63 × 48 cm, Privatbesitz
S. 23: Große Regenlandschaft, 1993, Aquarell über Tusche, 49,2 × 56,5 cm,
   Staatliches Museum Schwerin

Abbildungen mit freundlichen Genehmigung von Hartwig Hamer

INGO ARNOLD

S. 28: Fensterhebel, Abgesang, 2009, Graphitbilder, Tableau 183 × 204 cm,
   15 Blätter je 58 × 38,5 cm, im Besitz des Künstlers
S. 31: Plastikfolie, 2015, Graphitbild, 70 × 100 cm, im Besitz des Künstlers
S. 31: Mülltonnen, 2015, Graphitbild, 100 × 70 cm, im Besitz des Künstlers
S. 33: Ausgang. Übergang, 2015, Diptychon, Graphitbild, je 70 × 100 cm,
   im Besitz des Künstlers
S. 33: Ausfahrt, Abschied, 2010, Graphitbild, 70 × 100 cm, im Besitz des Künstlers

Abbildungen mit freundlichen Genehmigung von Ingo Arnold

GERHARD MOLL

S. 39: Heilstätten in Stralsund, um 1943, Öl auf Leinwand, 72 × 100 cm,
   Nachlaß des Künstlers
S. 39: Brücke I, 1947, Öl auf Leinwand, 54 × 66 cm, Nachlaß des Künstlers
S. 40: Inselschrift, 1976, Zwei Aquarelle, je 49 × 64 cm, Nachlaß des Künstlers

Abbildungen mit freundlicher Genehmigung von Jutta Zimmer und Jürgen Zimmer

INGE ZIMMERMANN
S. 45, 46: Fotos ohne Angabe von Titel, Jahr und Größe.

Abbildungen mit freundlicher Genehmigung von Inge Zimmermann

REIMER WULF
S. 51, 52: Fotos ohne Angabe von Titel, Jahr und Größe.

Abbildungen mit freundlicher Genehmigung von Reimer Wulf

Sebastian Kleinschmidt
Gegenüberglück

264 Seiten, gebunden mit Schutzumschlag

Gegenüberglück – das ist für Sebastian Kleinschmidt eine Art Wechselrede des Geistes, lebendige Formel für das Zwiegespräch des Lesens, Signatur des Staunens und der Freude des Erkennens.

»Es ist eines dieser viel zu seltenen Bücher geworden, an denen man sich denkend erbauen, bei denen man sich widersprechend erfreuen und zustimmend verweigern kann. Ein Buch für wahrhaft freie Geister, die etwas ahnen (wollen) von der Kunst des Essays als unabschließbarem Versuch, das eigene Leben zu verstehen.«

Gunnar Decker, Neues Deutschland

»Kleinschmidt ist ein überaus gelassener Tabubrecher und Grenzüberschreiter. Das Zentrum des Buches findet der Leser in dem Aufsatz ›Pathosallergie und Ironiekonjunktur‹. Hier argumentiert er ungeschützt und mit Hegel argumentierend für das Pathos als konstituierendes Element der Kunst. Zwar begreift Kleinschmidt die Ironie als Gegenteil des Pathos, bleibt aber auch gerecht in einem Satz von aphoristischer Scharfsicht: ›Wahrhafte Ironie ist das Verbergen von Frömmigkeit‹. Brillante Essays, sind das Verbergen eines Kampfes – eines Kampfes um Gewissen und Gerechtigkeit.«

Martin Thoemmes, FAZ

Erste Auflage Berlin 2018
Copyright © 2018 MSB Matthes & Seitz Berlin Verlagsgesellschaft mbH
Göhrener Str. 7 | 10437 Berlin
info@matthes-seitz-berlin.de
Alle Rechte vorbehalten

Umschlaggestaltung unter Verwendung
einer Zeichnung von Paco Knöller, Berlin
Satz: Laura Fronterré, Bielefeld
Druck und Bindung: Pustet, Regensburg
Printed in Germany
ISBN 978-3-95757-558-6
www.matthes-seitz-berlin.de